茅盾

命运 与 细节
MINGYUN YU XIJIE

钟桂松 著

济南出版社

图书在版编目（CIP）数据

茅盾：命运与细节 / 钟桂松著 . -- 济南：济南出版社，2025.6. -- ISBN 978-7-5488-7067-8

Ⅰ . K825.6

中国国家版本馆 CIP 数据核字第 2025GM8527 号

茅盾：命运与细节
MAODUN MINGYUN YU XIJIE
钟桂松　著

出 版 人	谢金岭
项目策划	文汇雅聚
责任编辑	朱　琦　代莹莹
特约编辑	鞠　俊
封面设计	胡大伟
内文设计	周　丹
出版发行	济南出版社
地　　址	山东省济南市二环南路 1 号（250002）
总 编 室	0531-86131715
印　　刷	济南新科印务有限公司
版　　次	2025 年 6 月第 1 版
印　　次	2025 年 6 月第 1 次印刷
开　　本	150mm×240mm 16 开
印　　张	19.75
字　　数	255 千字
书　　号	ISBN 978-7-5488-7067-8
定　　价	79.00 元

如有印装质量问题 请与出版社出版部联系调换
电话：0531-86131736

版权所有　盗版必究

自 序

这些年，茅盾研究和其他如鲁迅、郭沫若研究一样，都在已有高度中艰难前行，但是我也注意到，还有不少年轻的茅盾研究者，写出了以往茅盾研究所没有的研究文章。他们的文章有高度有深度，有新意有思想。他们从历史坐标中发掘茅盾创作的规律，从茅盾文学创作的实践中研究茅盾对中国文学的伟大贡献。这些年轻研究者的文章，体现了年轻人的历史高度和历史自觉，给了我们许多启发，他们是茅盾研究的希望。因为近几年我有时间看看茅盾研究的成果，也有时间深读茅盾的作品，写点有关茅盾研究的长长短短的文章，所以，对年轻的茅盾研究者的努力和成长，由衷地感到高兴！

这本书里的长长短短的文章，大都是我在近几年的茅盾研究过程中写的。这些文章，应该说都是个人茅盾研究的心得，有一些难得的材料，也有一些个人的看法和想法，所以在媒体发表以后，曾经得到过好评。如茅盾早年在上海加入共产党，担任党中央的联络员，全国各地党组织向党中央的报告和材料，大多是茅盾转送"钟英"（中央之谐音）的，过去一般读者很少见到茅盾回忆录里提到的"钟英"的文件实物，所以《又见"钟英"》一文发表以后，引起了不少读者的兴趣。还有，茅盾的代表作《子夜》出版以后的轰动大家都知道，但是抗战期间开明书店为了重新印刷《子夜》，长途跋涉，历尽艰辛所做出的贡献，就连茅盾研究界也不是人人都知道，所以，《开明书店与〈子夜〉》一文，为茅盾研究提供了一点新鲜史料。还有像短文《"在岗位上"不是茅盾拟的题目》，文字虽然不多，但恰恰为茅盾研究界解决了一个长期被误读的问题。

同样，我们知道，茅盾为中国革命和文学做出了巨大贡献，他一生经历过无数历史风雨，辛亥革命、五四运动、中国共产党成立、国共合作、五卅运动、北伐战争、抗日战争、第二次国共合作、新中国成立及以后的历次政治运动，他都经历了——有的亲身经历，有的间接参与。所以，他的人生和命运可以说直接和中华民族的命运风雨同舟、休戚与共。而茅盾和所有的伟大人物一样，是用一个个人生细节、文学细节，串联起伟大一生的。比如茅盾早年参加共产党活动，他将党组织的武器枪支悄悄地藏在自己家里，这个细节是当年和茅盾一起革命的同志回忆的，茅盾虽然自己不说，但党内有同志记得。正因为如此，茅盾虽然不是中共一大的代表，但他始终在为中国共产党的发展和壮大而努力着……本书中的不少历史细节，让渐行渐远的茅盾重新回到人们的阅读生活里来。细节是再现人物形象、人物命运的重要元素，同样，细节也是研究茅盾生平和创作的重要内容，所以书里收录的一些短文，专门梳理、考证与茅盾生平、创作细节有关的内容，包括对茅盾回忆录的辨析。如张仲实和茅盾去新疆，茅盾回忆录里写的是张仲实是在成都上飞机，和他们一道到兰州的，其实，张仲实和茅盾是在不同时间到兰州会合的。还有司徒乔为茅盾作品画插图，其中有一幅内容和茅盾家乡养春蚕的习惯不合，当年茅盾有没有发现我们不知道，但是六十六年以后我偶然见到，觉得是非常有趣的一个细节，于是撰文与喜欢茅盾作品的读者分享。

茅盾研究自从有"茅盾"至今，已经有九十多年，茅盾研究著作浩如烟海，几乎成为一个没有明文规定的"国家工程"。其中有体大思精的理论鸿篇，也有小桥流水、亭台楼阁一般的心得短文。这些丰富多彩的研究成果营造了一座气势恢宏的茅盾研究大厦，让人感觉到茅盾的伟大和不凡。希望本书能为已有的茅盾研究起到添砖加瓦的作用。

目　录

第一辑　取窃天火给人间
又见"钟英"　　　　　　　　　　　003
理想信念造就品格　　　　　　　　009
交通局设在同事家里　　　　　　　021
为黄埔军校招生始末　　　　　　　027

第二辑　小说与插图
叶浅予为《子夜》创作插图　　　　041
大画家的小失误　　　　　　　　　046
《林家铺子》的三幅插图　　　　　050
丰子恺为《林家铺子》配画　　　　054
曹辛之与茅盾的"封面情"　　　　058

第三辑　家事

先生的慧眼　067

茅盾夫人孔德沚二三事　072

女儿崇拜巴金　080

茅盾父女与《列那和吉地》　088

茅盾与女婿：第一面竟是永诀　093

青山有幸埋忠骨

　　——记沈泽民短暂的革命一生　117

"昨日"作家司徒宗　136

有温度的家书　141

第四辑　生死与共的日子

生死与共的日子

　　——从茅盾给张仲实的一封逸信说起　149

一泓水墨破衰颜　159

茅盾的歉疚与刘绍棠的大度　163

茅盾与一位外交官的友谊　167

茅盾与陆文夫　173

第五辑　两家书店

开明书店与《子夜》　183

生活书店的缘分　192

第六辑　命运与缘分

在北京二三事　　　　　　　　　　　　　　207

互动：以读者为中心

　　——茅盾主编《小说月报》百年纪念之一　　222

新发现有关茅盾作品的一份档案

　　——关于《茅盾随笔》往事　　　　　　　240

第七辑　生活的真实

"茅盾"九十年了　　　　　　　　　　　　253

《少年印刷工》：晚了四十多年的单行本　　259

一篇序引发的"检讨"　　　　　　　　　　263

为《青春之歌》定音　　　　　　　　　　　270

评《红旗谱》　　　　　　　　　　　　　　273

第八辑　细节的考索

"在岗位上"不是茅盾拟的题目　　　　　　279

茅盾、张仲实是否同机抵达兰州？　　　　　282

茅盾逸信时间考

　　——茅盾致张仲实逸信写作时间考　　　286

新发现的茅盾五封逸信　　　　　　　　　　290

不随时尚，独树一帜　　　　　　　　　　　297

"发表在前，写作在后"的真相　　　　　　301

第一辑　取窃天火给人间

茅盾是我国现代进步文化的先驱者之一，是伟大的革命文学家和中国共产党最早的党员之一，也是现代文学作家中入党最早的作家。20世纪20年代，他为了自己的马克思主义理想信念，为了中华民族的复兴和解放，呕心沥血，义无反顾地从事了一系列革命活动。他冒着生命危险担任党中央直属联络员多年，兢兢业业，小心谨慎，为中国共产党的发展做出了不可磨灭的贡献。中国共产党成立以后，千头万绪的工作，需要这些早期的党员去无私奉献。茅盾在贡献自己聪明才智的同时，还秘密为党筹集活动经费、义务讲课等，甚至在白色恐怖的上海冒着生命危险为党保管武器。在国共合作时期以传递革命信息为主要职能的交通局里，茅盾的所作所为显示出一个职业革命家的成熟和无私。1926年冬天，茅盾本来要去浙江省政府担任秘书长，但是历史的境遇无法预测，军阀卷土重来，夏超组织省政府的计划成为泡影，中共中央便委派茅盾去武汉军校，而为军校招生的种种细节，可以见到茅盾全身心投入的赤胆忠心。所以，茅盾的这些革命活动，恰恰是在"不忘初心、牢记使命"的今天，需要我们重新认识的一段重要历史。

《林家铺子》插图　丰子恺绘

又见"钟英"

"钟英"这个名字，我在20世纪80年代初读茅盾回忆录时见过，最近偶然又见。

1921年7月，茅盾利用他在商务印书馆《小说月报》做编辑的身份，被中共中央指定为中央的联络员，负责党中央与各地蓬勃发展的党组织的联络工作。各地党组织派人来上海向党中央汇报工作时，先到商务印书馆找到茅盾，对上暗号后，茅盾问清楚来人住的旅馆，让他在住的地方等待，自己则向中央报告来人情况。还有，当时全国各地党组织向党中央的书面请示或者汇报，也都是先寄给茅盾，信封外面写着"商务印书馆沈雁冰收"，内封则写"钟英小姐玉展"。茅盾每天将收到的全国各地的来信汇总后，直接送党中央处理。所以，茅盾应该是我们党最早的交通联络员之一。他在20世纪70年代写的回忆录中，专门有一节文字写道：

> 党中央因为我在商务印书馆编辑《小说月报》是个很好的掩护，就派我为直属中央的联络员，暂时我就编入中央工作人员的一个支部。外地给中央的信件都寄给我，外封面写我的名字，另有内封则写"钟英"（中央之谐音），我则每日汇总送到中央。外地有人来上海找中央，也先来找我，对过暗号后，我问明来人住什么旅馆，就叫他回去静候，我则把

来人姓名住址报告中央。因此，我就必须每日都到商务编译所办公，为的是怕外地有人来找我时两不相值。

在商务印书馆主编《小说月报》的茅盾，因为担任这个事关党的生死存亡的联络员工作，责任更加重大，工作更加繁忙，连与作者、读者联络都没有时间了。所幸当时郑振铎也在商务印书馆工作，这个无话不说的朋友可以减轻茅盾的一些工作压力。茅盾曾说："郑振铎之进商务编译所减轻了我的负担，他那时虽然不是《小说月报》的编辑，却在拉稿方面出了最大的力。我因为担任中央联络员，跑路的时间多，就没有时间写信拉稿了。"据说，当时茅盾常常收到让自己转"钟英"小姐的信，这引起商务印书馆年轻同事的注意，大家私下里猜测：这位钟英小姐是谁？是不是茅盾的情人？有时大家旁敲侧击问茅盾，茅盾往往顾左右而言他，或者干脆避而不答。有一天，新来的郑振铎有点按捺不住自己的好奇心，趁茅盾不在，悄悄地拆开一封让沈雁冰转钟英小姐的信，他想破解这个钟英小姐之谜。结果，郑振铎拆开一看，吓了一跳，原来是一封共产党福州地方委员会给中央的报告。此时，郑振铎才知道"钟英"是"中央"的谐音。所幸郑振铎也是革命青年，与茅盾是志同道合的朋友，虽然窥破内情，依然能够替茅盾保守秘密。

"钟英"二字是中央的谐音的说法，据说最早在20世纪30年代的上海小报上就有披露——贺炳铨1934年编《新文学家传记》时，就提及"钟英"即"中央"之说——后来又见之于茅盾回忆录，但是还没有在党内的正式文件公函上见到过使用"钟英"名字的材料。又见"钟英"，是今年8月在上海中共四大纪念馆举办的"弥满着生命力的人——茅盾诞辰120周年暨抵沪100周年纪念展"上，以及在中共四大纪念馆编印的《中国共产党第四次全国代表大会历史图文录》中，展示和收录了党中央在1924年8月31日、9月15日发出的两份有关召开中共

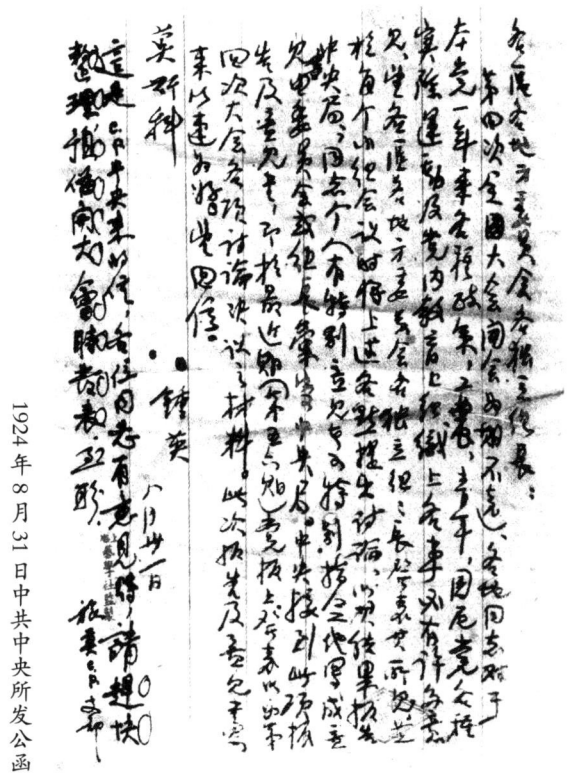

1924年8月31日中共中央所发公函

四大的公函通知。这两份公函通知的署名均为"钟英",用谐音"钟英"代替中央。虽然我们还不能证明这两件珍贵史料就是茅盾所传递的文件,但是也说明茅盾回忆录中讲的"钟英"是真实存在的。由此可见,中共四大纪念馆公布的这两份史料非常珍贵。

1924年,中共四大召开前,党中央专门给各地党组织发函征求意见和会议的议案,第一份公函是1924年8月31日发出的:

各区各地方委员会各独立组长:

第四次全国大会开会为期不远,各地同志对于本党一年来各种政策,工农、青年、国民党各种实际运动及党内教育上、组织上各事必有许多意见。望各区各地方委员会各独立组组长发表其所见，并于每个小组会议时将上述各点提出讨论，所（得）结果报告中央局；同志个人有特别意见者，可指令他写成意见书，由委员会或组长汇寄中央局。中央接到此项报告及意见书，即于最近期（第五、六期）党报上发表，以为第四次大会各项讨论决议之材料。此次报告及意见书寄来从速为好。望回信。

莫斯科
钟英
八月卅一日

这份史料上的"钟英"两个字，据中共四大纪念馆介绍，是毛泽东亲笔签署的，而四大纪念馆保存的这一份，估计是发给莫斯科党组织的一份，因为公函上面还有旅莫支部同志的批示，有"这是CP中央的来信，各位同志有意见时，请赶快整理，预备开大会时发表，至盼。旅莫CP支部"的字样。半个月以后，中央又以"钟英"的名义发第二份会议通知公函，这份公函主要是明确代表人数等事宜。原文如下：

各区各地方委员会各独立组组长：

第四次全国大会现定于十一月开会，地点、时间、人数议案另表开列（其中人数因经费及方便之故定为每地方一人）。各地同志对于此次提议各案及前次扩大委员会所议决关于国民党劳动运（动）及 s.y. 问题，各议案详加讨论，尽量发表意见，在十一月一号以前汇交中局在党报上发表。应出代表之各地方及俄、法两特别组应召集同志大会（不能开大会要召集组长会议），推选代表于十一月十四日以前到沪是为至要。路费续寄。

钟英
九月十五日

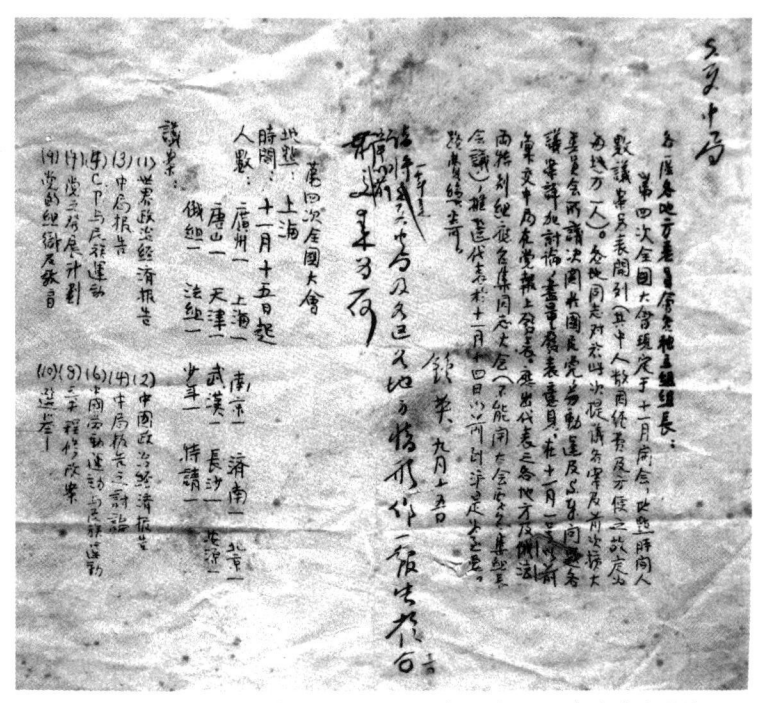

1924年9月15日中共中央所发公函

第四次全国大会

地点：上海

时间：十一月十五日起

人数：广州一　上海一　南京一　济南一　北京一

　　　唐山一　天津一　武汉一　长沙一　安源一

　　　俄组一　法组一　少年一　特请一

议案：

（1）世界政治经济报告　（2）中国政治经济报告

（3）中局报告　　　　　（4）中局报告之讨论

（5）CP与民族运动　　 （6）中国劳动运动与民族运动

（7）党之发展计划　　　（8）章程修改案

（9）党的组织及教育　　（10）选举

这份珍贵史料还有这样一段批示："请将一年来 s.y. 中局及各区各地方情形作一报告于十一月五号以前交来为荷。"这个批示为何人所写，没有落款。

然而有意思的是，茅盾作为党中央的联络员，从 1921 年至 1925 年在商务印书馆当编辑期间，和我们党的其他联络员一起，为党传递了多少机密文件，现在没有一个确切的数字，甚至传递过党内的哪些机密文件也没有记录，所以很难做出一个统计和描述。在中共四大纪念馆的历史图文录里，还有两份分别从莫斯科的旅莫支部和旅欧支部根据党中央 8 月 31 日发出的通知要求写出的四大会议的提案，两份史料都是手写报告，其中旅莫支部的提案是赵世炎所写。旅欧、旅莫两个支部的这两份有关中共四大提案的珍贵史料，是不是由茅盾收转党中央"钟英"小姐的，现在还不清楚。如果是，应该是茅盾担任中央联络员工作时的又一个重要物证。

中国共产党第四次全国代表大会是在 1925 年 1 月 11 日至 22 日在上海（今虹口区东宝兴路 254 弄 28 支弄 8 号）召开的，出席大会的正式代表 20 人，代表全国 994 名中共党员，大会通过了一系列决议，选举产生了新一届中共中央领导机构。茅盾虽然不是四大的代表，但依然是党中央的联络员之一，是中共上海地方兼区执行委员会的负责人之一。党的支部会议常常在他自己的家里召开，瞿秋白也常常到茅盾家里参加会议，给予指导。所以中共四大纪念馆在纪念茅盾诞辰 120 周年时展示这两份署名"钟英"的珍贵历史文献，让我们遇见"钟英"的同时能够更加充分地了解茅盾在我们党早期建设中的不朽贡献，意义不一般。

2016 年 10 月

理想信念造就品格

茅盾（沈雁冰）是我们党最早的党员之一，也是上海地方党组织的创始人之一。1981年4月11日，在茅盾追悼会上，胡耀邦代表党中央在致悼词时指出："沈雁冰同志从青年时代起，毕生追求共产主义的伟大理想。早在1921年，他就在上海先后加入共产主义小组和中国共产党，是党的最早的一批党员之一，并积极参加党的筹备工作和早期工作。"[1]这充分肯定了茅盾在我们党早期党的建设中的贡献。

一、勤奋和进步的思想品格——得到陈独秀的欣赏

1920年初，《新青年》杂志转移到上海以后，陈独秀也随之到上海，住在上海老渔阳里2号编辑部里。到上海后的陈独秀，一方面编辑《新青年》杂志，一方面为组建中国共产党物色同志。这一年的春天，陈独秀在家里约了一些他认为有可能成为同志的知识分子谈话。茅盾就是其中被约见的一位。茅盾记得："为了筹备在上海出版《新青年》，他约陈望道、李汉俊、李达、我，在渔阳里二号谈话。这是我第一次会见陈独秀。"[2]这次

---

[1] 胡耀邦：《在沈雁冰同志追悼大会上的悼词》，载于《忆茅公》，文化艺术出版社，1982年12月版，第3页。
[2] 茅盾：《我走过的道路（上）》，人民文学出版社，1997年12月版，第189页。

谈话的具体时间没有披露，应该在1920年五六月间。因为李达是1920年5月从日本回到上海的，陈望道是4月下旬到上海，5月初就与陈独秀在一起工作了。至于这些人是在一起谈话，还是个别谈话，现在还没有材料能够清晰表达。因为茅盾是半个多世纪以后再回忆，在时间和人物上难免有些出入。但是茅盾与陈独秀见面认识的时间，也是他接触中共早期创始人的一个时间节点。这个时间节点很重要，影响了茅盾一生。当时他见到陈独秀以后，印象颇佳，而陈独秀对他的印象也很好。尤其是茅盾对陈独秀他们建党的筹备工作的积极参与，让陈独秀对青年茅盾充满期望。陈望道回忆说："那时，《新青年》在楼上编，马克思主义研究会在楼下开会。我同李汉俊、沈雁冰等天天碰头，研究有关问题。"[①]茅盾当时并不是《新青年》编辑，但是他也经常去编辑部与陈独秀、陈望道他们探讨问题、研究工作。在与陈独秀的交往过程中，茅盾的思想和观点更为陈独秀所欣赏。陈独秀在上海的媒体上早知道茅盾发表的文章和翻译的作品，从中也看出茅盾的激进思想。在十月革命的影响下，茅盾关注和介绍不少"革新思想，奋斗自立"作品，如《缝工传》《履人传》等，高调赞美"王侯将相本无种""大丈夫贵自立"的思想。尤其在《新青年》杂志和五四运动的影响下，茅盾开始关心俄国文学，更加关心社会问题，在《学生杂志》上发表《托尔斯泰与今日之俄罗斯》，高调宣传俄罗斯的革命和文学，预言"二十世纪后数十年之局面，决将受其影响，听其支配。今俄之Bolshevism（布尔什维主义），已弥漫于东欧，且将及于西欧，世界潮流，澎湃动荡，正不知其伊于胡底也。"[②]1919年5月，《新青年》上发表李大钊的《我的马克思主义观》一文，加之当时五四运动爆发，给了青年茅盾很大的启发。这一年8月，茅盾与桐乡一批青年知识分子组织"桐乡青

---

① 陈望道：《关于上海马克思主义研究会活动的回忆》，载《复旦学报》，1980年第3期。
② 钟桂松：《茅盾全集》，黄山书社，2014年3月版，第32卷，第19页。

年社",出版《新乡人》刊物,宣传新思想、新文化,抨击旧势力。茅盾在《新乡人》上发表《我们为什么读书》等文章,提出读书是为"谋人类的共同幸福"。同时,茅盾在协助《小说月报》主编王莼农编辑"小说新潮"栏目时,开始翻译高尔基的作品,开始关注妇女解放等社会问题,在《妇女杂志》第五卷11号上发表《解放的妇女与妇女的解放》等文章,但是茅盾真正接触马克思主义,是在1919年底。他自己曾经说过,1919年底,"我已开始接触马克思主义"[1]。从1920年开始,茅盾继续对妇女解放问题发表了大量的文章和看法,其中有译作,有著作。1920年1月,他发表了《妇女解放问题的建设方面》《世界妇女消息——英国女子在工业上的情形》,翻译了《现在的妇女所要求的是什么?》《历史上的妇人》《强迫的婚姻》等;2月,发表《男女社交公开问题管见》《评〈新妇女〉》《评女子的参政运动》,同时又翻译了不少有关妇女解放问题的文章;3月,发表《我们该怎样预备了去谈妇女解放问题》等。同时,他还翻译了不少有关妇女家庭婚姻、生育、工作和妇女参政议政问题的文章。茅盾这些进步文章的发表,使一个初露峥嵘的青年革命家的形象进入决定建立党组织的陈独秀的视野。因此,上海共产党小组在1920年8月建立以后,陈独秀曾经对张国焘说,据他观察,茅盾和俞秀松会很快加入共产党的[2]。

二、革命时代的国际视野品格——翻译国外党建经验作参考

茅盾是1920年10月由李达、李汉俊介绍加入中国共产党早期党组织的。加入共产党组织以后,他立刻投入党的建设工作,

---

[1] 茅盾:《我走过的道路(上)》,人民文学出版社,1997年12月版,第149页。
[2] 张国焘:《我的回忆(一)》,现代史料编刊社,1989年3月版,第97页。

为党的刊物写文章，翻译介绍其他国家建党经验和党的组织结构经验。茅盾回忆："那时，上海共产主义小组正忙着筹备出版一个党刊，李达任主编，我一参加共产主义小组，他就约我写文章。这党刊后来取名《共产党》。《共产党》是上海共产主义小组成立后出版的第一个秘密发行的党刊，它与《新青年》的分工是，它专门宣传介绍共产党的理论和实践，以及第三国际、苏联和各国工人运动的消息。写稿人都是共产主义小组的成员。"[1]茅盾与李达有点亲戚关系，李达的新婚夫人王会悟的父亲王彦臣，是茅盾曾祖母的侄儿，所以在辈分上，王会悟是茅盾的姑母。但是年龄上王会悟比茅盾还小两岁。在李达看来，茅盾既是亲戚，又是同志，还是商务印书馆崭露头角的新秀，所以茅盾一加入共产党组织，李达马上请他为《共产党》杂志写稿。茅盾此时尽管忙得不可开交，一方面为《小说月报》的革新重新确定编辑方针，将已经买来的旧文人的稿子弃之不用，物色新人新作者，一方面党内的活动开会等非常频繁，还要为其他的报刊写稿子，现在李达还要他写党内的文章，但是加入共产党后，党内安排的工作他没有二话。所以，短短的几天，茅盾以"P.生"笔名，给《共产党》杂志第2号提供了4篇有关党建的翻译文章，即《共产主义是什么意思——美国共产党中央执行委员会宣布》《美国共产党党纲》《共产党国际联盟对美国 I.W.W.（世界工业劳动者同盟的简称）的恳请》《美国共产党宣言》[2]。在这些翻译文章中，有一个显著特点，都是旗帜鲜明地宣传革命，宣传阶级斗争，宣传阶级压迫，宣传马克思主义理论。在《美国共产党宣言》一文中，茅盾首先引用的是马克思《共产党宣言》中的一段话："一切现存社会底历史，是阶级战争底历史。自由人和奴隶，贵族和平民，地主和农奴，工头和小工，一言以蔽之，压制者和被压制

---

[1] 茅盾：《我走过的道路（上）》，人民文学出版社，1997年12月版，第196页。
[2] 李达：《共产党》月刊第2号，1920年12月出版。

者，终是立于永久敌对的地位，进行那无间断的，有时隐蔽，有时彰著的战争，这战争，每次的结局，不是革命地改造过社会，便是一般阶级的崩坏。"①这种阶级斗争是社会进步动力的观点，在茅盾的翻译文章中被旗帜鲜明地引用进来。在《美国共产党宣言》中，大量的马克思主义观点被茅盾直接翻译过来，如资本主义的破裂、战争与革命、阶级战争、国家的性质、劳工阶级专政等，都是后来中国人民耳熟能详的马克思主义理论名词，宣言中还提出经济改造、政治改造、社会改造的主张。最后，茅盾在译文中高喊"一切权力归到劳工们！共产主义万岁！"的口号。茅盾在《共产党》杂志第3号上，又发表《自治运动与社会革命》以及译文《共产党的出发点》；在第4号上，发表了译文《劳农俄国的教育》以及列宁《国家与革命》中的第一章，即《阶级的社会与国家》，进一步宣传"国家是阶级冲突不可调和的结果"等观点，这应该是我们党内同志较早翻译的列宁经典著作。本来，茅盾计划继续翻译下去的，但由于已经主编《小说月报》以及党内事务繁忙，最终没有能够按计划实行。茅盾这种"取窃天上火种给人间"的贡献，对我们党早期的理论建设发挥了积极作用。

中国共产党的组建，是中国历史上开天辟地的大事，所以在早期的党组织建设方面，需要参考国外共产党的经验和做法。茅盾在参加共产党早期组织后，翻译了《美国共产党党纲》，为中国共产党的早期组织建设提供了参考。《美国共产党党纲》规定，美国共产党"就是国际共产党在美国的一个支部"。在入党条件上，《美国共产党党纲》规定："不论何人，凡接受国际共产党及本党的原理和方法的，愿意顺从本党的规律并活动本党的事务，就可以入党做个党员，但先须脱离与其他一切政治团体的关系。"第二条是考察申请入党的人，要有两位已经入党三个月以上的党员介绍"推举"，还有两个月的试用期，其间"有发言权但没有投票

---

① 李达：《共产党》月刊第2号，1920年12月出版。

权",正式吸收为党员时,"必先经该队党员全体一致的承认"。第三条是要求入党的人,"应出一元的进党费",每月交党费。美国共产党党纲明确要求:"一月一交。没有预收的规则,亦不许拖欠。""三月不交月费,除名。"《美国共产党党纲》还规定,党员不能在政府当官吏,等等。在组织管理上,《美国共产党党纲》规定,10个左右的党员组成一个小组,10个小组组成一个团,然后是部、分区、总区等。管理方面,美国共产党的最高管理机关是党的常年大会,在两个常年大会之间,中央执行委员会就是最高管理机关。规定"全国常年大会,每年开会一次,日期及地点由中央执行委员会决定"。如果需要,可以召开非常大会。所以,这个《美国共产党党纲》1920年被茅盾翻译过来并且发表在我们党的内部刊物《共产党》第2号上,为我们党制定中国共产党党纲提供了重要的参考依据,有着重大的参考价值。中国共产党在1921年7月召开第一次全国代表大会,制定了第一个纲领,从现存的俄文稿和英文稿来看,第一个《中国共产党纲领》中建党的一些基本要素,明显留有《美国共产党党纲》的痕迹。虽然茅盾没有参加第一次全国代表大会,但是他翻译的文章早已在党内刊物上发表,为党内同志所熟悉。如我们党的第一个党纲规定,入党需要一名党员介绍,"但在加入我党之前,必须断绝同反对我党党纲之任何党派的关系"。超过30人的地方,可以成立地方执行委员会,在党员人数超过500人,或者已经成立5个地方执行委员会时,应当成立中央执行委员会,"如果上述条件尚不具备,应组织临时中央执行委员会",还有"党员除非迫于法律,不经党的特许,不得担任政府官员或国会议员。士兵、警察和职员不受此限(这一条在1922年第二次代表大会上曾引起激烈争论)"[①]。这

[①] 关于中共一大的党纲,有英文稿、俄文稿两种,中文译稿均载于中央档案馆编的《中国共产党第一次代表大会档案资料(增订本)》。详见《中共一大南湖会议》,中共浙江省党史资料征集研究委员会等编,浙江大学出版社,1989年10月版,第41、53页。

一条的内容,最初是在茅盾翻译的《美国共产党党纲》中出现,半年以后写进中国共产党的党纲里。另外,《美国共产党党纲》中还有一个规定,就是每年召开一次大会。虽然中共一大的党纲中没有写多长时间召开一次全国代表大会,不过,最初的几次中共全国代表大会都是每年召开的,这是否受到《美国共产党党纲》的影响,不好妄加猜测。但是,茅盾在中共一大召开之前翻译的有关建党学说和建党实务,应该是当时党内理论建设的空谷足音,值得我们重视和研究。

三、无私奉献的品格——为党的事业积极努力

茅盾除了为党内刊物提供理论文章外,还积极参加党内活动,过严格的党内组织生活。茅盾信仰共产主义,加入共产党,是出于对马克思主义信仰的追求,他对共产主义理想信念一生矢志不渝。在党早期的实际工作中,茅盾与党的早期领导人陈独秀关系非常融洽,私人关系非常好。1920年12月16日,陈独秀去广东担任教育厅厅长,离开上海时,茅盾是去送行的少数几个人之一。中共一大以后,陈独秀回到上海主持党内工作时,茅盾根据党中央的要求,在商务印书馆为陈独秀落实一份工作,便于陈独秀领导中共的日常工作。后来,陈望道等其他同志看不惯陈独秀的工作作风,与陈独秀搞不好关系,还是茅盾根据毛泽东的意见,出面做陈望道等同志的思想工作的。即使大革命失败,陈独秀落魄之后,茅盾依然与陈独秀保持着良好的私人关系。茅盾被蒋介石政府通缉隐居在家,还接待过来访的陈独秀,并且留其在家过夜。全面抗战开始时,茅盾在武汉又专门去拜访陈独秀。当然,这是后话。

中共成立之初,党内的组织学习、召开会议等活动,大部分是在晚上秘密进行的,茅盾都严格按照党的要求出席。支部会议每周一次,晚上8时开始,一直至11时或者更晚结束,所以茅

盾回到家常常是后半夜。他在回忆录中说:"我去出席渔阳里二号的支部会议,从晚八时起到十一时。法租界离闸北远,我会后到家,早则深夜十二点钟,迟则凌晨一时。"①即使离家很远,他也坚持参加。还有的时候,支部会议就在他的家里召开。他也和其他年轻同志一起,积极参加革命活动。1922年1月28日,春节,中共上海地方党组织发动上海的党员走上街头,向市民散发印有宣传共产主义歌词的贺年卡,当时茅盾和陈望道、李汉俊、李达等人都上街去散发。陈望道回忆说:"当时,党组织建议我们向上海人民拜年,记得贺年片上一面写'恭贺新禧',另一面写共产主义口号。我们一共七八个人,全都去,分两路,我这一路去'大世界'和南市。两路都是沿途每家送一张贺年片。沈雁冰、李汉俊、李达等都参加了。人们一看到贺年片就惊呼:不得了,共产主义到上海来了。"②这份贺年卡今天已经成为珍贵的革命文物。茅盾在担任上海地方党组织负责人时,积极物色先进知识分子加入共产党,商务印书馆的不少青年,如糜文溶等,都是茅盾介绍加入共产党的。据《中国共产党党报》披露,1924年6月之前,上海有中共党员47人,其中学生13人,工人8人,商人3人,教员、编辑或其他职业的有23人③。可见当时上海加入共产党的人,知识分子占多数。1933年11月牺牲在鄂豫皖苏区的鄂豫皖省委书记、茅盾胞弟沈泽民,也是经茅盾介绍,在1921年4月加入共产党的。而张闻天又是沈泽民介绍入党的。到1925年底,茅盾一家已经有4位中共党员。

我们党在成立初期,活动经费常常捉襟见肘,党员个人的党费常收不全。据《中国共产党党报》披露,1924年上半年上海地

---

① 茅盾:《我走过的道路(上)》,人民文学出版社,1997年12月版,第200页。
② 陈望道:《关于上海马克思主义研究会活动的回忆》,刊《复旦学报》,1980年第3期。
③ 见1924年6月1日出版的《中国共产党党报》(上海)。

方党组织每月可收党费130元,"实际上不能按月收清"①。而且革命活动经费不足,严重制约着党的活动,茅盾一直无私地为党提供活动资金。据徐梅坤回忆,党的二大以后,党中央决定上海委员会改为上海地方兼区委员会,负责江苏(长江以南地区)、浙江两个省的党内工作。区委有十几个人,徐梅坤记得:"区委最早的办公机关在成都路中段的一个弄堂里,租了一间小亭子间。每月由沈雁冰拿出五元钱作为租赁费。沈雁冰当时收入多,每月薪水一百元,他用自己的薪金来资助党的活动。"②茅盾用自己的钱为中共党组织付房子租金的事,他自己从来没有对外说过,在他回忆录里也没有提及,而徐梅坤直到晚年依然记得,所以在自己的回忆录里记录了这件事。1922年6月30日,中共中央执行委员会书记陈独秀给共产国际的报告中提到,党费自1921年10月起至1922年6月底,收入国际协款16655元,自行募捐1000元。③可见当时党的活动经费之少。因此,李汉俊、陈望道、李达和茅盾商量研究,怎样才能解决眼下党的活动经费短缺问题。当时茅盾在商务印书馆当编辑,有支配稿费的权力,所以李汉俊他们找茅盾商量。大家认为,可以翻译外国文学作品,然后将翻译作品卖给商务印书馆的杂志,以此来筹措党的活动经费。于是大家动手翻译,并将翻译出来的作品交给茅盾,让茅盾在商务印书馆的杂志上发表,发表后将稿费交给党组织作为党的活动经费。陈望道曾经回忆说:"李汉俊、沈雁冰、李达和我都搞翻译,一夜之间可译万把字。稿子译出后交给商务印书馆,沈雁冰那时在商务工作。一千字四五元,大家动手,可以搞到不少钱。"④李达说得更加明白,他说:"这时候,经费颇感困难,每月

---

① 陈独秀主编:《中国共产党党报》第4期,1924年6月1日出版。
② 徐梅坤:《九旬忆旧——徐梅坤生平自述》,光明日报出版社,1985年9月版,第18页。
③ 参看2016年6月30日《团结报》第5版。
④ 陈望道:《关于上海马克思主义研究会活动的回忆》,刊《复旦学报》,1980年第3期。

虽只二三百元，却无法筹措。陈独秀办的新青年社不能协助党内经费，并且李汉俊主编《新青年》的编辑费（每月一百元）也不能按时支付。于是我们就和沈雁冰（当时任《小说月报》编辑，也加入了）商酌，大家写稿子，卖给商务印书馆，把稿费充作党的经费。"①现在，我们已经很难统计出李达他们当时给商务印书馆写了多少稿子、拿了多少稿费充作党的活动经费，但是当时为了党的经费问题，他们将翻译的稿子卖给商务印书馆的杂志，按照陈望道的说法，千字四五元，可见茅盾是做出很大贡献的，因为茅盾给的稿费比其他刊物的稿费已经高出一倍以上。笔者查当时商务印书馆稿费史料，当年《小说月报》翻译稿最高是千字五元。有人向商务印书馆经理张元济推荐稿子，包括名人的翻译稿子，张元济给译者的稿费是千字二元，远低于茅盾给陈望道他们的稿费。因此，当时茅盾给这千字四五元的翻译稿费已经是很高的标准了。这中间，茅盾的贡献是不言而喻的。与此同时，茅盾等青年知识分子党员还积极为党创办的平民女学义务讲课，为党节约经费。因此，无论是茅盾自己为党的办公场地付租金，还是利用自己在商务印书馆的有利条件，高价购买陈望道等同志的翻译稿子，充作党的活动经费，或者无偿为党工作，都是茅盾作为最早的党员同志为党做出的积极贡献，而且这种贡献在党的初期尤其重大。

四、不怕牺牲、对党忠诚的品格——中共中央联络员，上海地方党组织的先驱者之一

中国共产党成立之初，虽然全国只有 50 多名党员，但是中共一大以后，各地的党员发展工作十分迅速，全国各地与在上海的党中央的联络工作，也十分紧迫地摆在党中央的面前。党中央

---

① 《李达自传（节录）》，《党史研究资料》，1980 年第 8 期。

急需一位党员同志来担任联络员,负责全国各地和党中央的联络工作。于是党中央选择了在商务印书馆当编辑的茅盾。茅盾开始担任党中央联络员的时间,大概在中共一大以后,即1921年下半年。具体时间有待进一步考证。但是,在党的早期担任交通联络员的,不止茅盾一个人。不过,茅盾当时在商务印书馆主编《小说月报》,收到的信函来自全国各地,所以全国各地党组织给党中央的信夹杂在其中,从秘密工作要求来看,是比较安全的,因此由茅盾来担任联络员是合适的。还有,"钟英"的谐音,在中共中央的文件中是存在的,笔者2016年在中共四大纪念馆看到1924年9月15日中共中央向各区各地方委员会各独立组长发出《关于召开四大的通知》,就是以"钟英"署名的[①]。茅盾担任党中央联络员的时间,一直到他1925年底去广州参加国民党第二次全国代表大会为止。所以他担任党中央交通联络员时,正是我们党的发展初期。

　　担任党中央交通联络员的责任非常重大,事关党中央的安全,事关党的发展,也事关党领导革命工作的顺利开展,而且交通联络员自身的安全也充满危险。但是从有关史料看,当时茅盾对党安排的工作都是义无反顾,充分体现了一个中共党员对党的忠诚信念。作为在党中央直属支部的党员,茅盾不仅担任党中央的联络员,出色完成交通联络员的工作,还曾经参与过中共上海地方委员会的领导工作,应该说,茅盾是上海地方党组织的先驱者之一。在1922年至1923年之间,茅盾担任过上海地方执行委员会委员长,相当于今天的上海市委负责人。国共合作以后,茅盾担任过上海地方兼区执行委员会的执行委员和国民运动委员。1923年8月5日,在上海地方兼区执行委员会第六次会议上,茅盾见到已经是中央委员的毛泽东,这是他第一次见到毛泽东。9月4日,茅盾还担任上海地方兼区执行委员会秘书兼会计,这在

---

① 原件存中共四大纪念馆。

当时是一项非常重要的工作。所以，此时的茅盾完全是以一个职业革命家的身份出现在中国革命的舞台上。据徐梅坤回忆："在各处大小工潮中，打击工贼的问题便提到日程上来了。为此，党决定组织特别支部，由我任特支书记，专门对付工贼走狗和共产党内的叛徒、奸细。在接受任务后，我到许多工厂去物色可靠的工人，组织了特工组，我担任组长，组员有李剑如、张阿四、肖阿四等四五人，这是我党用武器对付敌人的开始。当时我们有五把锋利的英制小斧头，以后我又从意大利军火船上买了四支意国造手枪。用手枪行动有危险，容易暴露目标，就将四支枪暂时存放在沈雁冰家里。这个秘密的反奸组织——特工队，就是以后的'打狗队'。"[1]茅盾冒着生命危险保管革命武器，如果徐梅坤不披露，恐怕是没有其他人知道的。

  总之，坚定的信仰铸就了茅盾的马克思主义品格，理想的光辉照亮了青年茅盾的人生路。茅盾在我们党早期的革命经历，是完全以一个义无反顾的革命家的姿态投入其中的，并且在党初期的发展成长中贡献了自己的聪明才智。但是，无论是茅盾生前还是身后，我们对他在党的早期的革命活动和贡献都研究得不够，宣传得不够。所以，我在建党百年来临之际写这篇抛砖引玉的文章，期待更多的研究者能够继续挖掘史料，还原一个革命家茅盾的真实形象。

2020 年

---

[1] 徐梅坤：《九旬忆旧——徐梅坤生平自述》，光明日报出版社，1985 年 9 月版，第 32 页。

交通局设在同事家里

1926年，对一心想当政治家并且已经在政治舞台上施展身手的茅盾来说，似乎流年不利。年初，他去广州参加国民党第二次全国代表大会，会后被留在国民党中央宣传部工作，当时的部长是汪精卫，代理部长是毛泽东。2月8日，茅盾被国民党中央执行委员会常务委员会第三次会议任命为国民党中宣部秘书，具体工作是协助部长处理中宣部的日常部务。当时，茅盾对此不解，一个秘书也要中央执行委员会常务委员会通过任命？毛泽东告诉他，部长以下，就是秘书，所以秘书的地位很高，责任很重。正当茅盾全身心地投入毛泽东领导下的革命事业时，广州忽然发生了影响他政治前途的"中山舰事件"，本来很有抱负而且前程远大的他不得不离开广州的国民党中宣部，回到上海代理中宣部下面的交通局主任。临行，汪精卫非常感慨地对茅盾说："你要回上海，我不久也要舍此而去。天下事不能尽如人意，我们的事业没有完。我们后会有期。"汪精卫留给茅盾的是一番感慨。茅盾又去毛泽东那里辞行，毛泽东希望他回到上海以后，办一张报纸。所以茅盾到上海以后，为落实毛泽东要求办报纸的任务而奔波，后来工部局没有批准，报纸没有办成，他本人却陷入交通局的一桩人事公案里了。关于交通局因为引进工作人员而发生的公案，茅盾专门有一节回忆：

> 这交通局可以说是国民党中宣部在上海的秘密机关，办事人全是共产党员。交通局的职权是翻印《政治周报》和国民党中宣部所发的各种宣传大纲和其他文件，转寄北方及长江一带各省的国民党部……交通局有职员四五人，都是办杂事的，没有专管会计的人，恽代英是自兼会计。但二次代表大会以后，上海交通局的业务繁忙起来了，我还兼国民党上海特别市党部的主任委员（也是代恽代英的），所以，没法自兼会计。我向中共上海特别市委说明情况并要求派人，不久，派来了姓郑（男）姓梁（女）一对夫妇，都是知识分子，也是党员。这两人担任会计和记录。男的任会计，女的任开会的记录和收发，登记《政治周报》和国民党中宣部文件。却不料原有的交通局工作人员对新来的两个知识分子，不能和衷共济，时常闹纠纷，还私下里说，这两人是我的私人。结果，我只好请中共上海特别市委出面说清楚，解决了这纠纷。

茅盾在回忆录里除了讲到进人引发的公案和因此带来的烦恼外，还说到交通局的经费问题以及国民党二大以后的任务。他说：

> 我代管交通局（正式名称是上海交通局代主任），至五月底，该局事务由中宣部改为秘书处管理，结果经费迟迟不发，每月经费多少也未规定。我乃函广州请辞去代主任，并谓照现在这种情况，交通局只好结束。结果，广州来函任命我为主任，并规定经费每月一千元，由中央特别项下支拨。大概到八月上旬，我又请国民党中央秘书处批准交通局设置视察员一人，按时视察北方各省及上起四川下至江苏沿江各省的党务及工、农运动情形，提出书面报告，并由交通局转秘书处以备参考。但视察员之车马费应如何规定，或据实报

销，应请核示。此函发出以后竟如石沉大海，十来天之后，我函请"因病"辞职，并请侯绍裘代理。八月下旬，广州来函挽留，并批准视察员一人之车马费应实报实销。这样我仍留交通局直到本年年底。我曾物色到一个姓王的视察员（共产党员）出去视察了两次。

茅盾这里回忆的交通局大半年的工作，大体是事实。据上海学者杨扬披露，其在台湾看到的茅盾在交通局的档案，也证实茅盾从代理交通局主任以及申请经费、请辞职务等，确有其事。但是，由于当时这个交通局是国共合作时期的内部机构，现有史料并不多，除了茅盾自己的回忆之外，只有台湾开放的一部分档案，还有一些情况有待于进一步调查了解。比如当时交通局的地点，郑、梁的情况以及茅盾给广州的谁写信，等等，都还有研究了解的空间。我在20世纪80年代研究茅盾的回忆录时，专门查阅相关材料，向有关当事人写信请教，了解到一些当时的情况，现在整理出来，可以补充茅盾关于交通局这桩公案的回忆。

20世纪80年代，我在向茅盾流亡日本时的见证人、老乡、同济大学教授钱青老师通信求教时了解到，茅盾回忆录里讲到的交通局郑、梁都是从桐乡到上海的。钱青老师还告诉我，当年茅盾在交通局的同事梁女士还健在，而且就在上海，梁女士叫梁闺放，与钱青老师很熟，钱青老师经常去看她。于是我请钱青老师帮助联系，以便写信向梁闺放女士请教。钱青老师在1985年2月12日给我的信里附上梁女士的地址，并说："她患腿疾，行动艰难，不能外出，所以只有我去她处，她不能出行。"不久，我给梁闺放女士写信，请教她在交通局时的情况，梁闺放很热心，在自己患病行动不便的情况下给我回信。她在1985年4月10日给我的回信中说：

关系（于）你问我到上海后参加革命工作的情况，我是非常惭愧的：一则为时间太久，相隔五六十年的事，脑子神经有（又）硬化，已记不清楚了；二则，那时我初次来沪，新参加中国共产党，主要是学习，虽然同时参加些工作，是随时在（党）指导下进行的，你不嫌我写得麻烦（啰唆），我此刻把我所能记忆的，只能乱七乱八记一点，恕我草率。

我的上海居住，是郑明德先我来上海已经组织好的，属于交通局的机构，是茅盾办公处。公开是住宅，楼上是吴文祺全家老小住着（吴文祺现在任上海市政协副主席），我们在楼下。办公室在亭子间，以住家作掩护。我经常到茅盾家去，夫人孔德沚对我帮助很多，有什么事带我出去，有秘密讲演去听讲。我也曾经去过湖州会馆（党办公区）听过罗亦农、赵世炎先烈的演讲，也有陈独秀。国民革命军快来上海前，交通局的任务也完成了，宣告结束。那时茅盾和夫人孔德沚去武汉，郑明德办理结束事务，事后去浙江，恐到乌镇桐乡濮院等地。那时浙江党的负责人是王贯三（存疑）。

梁闰放有关交通局的回忆有几点史料值得关注：一是茅盾回忆录没有讲到交通局在哪里，而梁闰放清楚地记得，交通局设在吴文祺家里，她与丈夫郑明德住在楼下，吴文祺一家老小住在楼上，而茅盾等人的办公室在吴文祺家的亭子间里。这样的地方，符合当时地下秘密机关的特征和要求。吴文祺是浙江海宁人，1901年生，此时他刚刚进商务印书馆当编辑。后来，交通局工作结束以后，他随茅盾去武汉的中央军事政治学校武汉分校担任政治教官。大革命失败以后，吴文祺回到上海，担任商务印书馆馆外编辑。新中国成立以后，他先后任暨南大学文学院院长、复旦大学教授，又担任《辞海》副主编、上海市政协副主席等，于1991年去世。所以当时国民党中宣部（秘书处）所属的交通局，放在商务印书馆新人吴文祺的家里，是一种合理选择。二是梁闰放和丈夫郑明德都是住在吴文祺家里的，即住在交通局机关内。关于郑明德，笔者从桐乡党史办提供的《郑明德自传》了解到，郑明德于1899年冬出生在桐乡市濮院镇农村一个佃户家庭，因为穷，父母将郑明德卖给郑家做养子，养父郑三喜是烟叶行职工，但却抽上鸦片，常常借债，幸亏养母勤俭持家，全家勉强度日。1914年，郑明德以第一名的成绩从高小毕业，老师们都鼓励郑明德继续升学，无奈家贫，不能如愿。所以，濮院镇翔云小学校长介绍郑明德去本镇第九小学教书。郑明德一边教书一边补习，两年后考取杭州私立宗文中学，1918年又考入浙江省立第一师范学校，其间得到老师刘大白的器重。1920年夏天，郑明德毕业于第一师范学校，先后在崇德县第三高等小学、海宁县第一小学教书。其间，郑明德在《新青年》和五四运动的影响下，开始热心社会变革。1922年，郑明德到上海，认识茅盾、孔另境、杨贤江等，第二年，与吴文祺一同去杭州访问沈定一。同年冬，经人介绍，郑明德到乌镇植材小学当教务主任。在乌镇，郑明德与李达、王会悟夫妇来往密切，郑明德自己认为"得到许多进步"。1924年，郑明德与同在植材小学教生理卫生课的梁闰放举行新式婚礼，郑明德说："其仪式只举行了一个茶话会。"后来，郑明德因为当地立志小学校长辞退一位进步教师而打抱不平，立志小学的校长被免职，而郑明德也被县长撤职。此后，已经是中共党员的郑明德因为在乌镇无法立足，离开乌镇去上海。此时，茅盾从广州回来，交通局缺人，郑明德经组织介绍进交通局，而梁闰放稍后也离开乌镇去上海。梁闰放1985年3月7日来信告诉我，她在1924年由爱人郑明德介绍进植材小学当生理卫生教师，因为她虽然学的是妇产科，"但执行产科业务胆小"，便改行去当生理卫生教员。她告诉我说："我们在乌镇两年左右，后就去上海参加革命工作。"这个回忆，与茅盾主持交通局的时间也吻合。

由于郑明德是桐乡人，夫妇俩又是刚从乌镇出来的，而且郑明德、梁闰放他们和茅盾一家非常熟悉，来往密切，所以交通局原来的工作人员才会怀疑郑明德夫妇是茅盾带来的"私人"。由此可见，茅盾回忆录中有关交通局的这桩公案，还是真实可信的。

至于茅盾在1926年7月27日向广州写信，因为经费迟迟没有到位，使用经费也没有规定，他只好向秘书处辞去代主任职务，从杨扬在台湾档案中看到的信封，茅盾是以孔玄珠的名字寄的，收信人是秘书处许志行。许志行是浙江海宁人，1902年5月生于江苏吴县，少年时代在汉口流浪时结识毛泽东。在毛泽东的关心下，18岁的许志行到湖南第一师范附小补习文化，1922年经毛泽东介绍参加社会主义青年团，1925年加入共产党。1926年春，他应毛泽东邀请，前往广州任宣传部交通局助理，从事广州、上海之间的地下交通联络工作。后来交通局归秘书处负责联络以后，广州方面联络人仍然是许志行。所以当时茅盾碰到工作上的困难以后，直接写信给秘书处许志行。在北伐战争中，许志行在武汉担任国民党中央党部的机要秘书。大革命失败以后，他先后在上海和浙江从事中共地下工作，后来与组织失去联系，此后主要从事教育工作，新中国成立以后，与毛泽东继续保持联系。1983年10月11日，许志行在上海去世。这也是有关茅盾在交通局的往事之一，顺便一说。

2018年

为黄埔军校招生始末

1926年,茅盾以青年政治家的姿态活跃在中国政治舞台上,但他似乎并不顺利。年初在广州参加国民党第二次代表大会以后,进入国民党中宣部工作,与毛泽东等革命精英一起共事,能够看见中国革命的风起云涌,本来想大显身手的他,却在"中山舰事件"以后黯然回沪。本来茅盾根据毛泽东的要求,计划在上海轻车熟路办报纸,准备了一半,工部局却不同意,于是去国民党中宣部管辖的上海交通局当代主任,但是交通局内无论人事,还是经费,都不尽如人意。后来沈钧儒组阁浙江省政府,中共中央准备让茅盾去担任浙江省政府的秘书长,从事政府工作。不料人还没有出发,杭州就传来消息,省长夏超已经下台,军阀孙传芳的势力又回来了,沈钧儒组阁省政府的计划落空,茅盾只好取消去杭州的计划。但是,这一连串的失望没有消磨掉茅盾的革命意志,也没有影响他的革命斗志和革命热情。1926年11月,中共中央决定派茅盾去武昌的黄埔军校分校——中国国民党中央军事政治学校政治科担任政治教员。出发之前,包惠僧从武汉来电,让茅盾在上海为黄埔军校武昌分校招生,同时汇来招生经费。在这一年的一连串不如意之后,茅盾年底为军事政治学校招生的成功,为他1926年的革命工作画上了一个圆满的句号。所以,这是茅盾革命生涯中值得书写的一个贡献。

一、从《我走过的道路》说起

茅盾一生的经历事件无数，他的三卷本回忆录《我走过的道路》，或繁或简地回忆了自己在新中国成立之前的读书、革命、创作的经历，其中对1926年底在上海为黄埔军校武汉分校招生，回忆录中讲到，本来中共中央让他去浙江省政府担任秘书长，当时负责此事的沈钧儒和夏超都同意了，不料夏超军事失利，孙传芳军队入浙，夏超被赶出浙江，于是到浙江省政府当秘书长一事就成为泡影。其时，中央军事政治学校武汉分校正在筹办，蒋介石是校长。邓演达、恽代英、包惠僧等负责筹备，他们向中共中央要求派干部去黄埔军校武汉分校工作。中共中央考虑到茅盾去浙江省政府当秘书长的事已经落空，便让他去武汉分校工作。茅盾在回忆录中说：

> 10月16日，浙江省省长夏超宣布独立，并通电声讨孙传芳。浙江是孙传芳的势力范围，但孙传芳驻浙的军队不多，夏超有一师兵，又见北伐军攻克武昌，于是就决然反孙。党中央事先估计到夏必反孙，计划请沈钧儒到杭州组织省政府，并内定我任省政府秘书长。这件事沈钧儒同意了，夏超也同意了。可是后来事情发生了变化，原定由福建入浙江接应夏超的东路军——何应钦指挥的第一军，这时却在福建吃了败仗，于是夏超又被孙传芳入浙的援兵赶出了杭州，浙江局面相当混乱。沈钧儒组织省政府，事实上已不可能。同时武汉来电要人，党中央就改变计划，派我到中央军事政治学校武汉分校工作。这是1926年底的事。

茅盾这里的回忆，基本上是事实。不过，夏超下台，孙传芳势力入浙，另有人接替夏超。我查浙江省当年的有关档案，未发现有中共中央人事安排的公开材料——估计这些党内秘密，不会有正式的纪要、记录、信函等档案材料。但是查看1926年浙江省政府公报，夏超最后一次以省长身份露面是1926年10月23日（见《浙江公报》第3742号）。那么，夏超是宣布独立之后没有几天，就被孙传芳的势力赶下台。而接替夏超任浙江省省长的陈仪，则是在1926年12月1日正式以省长身份在《浙江公报》上露面的。可见夏超被赶下台到陈仪出面任省长这段时间，茅盾知道"浙江局面相当混乱"。至于中共中央改变茅盾去杭州协助沈钧儒组织省政府的计划，估计是在夏超下台以后，大约在1926年11月中旬，"沈钧儒组织省政府，事实上已不可能"。这时，党中央正好接到武昌来电，要求派人去中央军事政治学校武汉分校工作，于是改派茅盾去武汉分校工作。本来此时茅盾投笔从戎，可以轻轻松松去武昌报到，做军校教官了，但是武昌又突然来电，让茅盾在上海为黄埔军校武汉分校招生。

茅盾在回忆录里接着又说：

> 12月中旬，我和德沚已经决定要动身了，包惠僧从汉口给我来了个电报，要我负责在上海为武汉分校招生，名额不限，男女生都要，并且汇了钱来。于是我就通过党的关系在上海报纸上登了招生广告，结果，报考者约有一千。审阅一千多考卷不是一人之力就能了事的，我找了商务印书馆编译所的几个同事来帮忙，有吴文祺、樊仲云、陶希圣，他们都是共产党员，又是跨党分子。这时又接到包惠僧的电报，说还要在上海物色一些人到中央军事政治学校分校任政治教官，我就又找了陶希圣等三人，他们都同意。
>
> 招生工作费了两个礼拜，取了二百多名学生，其中有一些女生。我给这些学生发了路费，请三位教官先走，然后我和德沚动身。那时我母亲身体健康，能照管两个孩子，他们都留在上海。为了在路上不受孙传芳部队的阻难，我和德沚是乘英国轮船去武汉的，在轮船上过了阳历年……

那么，究竟是什么时间招生？报考的条件有哪些？报考的方式有哪些？这些问题茅盾没有在回忆录里展开。

二、两则招生广告

为了求证茅盾回忆录所提到的在上海为武汉分校招生的相关内容，我查阅了1926年11月、12月上海的有关报纸，发现他说的"在上海报纸上登了招生广告"是确实的。招生广告分别登在1926年11月25日《申报》第二版和上海《民国日报》第一版上。两种报纸在同一时间刊登的广告内容是一致的。

中国国民党中央军事政治学校政治科上海招生广告
（一）本校为中央军事政治学校之一部分，以养成健全宣传人才，充以军事政治工作之下级干部及各地社会工作人员为宗旨。（二）本校设于武昌。（三）本校共定名额一千一百人，分速成科、本科、女子特别班三班。（四）速成科修业三月，本科修业一年，女子特别班修业六月。（五）凡中等以上之毕业生或有同等学力，经各级党部或党员二人以上之介绍，年龄在18岁以上、25岁以下者，皆得投考。（六）初试科目除三民主义大要，依照中学毕业程度，考试下列各科（国文、算学、中外史地、博物理化），上海初试时加口试，检查身体。（七）报考生应缴呈文凭及介绍书、介绍人，须注明党证号码，党员须有该部证明书并最近二寸半身像片二张（文凭未发下或遗失者，须由原在学校校长出其证明书）。（八）上海报名处为中国国民党上海市各级党部，报名期限自公布日起至12月5日止。考期另行通告。（九）学生服食及一切必备品均由本校供给并每月津贴零用大洋二元五角。

当时茅盾拟的这个招生广告应该说十分详细了，将招生专业、培养目标、招生规模、报考条件和要求、考试科目、学校待遇，都写得非常详细，让人一目了然。这个"中国国民党中央军事政治学校"，就是"黄埔军校"的全称。茅盾为之招生的这个军政学校，是黄埔军校的分校，地址在武昌。

招生广告刊登十天以后，茅盾记得"报考者约有一千"，于是他连忙从商务印书馆请了吴文祺、樊仲云、陶希圣等旧同事来帮忙。茅盾回忆的内容，吴文祺到晚年还记得。他说，当时茅盾为军事政治学校政治科招生时，人手不够，就"拉几个人去帮他的忙，这几个人呢，一个是我（到考场上去监考，看卷子的人要多一点），还有梅思平、陶希圣、樊仲云，在国民党党部。陶希圣、樊仲云都是商务的，梅思平也是商务的，后来他做了汉奸。陶希圣跟着蒋介石到了台湾做机要秘书，很重要的……沈雁冰和我是中共党员，樊仲云当时刚参加国民党，拥护孙中山的三大政策，陶希圣和梅思平既非国民党员，更非共产党员。不久恽代英同志到上海（他本来是黄埔军校的政治教官），托沈雁冰为介绍武汉中央军政学校的政治教官，只要能教政治课的知识分子，不管党内党外都可以，雁冰就介绍我、樊仲云、陶希圣、梅思平等四人。我和樊仲云先走，同船去武汉的还有一个女同志陈学昭（陈学昭现在还在），陶和梅比我们迟一班走，雁冰因为在上海还有一些事未了，最后才走"（据1987年10月15日访问吴文祺录音整理，陈学昭于1991年去世，彼时尚在世）。吴文祺是浙江海宁人，1901年生，1924年参加文学研究会，1926年进入商务印书馆工作。所以此时茅盾请他来帮忙招生，他还是一个刚到商务不久的新人，但已经是茅盾的"同志"。大革命失败后，吴文祺长期从事教育工作，曾任上海市政协副主席。

吴文祺的回忆和茅盾的回忆有些差别。一是茅盾回忆录说，为军事政治学校分校聘请教官也是包惠僧从武汉来电报要求的，而吴文祺记得是恽代英到上海托茅盾物色的。其实恽代英也是茅盾的老朋友，一年前他们一起到广州参加国民党第二次全国代表大会，会后恽代英留在黄埔军校当教官，茅盾留在国民党中宣部工作。"中山舰事件"以后，茅盾回到上海，恽代英一直在黄埔军校工作。所以恽代英这时候到上海，完全是有可能的。因此，包惠僧来电请茅盾招生，恽代英让茅盾物色教官，同样是有可能的。二是，茅盾回忆中少了一个梅思平，而吴文祺清楚记得梅思平是一起参加分校招生并在此时去武汉军事政治学校的。也许茅盾是因为这个人后来臭名昭著而不愿意提起他。梅思平，名祖芬，字思平，1896年出生于浙江省永嘉县，与茅盾同年。温州省立十中毕业以后，他考取北京大学法律科。北京大学毕业以后进入商务印书馆编译所当编辑，不过他比茅盾早进商务，1914年6月就进入商务印书馆工作。梅思平这次应邀参加茅盾组织的武昌军事政治分校招生以后，就离开商务印书馆去武汉分校担任政治教官，开始他的另一种人生。大革命失败，蒋介石上台以后，梅思平开始在国立中央大学、中央政治学院任政治系主任兼江宁县县长。1936年6月至次年5月，他任江苏省第十区行政督察专员，同时兼保安司令。抗战开始以后，梅思平投靠汪精卫，做了汪伪国民党中央执行委员、常务委员、组织部部长。1940年汪伪政府成立后，梅思平先后做过工商部长、实业部长、内政部长。抗战胜利以后，他以汉奸罪被捕入狱。1946年9月14日，他在南京被执行枪决。也许就是这个原因，茅盾在回忆录里没有提及这个人。但是，没有提及，不等于这个人没有参加黄埔军校武汉分校的招生工作。至于樊仲云，也是商务印书馆的编辑，他1898年出生在浙江嵊县（今嵊州市），中学毕业以后留学日本东京帝国大学政治经济科，回国以后进入商务印书馆工作，曾经加入共产党，大革命失败后脱党，后来在教育和出版系统工作。抗战以后，他追随汪精卫，曾任汪伪政府的中央大学校长、教育委员会主任委员。抗战胜利以后，他潜逃到香港，改名樊唯一，在香港报馆当编辑。他1984年回内地，1989年去世。还有陶希圣（1899—1988），他是北京大学毕业生，1924年进商务印书馆任编辑，帮助茅盾招生以后，去武汉分校当中校教官，此人后来在政治舞台上追随蒋介石，曾任蒋介石的侍从秘书、国民党中央宣传部副部长，起草《中国之命运》，又担任《中央日报》总主笔，是国民党里的一个风云人物。

1926年12月5日报名截止以后，有约千人报名。于是茅盾和吴文祺他们用了半个月时间进行笔试、面试，从一千名考生中录取二百多名男女青年，分正取和备取两种。茅盾在1926年12月23日分别在《申报》、上海《民国日报》上刊登了录取名单。广告如下：

中国国民党中央军事政治学校政治科上海招生揭晓

正取二百十八名。陈亚东、陈善兰、陈适、陈夷坚、陈文瑞、陈正忠、陈环、陈朝元、陈士华、陈希文、陈学东、陈长庚、陈亚康、陈枕石、陈鉴清、陈云裳、刘奉经、刘醒民、刘校阁、刘芝亭、刘云、刘淑昭、刘步庭、刘鸣銮、刘绍香、刘国藩、刘广钊、刘炳南、刘季邦、刘章薪、刘传鼎、刘锡五、郭心织、郭狩梅、郭君毅、郭亚平、王蔚霞、王建民、王绍炎、王真恕、王厂欣、王中民、王贤能、王中兴、王启勋、王洒屏、王亚庸、王领英、王淑娟、王兴于、王正旺、王广田、王逸啸、王淑仪、张去非、张纪恩、张申康、张趣横、张云卿、张杰孙、张刚、张锡纯、张楠、张文斐、张立人、张茂春、张英灵、张春浩、张安静、李兆祥、李辅、李作人、李昨非、李佩璜、李金铎、李维勋、李锡元、李绳畲、李继宗、吴启明、吴大燮、吴庆（？）熙、吴象三、吴志喜、吴守亮、何霜梅、何宁泊、何寅、何经祖、蒋明华、蒋经诩、蒋任贤、许维善、许可济、许占先、彭兰芬、彭鸿文、宋成志、宋继武、宋益三、卓励之、杜宝衡、查济丰、季毓秀、闻子素、谈几道、姜文锦、冯闻（？）琮、宣中禅、徐勋、徐家瑾、徐钧仁、徐活莹、游九川、游云程、孙正燧、夏咏裳、夏昌槐、高良驹、高孟崧、高祖羕、高鸿勋、尹用行、尹仲尧、苏维间、林开澥、林志廷、林轩、项祥生、胡学开、胡梦溪、胡铎、胡孟超、胡国隆、曾纪藻、易宗邦、晏才启、叶希传、叶任、杨赏奇、杨清源、杨燕康、葛琴、史采贞、吕大章、成泽、常顺义、聂泽滋、沈钫、沈志昂、谭雪志、谭勤先、俞襄君、华企微、景载华、靳思弼、朱匡时、朱国中、朱文熙、章秋桂、丁若兰、索廷珍、邱直青、贾韵笙、牛葆慜、赖绍基、曹完璧、曹桂峰、邹汝钦、蔡润堃、蔡炳贤、熊畹蒨、熊天春、黄卷中、黄铖、郑云、郑常明、敖志华、连震邦、赵庠、赵祖云、赵秋声、赵乃仙、罗正淑、罗织裳、梁广振、洪娴、顾绳炎、程寄如、程源希、予衡、计非平、周人瑞、周恒丰、周贻信、周务农、周梦素、周功杰、段自强、包锡梁、龚义、倪祖武、余辉钦、盛澄荣、盛世铎、萧石光、卢玄尘、金璠、凌邦干、缪天定、袁浪、戴辑、之霞、牟正国、来燕堂、楼观沧、汪守燧、汪伟。

（二）备取二十名。曾组衡、陆燕贻、黎维汉、蔡仲芸、李树辉、宋德刚、杨建业、沙云康、焦星恒、孙苍伯、徐新农、邱培岑、宋兰林、卢经训、孟庆璜、金福仁、金天铎、吕廷辅、吕梦松、黄维炳。

（三）正取各生务须于今明两日（廿三日、廿四日）到法租界陶尔斐斯路五十六号领取证书及川资。

（四）正取各生至迟须于本月廿五动身赴鄂。

（五）备取各生须于三日内到陶尔斐斯路五十六号留下确实通讯地址。

（六）截至本月廿五日止，正取各生尚未来领取证书，即以备取递补。

我之所以不厌其烦地抄录茅盾当年招生和录取公布的这两个

广告（部分人名因印刷问题不清晰），是因为其中不少历史信息是可以作为茅盾回忆录的有益补充的。比如，回忆录说招生录取了二百多名学生，录取广告里将具体数字和人名确定下来了，而且录取中还有"正取"和"备取"之分，这恰恰是在回忆录里没有提到的。还有，茅盾回忆录里讲到给这些录取的学生发川资路费，而录取广告里，同样提到这件事，说明回忆录讲的是事实。另外，茅盾回忆录里没有提到招生的办公地点，而录取名单揭晓广告则明确说是在"法租界陶尔斐斯路五十六号"。还有学生出发时间要求，在这个广告中也具体写明了。所以，招生广告和录取公布广告一定程度上再现了 1926 年 11 月至 12 月茅盾革命活动的现场。在这个规模颇大的招生活动中，我们看到了茅盾革命生涯中的一个知识分子奋斗片段，相信对我们从不同角度认识他的贡献是有助益的。

三、招生以后的风云

茅盾在上海为黄埔军校武汉分校招生，在他自己，是圆满完成了组织上交给的一个任务，而对招去的这些青年知识分子，命运从此随着时代发生了变化。可惜这 218 名青年学生的史料极为稀少，我们不知道这些人是哪里人，他们后来的人生轨迹怎么样。这些报考的青年人和家人也少有回忆史料传世，因此重新抄录当年录取的名单，也希望当年这些报考军校的青年人的后人，或许有一天能够看到并记住他们曾经投身大时代的先人。同样，当时应茅盾邀请帮助招生的商务印书馆的几位旧同事，也因为参加这次招生而离开商务印书馆，在时代的风云际会中，茅盾、吴文祺、樊仲云、陶希圣、梅思平都改变了自己的人生轨迹。如果当年茅盾没有去为黄埔军校武汉分校招生，没有呼朋唤友请商务的同事帮忙，或者招生以后没有邀请这几位同仁去武汉分校当教官，恐怕这几位同仁以后的人生轨迹不会是这样的。所以，人生的关键一步足以影响一生。

黄埔军校武汉分校政治科上海招生揭晓以后,正式录取的218名新生不一定全部去武汉分校报到,茅盾他们当时就考虑到这一点,所以还有"备取",正式录取的新生中有人没有去报到,或者放弃了,就由"备取"的人选递补。所以218名的数额是足额的,但人选是有变化的。据当年上海考生张纪恩回忆,他就是组织推荐参加考试,并且被正式录取的一个,但是他放弃了去武昌黄埔军校分校学习的机会,他回忆说:

> 我当时未满20岁,满腔热血,一见救国有门,决心投笔从戎。上海大学的党组织代我报了名。几天后通知我应试。考场设在蒲柏路上海法科大学(现太仓路,后翻造为赓余里)。考试分为两天。我第一天应考,参加考试有百余人,尽是20来岁的青年。
>
> 我进入考场,就见到一位英俊潇洒年约30的人坐在一旁,应考的人坐在他前面,是采取面对面的口试方式。这位主考的就是沈雁冰。现在还清楚地记得一些题目:"什么是帝国主义?""什么叫军阀?""你为什么要投考军校?""革命的目的是什么?"由于我已读过《中国青年》和一些马克思主义入门书,如《马克思主义浅谈》《唯物史观》《新社会观》,所以对这些问题还能应答,也比较正确、顺利。沈雁冰同志听了我的回答,频频点头,表示满意。或者他已摸到了我的底,当时我已是一个CY(共产主义青年团组织,简称CY)了。我的心里也很高兴。
>
> 这以后,还没有等到录取通知,浙江的CY组织就叫我回去,派我和季达才乘专轮去桐庐、富阳一带,发动当地群众,组织工会、农民协会。这时碰到了何步青、阮锦云等几个人,他们原来也是黄埔军校毕业的,派到新建的国民革命军廿六军来任指导员。我们一见如故,非常亲热。接着,报

上公布了这次录取的姓名,我被录取了。我和这两位青年军官同志商量,要不要奔赴黄埔军校?他们的意见是不一定要去,在地方上工作也同样是革命。就这样,我没有上军校。

估计茅盾他们也考虑到像张纪恩这样的情况,所以专门设置了"备取"这样的方式,来确保招生数量。

当时,二百多名热血青年被武昌黄埔军校分校录取以后,在时代的大潮里奉献自己的青春和热血。在奔赴黄埔军校武汉分校的218名新生中,有一位茅盾的老乡谭勤先(1907—1995)。她是石门镇人,1924年她17岁时,在家乡石门振华女校毕业后,考取上海景贤女中。五卅运动时,谭勤先作为景贤女中驻上海市学生联合会的代表,参加五卅运动。由于她思想进步,积极参加革命活动,1925年7月由张琴秋介绍加入中国共产党。1926年黄埔军校武汉分校在上海招生时,谭勤先报考并被正式录取。在武汉分校学习时,她就参加女生队西征。军校毕业以后,谭勤先根据党组织的指示,带领十个女兵奔赴前线南昌,在南昌起义部队开展救护工作。谭勤先因其英勇和不怕牺牲的精神,与战友杨庆兰、陈觉吾、王鸣皋一起被称为女兵队的"四大金刚"。后来她随起义部队南下时,在战斗中受伤,在老乡的掩护下回到上海,和原十一军政治部秘书罗懋其结为夫妻,并在上海从事中共地下工作。1931年9月,丈夫罗懋其被捕,谭勤先展开多方营救,1936年罗懋其保释后去了香港《天文台报》工作,谭勤先在组织的安排下到香港八路军驻香港办事处"粤华公司"工作。不久,"粤华公司"出事,谭勤先被捕,后在宋庆龄、周恩来和廖承志的营救下保释。抗战时她在重庆从事抗日斗争。1948年,她到成都协助丈夫罗懋其秘密从事国民党军队的策反工作,出色地完成党组织交给她的任务。新中国成立后,谭勤先在成都市妇联工作,后因病去北京疗养。1958年4月,谭勤先这位不到50岁的黄埔军校武汉分校女生队学员因病提前退休,1985年7月改为离休，1995年在北京去世。谭勤先革命而坎坷的一生，是她当年投考黄埔军校武汉分校时所没有想到的，也是茅盾录取这个小老乡时没有想到的。

茅盾为黄埔军校武汉分校招生的往事已经过去90多年，当年的广告记载在1926年的尾巴上。茅盾出色地完成了党组织交给自己的招生任务，然后和夫人孔德沚一起秘密奔赴武昌，走进风云变幻的1927年。所以，为黄埔军校武汉分校招生一事，是文学巨匠茅盾值得叙说的革命往事。

2020年

第二辑　小说与插图

　　茅盾是中国现实主义文学大师，他一生创作的文学作品，深刻地反映了20世纪中国的社会现实，揭示了时代发展的历史规律。所以，茅盾的小说，无论是长篇还是短篇，在中国乃至世界的文学宝库里都有着重要影响。茅盾的作品在传播过程中，不少艺术大师为之绘画插图，锦上添花。叶浅予两次为茅盾的长篇小说代表作《子夜》画插图，其热情可嘉，也可见茅盾的《子夜》在这位大画家心中的位置。司徒乔是鲁迅所欣赏的画家，鲁迅曾经买过他的绘画作品。20世纪50年代，他为茅盾的短篇小说《春蚕》薄薄的单行本画插图两幅，这是何等深厚的友情？然而因为地域文化的不同，艺术表现上的瑕疵只会让茅盾的家乡人会心一笑，笑过以后依然感谢大师前辈的贡献。同样，丰子恺为茅盾的《林家铺子》配画，是两位老乡大师难得的天合之作。据说丰子恺为鲁迅的作品配画，曾经请绍兴的朋友看看是否有违当地风俗，而为《林家铺子》配画，则没有必要去求证风俗习惯的，因为丰子恺对《林家铺子》的风俗习惯太熟悉了。至于王琦、曹辛之等艺术大师为茅盾作品插图的细节和往事，同样值得回味。

《林家铺子》插图　丰子恺绘

叶浅予为《子夜》创作插图

我们知道,茅盾作为现代文学大师,与他几百万字的小说相比,他小说里的插图并不算多。艺术大师叶浅予为茅盾《子夜》创作的插图,应该是茅盾为数不多的小说插图中的精品,而他为《子夜》两度创作插图的往事,同样值得今天的人们回味。

茅盾自己对插图十分重视,也非常喜欢。早在商务印书馆编辑《小说月报》时,他就把插图作为《小说月报》的革新举措之一来选择插图内容。从茅盾主编的两年《小说月报》看,他在这两年中间,抱着"不限于一国,不限于一派"的观点,共采用了40多幅插图,而且是不拘一格选择不同风格不同流派的插图绘画,有印象派的、立体主义的、表现主义的绘画等,极大地丰富了他主编的《小说月报》。但是,茅盾自己的小说在刚出版的过程中却很少有插图,这是因为,茅盾的小说创作在时间上都十分紧凑,写完就出版,有时甚至边写边发表,画家很少能有时间去研究茅盾的小说,从而进行插图创作;同时,对茅盾小说的插图创作,需要很高的绘画艺术造诣和文学造诣,需要真正领悟茅盾小说的真谛,所以一般的画家不敢轻易为茅盾小说创作插图。因此,叶浅予能够两度为茅盾的代表作《子夜》创作插图,在茅盾文学宝库中,是一件意义重大的工作。可惜,多少年来,叶浅予创作《子夜》插图的过程和贡献仍然少有人注意,更没有人去研究。

说起茅盾的小说插图，叶浅予早先曾为茅盾的《春蚕》画过4幅插图，影响很大。20世纪50年代，在叶浅予创作《子夜》插图的同时，著名漫画艺术大师、茅盾的老乡丰子恺也为茅盾的著名小说《林家铺子》创作了10幅配画，并且于1959年6月24日至7月8日在上海《文汇报》上连载，影响不小。估计因为1959年是新中国成立10周年的大庆，夏衍改编的电影《林家铺子》作为献礼片即将上映，媒体及时跟进，所以才有丰子恺创作《林家铺子》的插图，无意间成为茅盾和丰子恺之间的一种友谊见证。除了丰子恺绘《林家铺子》插图之外，50年代王琦也为《林家铺子》绘过插图。另外，贺友直为上海文艺出版社1962年12月出版的《春蚕》画过插图；于绍文绘过茅盾的长篇小说《虹》的插图；丁聪、戴卫两位画家分别为《腐蚀》画过插图；茅盾去世以后《走上岗位》出版，画家沈天呈为这部第一次结集出版的长篇小说绘过12幅插图；茅盾的长篇小说《锻炼》出版时，由张组英绘插图9幅。应该说，茅盾作品的插图，已经开始引起画家们的重视，但是叶浅予为茅盾《子夜》画的插图，分量最重，数量最多，使用版次最多，质量也一直为人们所称道。

1957年，叶浅予认真阅读了茅盾的代表作《子夜》，对小说所反映的时代背景、主要人物性格特点、故事的关键情节等做了全面思考，为外文出版社出版的英文版《子夜》创作了19幅插图，向国外读者真实地再现了上海20世纪30年代实业家与工人、农民以及各个方面的错综复杂的生活，插画为中外读书界所肯定。1959年4月，文化部和中国美术家协会在北京联合举办全国书籍装帧插图展览会，这是新中国成立以后规模空前的书籍装帧插图的展览和检阅活动。叶浅予送上了为茅盾《子夜》所作的插图。这次展览，同时也是为同年秋天在德国莱比锡举行的国际书籍艺术博览会做准备，所以组织者在全国各地选送的大量插图作品中评选出插图60余种，叶浅予为茅盾《子夜》创作的插图上榜。其他还有程十发的《儒林外史》插图、华君武的《大林和小林》插图、张光宇的《中国民间故事集》插图、古元的《灵泉洞》插图、黄永玉的《在森林中》插图、杨永清的《五彩路》插图、夏同光的《玉仙园》插图、赵延年的《王孝和的故事》插图、孙世涛的《烈火金钢》插图等。其中，叶浅予的《子夜》插图为业内专家所肯定，有人认为："在为现代中国小说创作插图而产生的优秀作品中，叶浅予为茅盾《子夜》画的插图给广大读者留下特别难忘的印象。这些生动的插图的产生，正基于画家对《子夜》所描写的人物和生活的熟悉，因此他能够根据小说进行再创作，真实生动而传神。再者是作者采用了简练有力的线描，具有鲜明的中国特色和个人风格。"

我们知道，叶浅予是一位精益求精的艺术大师，他比茅盾小11岁，1907年生，浙江桐庐县人，是茅盾的浙江同乡。茅盾创作《子夜》时，年轻的叶浅予正在上海，并且已经开始创作漫画，后来出版的《王先生别传》等就是这个时候创作发表的。由于叶浅予对上海生活观察仔细，因此他的漫画是当时上海社会生活鲜活的形象资料。由于他对当时茅盾笔下的上海社会情形非常熟悉，所以在创作《子夜》插图时，应该是驾轻就熟、得心应手的。因此在1957年，50岁的叶浅予选择《子夜》里的情景，为英文版《子夜》创作了这样一批插图，包括：吴老太爷一到上海就发病，在吴府抢救的场面，十几个人围着老太爷，画中的人物个个神态各异，十分生动；莫干丞向老板吴荪甫汇报的场面；雷参谋与吴少奶奶旧情复燃的尴尬场景；双桥镇的农民暴动，冲进曾府的场面，仿佛听得到山崩地裂的呐喊声和嘈杂声；屠维岳在老板吴荪甫面前那种冷静和大方、精明和能干的场面，没有什么语言却能够让人感受到这种气氛；四小姐和吴芝生等在外面游玩时的那种神态；李玉亭和吴荪甫无意间听到交易所的敏感话题时，吴荪甫的那种深思，很有刻骨铭心的味道；何慎庵纵容冯云卿以女儿为代价，刺探交易所大佬的所谓情报,楼上楼下两个画面,清楚地表达了金钱是如何让人丧失人性的;杜竹斋和吴荪甫的谈话画面,恰到好处地表达了六亲不认的亲戚关系;交际花刘玉英在交易所场面上的出现,让交易所有着不一样的味道;吴荪甫、孙吉人、王和甫三个人在办公室面对困难的窘境,栩栩如生;女工们在策划罢工,东西放得很杂乱,但是看得出人心很齐;丝厂工人罢工,群情汹涌,画面上仿佛能够听到工人的呐喊声;屠维岳也有不淡定的时候,惊慌失措;老奸巨猾的周仲伟戏弄工人代表,场面非常真实;徐曼丽在黄浦江游船上,站上圆桌跳舞,成为上海20世纪30年代的一道风景;从双桥镇到上海的四妹,在沙发地毯上烧香,一脸愁容;等等。叶浅予的这些插图,极大地丰富拓展了《子夜》的内涵。看得出来,这些插图是他认真研究《子夜》之后创作的,真实画出了《子夜》所要反映的内容和场景,让人在读《子夜》时仿佛回到了书中那个时代。所以20世纪70年代以来,英文版、西班牙文版、阿拉伯文版的《子夜》都采用了叶浅予在20世纪50年代画的插图。

但是,叶浅予后来对1957年创作的《子夜》插图并不满意,认为自己"对作者所描写的三十年代民族资产阶级政治上的两面性,以及大革命失败后工人农民和剥削阶级的斗争形势,理解不深,插图仅仅着眼于故事情节的表面描绘,原著的深刻主题没有反映出来,觉得有损于原著的光彩"。他还自责"人物造型不够准确,用笔不够简练"。所以在事隔20年后的1977年,已经70岁的叶浅予重新研读《子夜》,体会茅盾创作《子夜》时的匠心,为重新创作《子夜》插图在思想和认识上做了充分准备。然而,正当他开始动笔创作时,心脏病复发,这让他不得不中止创作去养病,原来全部重新创作的心愿和想法,后来只能变成部分补作或者修改,只增加了4幅新的插图,抽掉了1幅旧作,突出了工人运动和农民运动的人物和场面。这样一来,叶浅予后来创作的《子夜》插图虽然更加有概括性了,但是已成为另一种景象。其实一般来说,第一次的印象是最准确的,所以一代艺术大师叶浅予在《子夜》插图上的浪漫创作思想,在给后人留下更多艺术享受的同时,也留下了更多的思考。

2018 年

大画家的小失误

给文学巨匠茅盾的小说画插图的画家，有不少是名家大师，叶浅予为茅盾的小说《子夜》画过插图，王琦为茅盾的《林家铺子》画过插图，丰子恺为茅盾的小说《林家铺子》画过连载漫画。这些名家大师为茅盾小说插图、绘画，与茅盾小说相得益彰，为茅盾小说的传播和普及起到了积极作用。最近，我在读茅盾过往版本的小说时，发现66年前人民文学出版社出版的"文学初步读物"第一辑中的《春蚕》，竟有鼎鼎大名的司徒乔画的插图，而且他为薄薄的只有38页的《春蚕》画了两幅插图！一幅是春蚕劳动场景，一幅是老通宝卖茧回来，病得走不动路，在两个儿子搀扶下回家的画面。

司徒乔是一位经历丰富的艺术家。他1902年出生在广东省开平市赤坎镇塘边村，幼年在塘边村度过，12岁随父亲到广州岭南大学附小读书，后来进岭南大学文学院读大学，与音乐家冼星海和日本著名诗人草野心平是同学。1924年，司徒乔进北京燕京大学神学院学习。在北京读书时，司徒乔为鲁迅编辑的《莽原》画封面和插图。据说鲁迅曾经买过司徒乔的两幅画：《五个警察和一个〇》《馒头店门前》。后来鲁迅为司徒乔的画展写序，称赞他"不管功课，不寻导师，以他自己的力，终日在画古庙、土山、破屋、穷人、乞丐……"1928年底，司徒乔到法国学习绘画，后又去美国半工半读，但美国当局认为司徒乔违反了移民法，将他关进监狱，不久驱逐出境。1931年5月，司徒乔回到广州，在岭南大学教授西洋画，1936年鲁迅去世，司徒乔用竹笔画下了鲁迅的遗容，并为鲁迅葬礼画了巨幅遗像。抗战开始以后，司徒乔流亡到东南亚一带，回到国内后，深入到新疆等地写生。1945年9月抗战胜利后，司徒乔在重庆举办"新疆画展"。次年，司徒乔因病和夫人一起去美国养病并治疗。新中国成立以后，司徒乔在1950年8月回到祖国，10月到北京参加全国政协会议，并受聘担任中央美术学院教授，同时参加北京的革命历史博物馆筹建工作。1958年2月16日，司徒乔旧病复发，在香山他的画室里溘然长逝。他的英年早逝，是中国美术界的一大损失。

至于司徒乔应邀为人民文学出版社出版的这本《春蚕》画插图，应该在1952年。人民文学出版社1953年开始出版这套"文学初步读物"丛书时，每一种图书都邀请画家画插图。茅盾的《春蚕》是第一辑的20种图书之一，由司徒乔画插图。后来，1955年出版第二辑"文学初步读物"丛书收入《林家铺子》时，则是邀请王琦画插图。

司徒乔为《春蚕》绘制的封面和插图

司徒乔为《春蚕》画了两幅插图，一幅题为"人们单是上叶也就忙得透不过气来"；一幅是"老通宝路上气得生病了，两个儿子扶他到家"。司徒乔的两幅插图，无疑给小说增添了生活情趣，让读者能够形象直观地感受到小说的魅力。

然而，当我们仔细欣赏那幅"人们单是上叶也就忙得透不过气来"时，发现司徒乔对养春蚕的蚕事细节不甚了解，只突出其忙碌的程度而忽略了忙碌的内容。饲养春蚕中，"上叶"就是给蚕宝宝喂食。蚕宝宝吃的是新鲜的桑叶，等长到一定程度，即"三眠"以后，食量大增，每天需要喂多次，而且需要吃大量的新鲜桑叶，所以蚕农此时日夜照看蚕宝宝，是最忙碌的日子。因为来不及去桑地的桑树上摘桑叶，蚕农就把桑树上的桑条剪下来，从地里挑回家，一家人在灯火或者月光下围着带叶桑条"采叶"，从桑条上采下来的桑叶不用刀切，就直接铺在蚕匾或者"地铺"里。此时，蚕宝宝发出沙沙沙的下雨一般的吃桑叶声音，这是蚕宝宝健康的标志，也是希望的声音，这声音在蚕农听起来，比听美妙的音乐还舒服。大概司徒乔没有见过养蚕过程的缘故，在"人们单是上叶也就忙得透不过气来"的插图中，老通宝右手拿铡刀，左手拿一束稻草一样的东西，推向铡刀去切断。阿四在边上抱了一捆东西，给老通宝打下手。后面一人似乎在等待切下来的桑叶，一人弯腰在蚕匾里喂蚕宝宝。所以，插图画面的忙碌程度是充分表达出来了，但是用铡刀切桑叶，在春蚕饲养过程中是没有的。因为桑叶要采下来，完全是手工操作的。估计画家以为桑叶也像青草喂马一样，需要用铡刀切断以后喂蚕。这实在是大画家的小失误。实际生活中，蚕事再忙，也不会用这种方式去喂蚕宝宝的。

其实，画家因为不熟悉某种生产生活而画错的，古已有之。唐代大画家戴嵩专长画牛，他的一幅《斗牛图》被宋代的一个收藏家收藏。因为是唐代大画家的画，几百年了，收藏家非常珍惜，时常在客厅里挂出来让人欣赏。有一天，一个牧童看见了这幅画，笑道："这幅画画错了，斗牛的时候，牛的全身力气用在两只角上。这时候，尾巴一定贴紧，夹在两腿中间，才用得出力气。现在这幅画里面的两头牛都翘着尾巴，画错了！"丰子恺曾经十分感慨，说："做画家真不容易，必须结合实际，必须有切身的生活经验，加以巧妙的技法，然后才能做出正确而美观的表现。"所以看到 66 年前美术大师司徒乔的一幅插图中的小小失误并作此短文说出来，想来司徒乔的在天之灵不会怪我多事吧？

2019 年

《林家铺子》的三幅插图

茅盾写于 1932 年春夏之交的《林家铺子》，是现代文学中的名篇佳作，一直为人们所传诵。小说以 1932 年一·二八事变前后的江浙农村商业的境况为背景，真实揭露了日本帝国主义的军事、经济侵略，国民党官吏的敲诈，富人高利贷的剥削而带来的社会动荡、民不聊生的事实。小说透过林家铺子的无奈倒闭，反映了民族商业在多重压迫下只能破产的厄运。关于小说的创作过程，茅盾回忆说，他是在创作《子夜》时就已经关注到"小市镇的小商人不论如何会做生意，但在国民党这大鱼吃小鱼、小鱼吃虾米的社会里，只有破产倒闭这一条路"的社会现象。1932 年春天，茅盾回到乌镇，一·二八事变对杭嘉湖地区小市镇的影响令他的感受更加强烈。因为经济侵略而带来了日本货充斥小市镇的店铺，一·二八事变发生以后，学生和民众自发起来抵制日货，而基层的国民党官吏和职能部门却借抵制日货来敲诈小商人或者没收日本商品，进而倒手冒充国货而大卖特卖，所以因腐败而导致商店破产、倒闭、老板跑路。茅盾写完这篇小说以后，一开始取名为"倒闭"，结果，《申报月刊》主编俞颂华认为在创刊号上发表名为"倒闭"的小说，老板会认为不吉利，便将小说题目改为"林家铺子"，并与茅盾商量。"俞原是老友，我也就同意改题'林家铺子'。"茅盾这样说。

茅盾的这篇小说发表以后，受到读者的欢迎。当时，夏衍用

"罗浮"的笔名,在《文学月报》上评论《林家铺子》,认为:"在取材上,我们不能不说这是百分之百地把握住了现实,意识上也是非常正确的。"同时他还认为,《林家铺子》中的人物,无论是林老板还是林大娘,无论是上海客人还是商会会长,"都写得非常深刻,生动,有力"。茅盾自己对这篇小说也十分看重,认为写《林家铺子》是自己"描写乡村生活的第一次尝试"。所以,第二年,即1933年,5月开明书店出版《春蚕》时,茅盾专门将《林家铺子》收入《春蚕》小说集。这是茅盾第一次将《林家铺子》编入小说集。后来,《林家铺子》多次被编入各种各样的作品集里。

但是,从《林家铺子》的出版传播史来看,这部称中篇小说嫌短,称短篇小说嫌长的作品,与其他小说编在一起出版的机会很多,但是单独出版的机会却很少。茅盾生前单独出版的《林家铺子》,我只找到1955年3月人民文学出版社出版的一本小册子。而且可喜的是,这本小册子里面还有三幅插图,是著名版画家王琦所画,今天看来已经十分珍贵。这本《林家铺子》是人民文学出版社"文学初步读物"系列中的一种,至于为

王琦为《林家铺子》绘制的插图

什么出版这个系列丛书,人民文学出版社在出版说明中说:"我们出版这个'文学初步读物',是为了适应广大群众迫切的要求,使他们有适当的初步的文学读物,并从此开始去进一步接触更多的文学作品。"至于文学初步读物所收作品的范围,大致是四个方面:古典文学遗产中比较容易了解的作品;五四运动以来有代表性的作品,包括长篇小说中的片段;当代作家中已经有一定评价的作品;外国文学中可供学习的优秀作品。从"文学初步读物"出版的目录来看,古典文学方面节选了四大名著的章节;现代文学方面,只选了鲁迅的《阿Q正传》、茅盾的《林家铺子》、吴组缃的《一千八百担》、张天翼的《华威先生》等,可见当时人民文学出版社在出版3万字的《林家铺子》的时候,是将其作为五四运动以来有代表性的作品收入这个系列的。因此,出版社在这部小说的"本书说明"中是这样评价的:"这篇小说写日寇侵入东北到一·二八战争时期,上海附近某城市一家小商店破产倒闭的经过,反映了当时政治的腐败、官僚的贪污、农村的贫困、市民的愚昧和整个社会的动荡,帝国主义和封建统治对中国人民的双重压迫和残酷剥削,以及被损害的人民的愤怒的呼声和微弱的反抗。这些都说明中国革命又将走上一个新的阶段。"这段评价,简明扼要,十分准确、客观。 为了单独出版这篇小说,出版社特地请版画家王琦画了插图。画家研究了《林家铺子》以后,选了小说里面的三个场景:一个是商会会长收了林老板的钱,林老板可以卖日本货了,于是商会会长见到林老板,站住了向林老板贺喜,并且拍着林老板的肩膀,轻声说:"如何?四百块钱是花得不冤枉吧!——可是,卜局长那边……"画家就用这个场景作为第一幅插图,表现林老板所受到的双重压迫,十分传神。第二幅插图画的是上海客人在林家铺子讨债的场景,林老板劝了半天,上海客人一定要拿到钱才肯走,但是店员寿生收账没有回来,林老板没有钱付账,非常尴尬。于是画家选择了这样一个场景,把林老板"人欠欠人"的困境找到一个集中点,形象生动地揭示了出来。出版社当时还把这一幅作为封面装帧画。第三幅插图是卜局长看中林老板的女儿,林家不从,突然,这天上午的生意异样起来,"那简直不像买东西,简直是抢东西,只有倒闭了铺子拍卖底货的时候才有这种光景"。这时,来了两个穿制服的,拉住林老板就走,王琦就抓取抓林老板的这个瞬间,创作了第三幅插图:"两个穿制服的拉住他就走。"这幅插图同样让人想象无限,对林老板的命运给以深切的同情。总之,三幅为《林家铺子》添彩的版画插图,都是王琦创作的精品。

王琦是著名版画家,生于1918年,重庆人,19岁毕业于上海美专,20岁在鲁迅艺术学院美术系学习,是中国版画艺术奠基人之一。早年他在武汉政治部三厅、重庆文化工作委员会工作,担任过中华全国木刻协会常务理事等。新中国成立后曾任《版画》《美术》杂志主编,中央美术学院教授,中国版画家协会主席,中国美术家协会副主席、党组书记等职务,是一位德高望重的美术界前辈。在新中国成立前,他主要以木刻为武器鼓励群众,尤其是热血青年,投身革命。新中国成立以后,王琦主要关注生产与建设,创作了《售余粮》《贮木场》《晚归》《雪原峡谷》等知名作品,这些作品堪称"社会主义建设的艺术史诗"。1991年,王琦获得中国美术家协会与中国版画家协会颁发的"中国新兴版画杰出贡献奖"。2016年12月7日,王琦在北京逝世,享年99岁。

《林家铺子》发表至今已经85年了,但是85年来,这篇小说单独出版的机会很少,单独出版而且有插图的版本更少。60多年前王琦对《林家铺子》的研究和插图创作,已经成为茅盾文学宝库里的一项重要内容,也是研究《林家铺子》的重要史料,值得我们重视。

2017 年

丰子恺为《林家铺子》配画

丰子恺和茅盾都是从桐乡走出去的文学艺术大师，一个1898年出生在石门湾，一个1896年出生在乌镇。水乡平原的两个镇相距十多里，中间一条白马塘河，一头连着乌镇，一头连着石门湾，两镇的风土人情十分相似。茅盾在商务印书馆工作的时候，他二婶的娘家与丰子恺是亲戚，经二婶联系介绍，新婚妻子孔德沚曾经在石门镇丰子恺姐姐办的小学里读书，所以两位大师相互并不陌生。但是，丰子恺与茅盾，无论是在新中国成立之前还是之后，只是认识，并无密切的来往。不过，20世纪50年代，根据茅盾同名小说改编的电影《林家铺子》公开放映之前，丰子恺曾在《文汇报》上发表一组《林家铺子》配画，为《林家铺子》的公开放映营造了良好的文化氛围，也为两位桐乡文学艺术大师之间的友谊添上绚烂一笔。

20世纪50年代，曾经改编过《春蚕》的夏衍，又以编剧身份亲自改编《林家铺子》，并将其作为新中国成立10周年的献礼影片。在影片放映前，作为小说《林家铺子》诞生地的上海，开始为这部献礼片造势，《文汇报》副刊《笔会》的编辑徐开垒策划选登《林家铺子》，并请丰子恺为这些节选的文字配画。经过一段时间的筹备，1959年6月24日《文汇报》第三版《笔会》开始刊登丰子恺的配画。副刊编辑还特地写了"编者按"，说："茅盾同志的短篇小说《林家铺子》，是五四以来名著之一，前由夏衍同志改编成电影文学剧本,并已由北京电影制片厂摄成影片。《林家铺子》是写1932年前后中国社会的混乱情形,作者通过林姓店铺的遭遇,揭露了旧社会大鱼吃小鱼的丑恶面貌。主人公林先生是一个小工商业者,他是一个剥削者,但又是一个被剥削者,他在封建、官僚买办资产阶级的压迫下,同样掌握不了自己的命运,最后仍难免以悲剧结束。"在简明扼要地介绍了《林家铺子》这部作品后,编辑又说:"从这个故事的发展过程中,可以激发我们对已经逝去的年月的回忆。昔日的苦难,将促使我们更其热爱今天的社会。因此,配合这部电影的即将放映,我们请丰子恺同志作画,从今天起陆续刊出。"

丰子恺为《林家铺子》的配画共有10幅,分别刊登在6月24、25、27、28、29日和7月1、2、5、6、8日的《文汇报》副刊《笔会》上。这些画和文字以连载的方式发表,两位大师的作品合在一起与读者见面,别有一番趣味。

第一幅中,丰子恺画了林家三个人,学校回来的林小姐伏在床上耍脾气,林大娘在边上劝女儿,拿着传单的林老板进来,说:"明天你再穿东洋货的衣裳去,他们就要烧呢。"

第二幅画的是林老板给党部送了400元以后,党部答应不封他们的门,还可以将东洋货放在最惹眼的地方。画中林老板在极力向偶尔走过店门口的农民推销党部允许卖的东洋货。

第三幅画的是没有卖掉多少东洋货的林老板正在算账,突然存户朱三太闯进来,要取已经拖了三个月的存款利息。林老板虚与委蛇,敷衍朱三太,说:"我晓得了,明天送到府上。"后来林老板的生意果然好起来了。

于是,丰子恺在第四幅画中画上林大娘赶快到里屋,跪在菩萨面前,烧香磕头:"请菩萨发点慈悲,保佑林先生的生意永远那么好。"

第五幅画了上海客人来林家铺子收账,林老板满面愁容和上海客人周旋的场面。

第六幅画了林家铺子以外的一个场景，寿生收账逃回来，说："宝祥衣庄的阿毛被他们拉去了。"

第七幅画的是一·二八事变以后，一大批难民来到小镇上，寿生和林老板商量出一个搭配销售一元货的主意，并且把广告贴到难民住的茧站。此时林老板生意兴旺了，但是麻烦也接踵而至，于是林老板夫妇"跑路"之前，让女儿与寿生在他们面前拜了天地才放心。

第八幅画丰子恺没有题字。后面两幅都是林家铺子倒闭以后的场面，一幅是林家铺子集资存款的客户在铺子门口哭喊："少了我的钱，我拼老命！"另一幅，一堆警察在林家铺子门口，一副杀气腾腾的样子，对挤在门口的人吼道："再不走，就开枪了！"

"宝祥衣庄的阿毛被他们拉去了。"

针对丰子恺为茅盾小说绘画的往事，笔者在 2017 年 1 月 18 日短信向丰子恺的女儿丰一吟老师请教，丰子恺是在什么情况下为《林家铺子》创作这些配画的。丰一吟老师及时回信说，她也不记得这件事了。现在看，当年丰子恺为《林家铺子》配画，就是为配合新中国成立 10 周年的献礼电影《林家铺子》而创作的。从丰子恺的这些画作看，他对茅盾原著的体会是非常深刻的，所以落笔成画，而且画到好处、画到深处，把林家铺子中的几个关键故事演绎得入木三分！同时，从这些绘画中读者也能感到茅盾和丰子恺这两位同乡同时代人，对一·二八事变以后的江南小镇社会状况都有着深刻认识，因为像林家铺子倒闭这种社会现象，不光在茅盾的家乡乌镇有，在丰子恺的家乡石门湾也同样存在，所以丰子恺的绘画与茅盾的小说能够如此契合。

在新中国成立前，丰子恺曾专门为鲁迅的作品绘制过不少插画，所以对小说创作的规律有着深刻理解，对绘画小说有深刻的研究，而且十分注重小说的时代背景和历史事实。据说当年《阿Q正传》画好以后，丰子恺专门请绍兴的朋友对绘画"检查"，提出意见，可见丰子恺绘画小说的态度之认真。

至于这部《林家铺子》小说的绘画，因为丰子恺对小说的背景和当地的风土人情太熟悉了，自然不用征求桐乡老乡的意见。

2017 年

曹辛之与茅盾的"封面情"

曹辛之（1917—1995）是我国著名的诗人、书籍装帧艺术大师，他的封面设计生涯前后经历了半个世纪，创作了2000余件作品，留下了不少精品佳作。在为作家设计书籍封面的过程中，他与文坛大师们建立了深厚的友谊，如诗人臧克家、艾青，文学大师郭沫若、茅盾等，其中，他在与茅盾几十年交往中的"封面情"，至今仍留有余香。

曹辛之是江苏宜兴人，他年轻时向往革命，在抗战开始后奔赴延安，在陕北公学、鲁迅艺术学院求学，后来鲁迅艺术学院选调他参加李公朴抗战建国教学团，奔赴晋察冀边区工作。1940年，抗战建国教学团结束以后，曹辛之调入生活书店，开始在邹韬奋的领导下从事《全民抗战》的编辑工作，并开始了书籍的装帧和封面设计工作。"皖南事变"以后，曹辛之陪同邹韬奋的夫人秘密去香港，而当时正在重庆的茅盾也在生活书店编辑程浩飞的陪同下，秘密离开重庆，远走香港。不久，茅盾的夫人孔德沚则由生活书店经理徐伯昕的夫人胡耐秋陪同，也离开重庆秘密到了香港，为茅盾的创作担当起"后勤部长"。当时，曹辛之已经能够独当一面，"专门从事书籍的装帧设计工作"了，而茅盾虽然不是生活书店的员工，但是当时他的主要工作就是为生活书店写小说、编刊物《笔谈》。所以，茅盾与曹辛之的相识应该就发生在"皖南事变"以后在香港的日子里。

不过，两个人刚认识不久，就爆发了太平洋战争，于是茅盾在香港中共地下党和游击队的掩护下，昼伏夜行去了桂林；曹辛之则转道桂林去了重庆，继续从事书籍的装帧设计工作。不久，茅盾也回到重庆，在生活书店的帮助下，结束了抗战时期居无定所的窘境，开始了为期三年的雾都生活。茅盾与生活书店的关系由来已久，早在抗战前，茅盾就开始为生活书店编刊物，与邹韬奋等人建立了深厚的友谊。茅盾在故乡乌镇写的小说《多角关系》，1937年5月由生活书店出版，1944年茅盾在重庆时，生活书店又重版了这部小说。这次重版由曹辛之设计封面，这也是曹辛之第一次为茅盾的作品设计封面。27岁的曹辛之很有想法，右上角的书名"多角关系"四个美术字正好组成一个方块，显得稳定而又稳重，主题非常鲜明；右边是一枝装饰题花，由下而上，充满动感。而"茅盾著"三个字设计在下面，让人一目了然。这一版的封面整体干净，颜色典雅，给茅盾留下了深刻印象。

1946年初，生活书店在上海恢复业务，曹辛之前往上海，继续从事书籍装帧设计工作，同时与朋友一起创办星群出版社，出版新诗作品和新诗杂志。随后，茅盾由重庆绕道香港，也于1946年5月回到第二故乡上海。到上海以后的茅盾，依然非常忙碌，其中有一件事与曹辛之有关，事情是这样的：当时，上海大同书店经理张魁元请茅盾编一套"大同文艺丛书"，茅盾同意了。为此，张魁元与茅盾两个人出面，7月9日在霞飞路上的一个餐馆宴请郭沫若、叶圣陶、冯乃超、田汉、洪深、郑振铎、冯雪峰等文友，商量丛书出版事宜。其中，丛书的封面设计，茅盾提出请曹辛之担任，因为当时曹辛之也在上海。但是过了一个多月，丛书封面曹辛之还没有送过来，于是茅盾给曹辛之写了一封信，催曹辛之的封面设计。

曹吾兄：

前托代绘之丛书封面，不知已绘就否？现在丛书即待出版，专候封面，请见示后即掷下为荷。种种费神，感谢感谢。

即颂

日祺

雁冰

8月18日

曹吾，是曹辛之的别名。在这封信中，可以想见茅盾对曹辛之的封面设计是认可的。

新中国成立以后，茅盾担任中华人民共和国文化部部长，而曹辛之一直在人民美术出版社担任美术设计类工作。20世纪40年代曾经活跃在新诗舞台的曹辛之不再写新诗，而专心致志从事书籍的装帧设计。1956年，曹辛之主持设计了《印度尼西亚共和国总统苏加诺工学士、博士藏画集》。这部画集在1959年德国莱比锡书籍艺术博览会上获得整体设计金质奖章，为新中国的文化出版事业赢得了荣誉，这块奖牌也是新中国成立后出版界在国际上获得的第一块金牌。

曹辛之是一位多才多艺的书籍装帧家，在下放湖北咸宁文化部五七干校时，他就地取材，钻研竹刻艺术，刻制了不同风格的笔筒、壁挂、臂搁等，从干校回到北京以后，又开始研究书法、篆刻和书画装裱。生活中的许多小东西，甚至贺年卡，他都亲自动手，而且都做得非常漂亮典雅。1977年新年来临，曹辛之给茅盾寄去一张自己制作的贺年卡。此时的茅盾，收到来自全国各地新老朋友的贺年卡已经不少，但是看到曹辛之寄来的新奇大方的贺年卡，不禁眼前一亮，玩赏良久，随后给曹辛之写信，表达谢意：

辛之同志：

接奉贺年卡，谢谢。此为您自制，新奇大方，当永藏以为宝。

新得赵清阁自制诗笺一张，此纸即是，作为复书，亦投桃报李之意，不过我这李是借来的。

匆复即颂

春祺

沈雁冰
12月30日

相信在1977年元旦收到茅盾来信的曹辛之，是十分兴奋的。不久，曹辛之将陈毅的《满庭芳·感事书怀》词篆刻成印谱，共21方，后又自制木版水印手拓线装书，并且专门去请茅盾为这部印谱题签，请齐燕铭手书内封。茅盾见到这部印谱，十分高兴，欣然为曹辛之题签"陈毅满庭芳　曹辛之篆刻"几个字。印谱出来后，曹辛之立刻在1978年春节前给茅盾送上一册。春节以后，曹辛之给茅盾写了一封信：

茅公吾师：

　　人民美术出版社最近要出版一套"鲁迅与美术丛书"（有五种已定稿），想请您书写封面字。今将出版社总编室信转陈，务请允准。万分感谢。

　　这次我篆刻的陈毅同志的《满庭芳》印集，承蒙您和燕铭同志赐予题字，增色不少。春节前曾送上一册，谅已收见。原只打算拓印二三十册赠送诸师友，不料发出后，各方友人前来索取者不绝，陆续印了一百五十份，才勉强应付过去。我擅自代为刻制的印章今已用毕，今附奉，请指正。事先没有征得您的同意，尚恳宽宥。

专此即颂

尊安

晚　辛之上
3月27日

这里的所谓"代为刻制的印章",就是茅盾的"陈毅满庭芳"题字下面用的长方形篆字"茅盾"章。因为是竖书,曹辛之刻了这种长方形的,盖在题字下面,十分贴切。茅盾很了解曹辛之的篆刻水平,因为曹辛之曾经给茅盾篆刻过一方"雁冰"章,这方章的线条非常美,茅盾十分喜欢,把它作为晚年日常使用的印章之一。

"文革"结束以后,茅盾已经年过80岁,而曹辛之已是花甲之年,但两人依然有春天来了的感觉。茅盾在党中央的支持下,回顾自己走过的道路,奋力撰写回忆录,而曹辛之重新回到书籍装帧的艺术世界。经过几十年的努力,曹辛之装帧设计的水平已经到了炉火纯青的地步。当时百废待兴,读书界对名人名作一书难求,但曹辛之没有为了迎合市场而粗制滥造,对封面设计依然精益求精,有些封面书名的题字,他会请名家来写,以期达到完美的艺术效果,如《阿英散文选》《文化史料》等。所以,曹辛之设计封面,茅盾题写书名,珠联璧合,成为装帧艺术界的一道风景。

茅盾去世以后,为了更好地继承和弘扬茅盾文化遗产,中央决定编辑《茅盾全集》,并成立以周扬为主任委员的《茅盾全集》编辑委员会。1983年4月29日,《茅盾全集》编辑委员会召开第一次在京编委会议,编委会决定聘请曹辛之为艺术顾问。从此,曹辛之开始酝酿《茅盾全集》的装帧设计。1984年,第一批1至7卷《茅盾全集》由人民文学出版社正式出版,曹辛之的装帧设计也正式与读者见面,赢得了广泛的赞誉。

《茅盾全集》分精装和平装两种,都由曹辛之装帧设计。在为《茅盾全集》的装帧设计中,曹辛之倾注了自己对茅盾的感情。大32开本的精装《茅盾全集》的封面用明快的黄色绢丝纺,上烫朱红色"茅盾"二字篆书阳文印章,这个充满金石气的印章,是曹辛之亲自为《茅盾全集》的装帧而篆刻的。靠订口处,轧印一条垂直的凹线,整体质朴大方,很有气派。在书脊上一方长条朱红色块上烫金书名，书名为行书体，也是曹辛之亲自书写，字体端庄稳定，清秀挺拔。上下两道精致的装饰花边，使书脊更加明净、秀雅，洋溢着浓郁的文学气息。护封用满版实地的浅灰色，上印银灰色的茅盾代表作《子夜》手迹。右上方是"茅盾"的朱红印章，让人感觉柔和、文静，格调高雅。曹辛之是带着感情为一代文学巨匠设计封面的，封面虽薄，情谊却十分厚重。

从20世纪40年代为茅盾设计《多角关系》封面开始，到茅盾逝世后为《茅盾全集》做装帧设计，曹辛之都情深义重。若茅盾地下有知，也会像40年代那样，连声说"感谢，感谢"的。

2017年

第三辑　家事

茅盾一家，是革命的一家。在中共"一大"之前，茅盾和他弟弟先后加入中国共产党，成为我党早期的50多名党员中的两位。到1925年，茅盾家里已经有4位共产党员，即茅盾与妻子孔德沚，沈泽民和妻子张琴秋。到了20世纪40年代，儿子女儿分别在延安加入共产党，茅盾的女婿萧逸则是新华社牺牲在阵地上的战地记者。茅盾一家也是文学之家，茅盾女儿沈霞在上海读中学时，作文出类拔萃，深得老师好评，后来在湖南长沙读中学时，还专门写过小说，茅盾夫人孔德沚常常自豪地说，女儿遗传了茅盾的文学基因。而女婿萧逸也是文学青年，在妻子沈霞不幸去世后，曾经想在茅盾指导下从事文学创作，茅盾希望他参加完解放战争全过程，这样也许对他的创作更有意义。茅盾对女婿的才华充满了期许。没有想到，在解放太原时，萧逸冲在阵地上，向敌人喊话，敦促敌人投降，不料中弹，牺牲在阵地上，年仅33岁。至于夫人孔德沚，早年加入共产党，为革命奋斗，勤奋学习；中年丧女后，"保驾护航"地照顾茅盾生活。茅盾的弟弟沈泽民是一名优秀的共产党员，短短的一生，对党的贡献、对新文学的贡献却值得我们永远纪念。茅盾两个内弟都是作家，虽然鲜为人知，但依然值得了解。

《林家铺子》插图 丰子恺绘

先生的慧眼

近日重读茅盾少年时代的作文和茅盾女儿沈霞在上海培明女中写的作文手稿，感慨良多。除了茅盾女儿沈霞在学生时代的作文写得文采斐然，论述条分缕析，见地入木三分之外，当年教茅盾父女的先生的评语、批语，更是让人刮目相看，所以惊叹之余，更佩服这些慧眼识珠的先生。

茅盾的作文写于1909年，其时，13岁的茅盾在乌镇的"乌青镇高等小学"读书，清末虽然科举已废，但学校依然布置史论和策论等。当时的茅盾对这些命题作文材料已经有自己独到的见解和表达方式，所以先生对少年茅盾的天赋和才气赞叹不已，如在《武侯治蜀王猛治秦论》一文里，小学先生写下了"堂堂之阵，正正之旗，确是史论正格"的评语；在《宋太祖杯酒释兵权论》中，先生的评语是："好笔力，好见地，读史有眼，立论有识，小子可造，其竭力用功，勉成大器！"在《祖逖闻鸡起舞记》中，先生给茅盾的评语是："慨祖生不遇其主，壮志莫酬，确有见地。行文之势，尤蓬蓬勃勃，真如釜上之气。"连先生都佩服自己教的这个学生的见地，对其作文的写法赞赏不已。在《燕太子丹使荆轲刺秦王论》中，先生认为："有精炼语，有深沉语，必如此乃可讲谈史事！"在看到《西人有黄祸之说试论其然否》一文时，先生十分感慨，所以写下了"西人黄祸之说所以惧我也，篇中论到中国人不可因此而生骄心，而

浙江乌镇茅盾故居
平屋西间北半间（由东北向西南）

生息心,是自警也,是自惕也。果人人能有此志,终当达其目的"的评语。在《文不爱钱武不惜死论》中,先生拍案叫绝,为少年茅盾写下了"慷慨而谈,旁若无人,气势雄伟,笔锋锐利,正有王郎拔剑斫地之慨"的评语,可见当时先生读此文的心情。在《论陆静山蹈海事》中,先生的评语是:"有血性语,有悲悼语,有期望语。表扬中兼寓惋惜。韬厂虽死,倘泉下有知,当亦扬眉吐气!"在《秦始皇汉高祖隋文帝论》中,先生称赞少年茅盾是:"目光如炬,笔锐似剑,洋洋千言,宛若水银泻地,无孔不入。国文至此,亦可告无罪也!"相信当年的小学先生在作文上的评价和期望,给少年茅盾的鼓舞是强烈的。据茅盾小学同学沈志坚回忆,当时的先生曾抚着茅盾的背,勉励他:"好好用功,你将来是个了不起的文学家呢!"少年茅盾看

浙江乌镇茅盾故居
平屋南立面（由东南向西北）

到先生对自己的期许，十分兴奋，读书"益加奋勉"，抱负更加远大，便"以异日之文豪自期"，曾对同学说："我能著作一种伟大小说，成一名家，于愿足矣！"

当时茅盾还有一些所谓"策论"的作文，同样得到老师好评，如《青镇茶室因捐罢市评议》一文里，茅盾认为"茶室业小资薄，一日所赚之钱几何"，所以不应再抽茶办警察。办警察是保护富人的，所以办警察的费用应由"大商富出之"，"又何必与小民缠扰不已哉"。先生看到这几百字的作文条理如此清晰，观点如此鲜明，深有同感，所以写下了"办地方之事，必宽以筹之。作者谓'与小民缠扰不已'，至论至论"的评语。在题为《学部定章》的作文中，先生看到一个志存高远前途无量的少年，所以在这篇作文的评语中赞扬茅盾"生于同班年最幼，而学能深造，前程远大，未可限量！急思升学，冀着祖鞭，实属有志"。

茅盾的这些作文，几乎每一篇都有先生极高的评语，今天重读这些评语，我们不光可以看到一个志存高远的少年茅盾，还可以看到一个了不起的小学国文先生。茅盾一生追求共产主义理想和建功立业的远大抱负，有可能就是从小学先生激赏的作文评语中建立起来的。

有意思的是，读过茅盾少年时代国文先生的评语，再看茅盾女儿沈霞初中作文中国文先生的批语，同样让人感到惊讶，其作文活脱脱是其父茅盾的翻版。现在保存下来的沈霞作文，是1936年她在上海培明女中时所写。从这些80年前的作文看，无论是学校命题作文，还是自由选题作文，沈霞都写得有思想有见解，而且文采飞扬，深得国文先生赞赏。在《回想昨天》这篇作文中，先生的评语是："谈理叙事都能头头是道，令人见到学有根底。"在《学以致用》的作文中，先生的评语更高："锦心绣口，咳吐成珠，是有目共赏之文！"当时沈霞已经有进步思想，所以作文中也有强烈的革命色彩。在《值得纪念的一件事》中，国文先生高度赞扬沈霞表现出来的进步思想，所以写了"理直气壮，大有怒发冲冠之势，民气如此，何患强梁"的评语。当时，沈霞在作文中描写环境、描写心理的手法已经相当娴熟，所以在《马路上一瞥》中，先生给她的评语是："写来如绘，文中有画，阅者亦几疑置身其中矣。"尤其让人感到有意思的是，茅盾小学时代写过一篇题为《悲秋》的作文，清末的小学先生写下了"注意于悲，言多寄慨"八个字的评语，而他的女儿沈霞写过一篇《再会吧！春！》，民国时期的国文先生的评语是："无浮词冗语，亦是可贵。"父女两人相隔20余年，一个写秋，一个写春，都写出了时代的感慨，却得到不同时代先生的高度赞赏。

所以，当年孔德沚对女儿的文学天赋十分惊讶，多次对丈夫茅盾说："可能亚男（沈霞小名）遗传了你的文学天赋。"1945年，24岁的沈霞在延安去世后，茅盾夫妇一直无法释怀，据说茅盾晚年一个人在家里常常捧着女儿的这些作文高声朗读，老人苍凉的声音久久在交道口四合院的老屋里回荡。女儿的意外早逝是茅盾一辈子的痛！

　　从学生时代的作文可以看出一个人写作天赋的端倪，而学生时代国文先生在作文中的褒扬和深刻评语，深深地影响一个人的兴趣和抱负。因此，学校里先生的学识眼光和鼓励，在一个人的人生中，无论过去、现在，还是将来，都至关重要。

2016 年

茅盾夫人孔德沚二三事

孔德沚（1897—1970）和丈夫茅盾都是浙江桐乡乌镇人，从小由长辈做主订了娃娃亲，1918年春天在乌镇老家结婚时，茅盾已经是国内小有名气的文艺青年了，而孔德沚却只认得1至10的数字，不知道是上海离乌镇远，还是北京离乌镇远。不过，此时的茅盾关注的是自己的事业，而对妻子识字不识字是无所谓的态度，但孔德沚十分在意，嫁到沈家以后，她从零开始，勤奋读书、识字。

1921年，孔德沚到上海和丈夫团聚，一边读书一边从事女工工作。孔德沚到上海后，在向警予、张琴秋、杨之华的影响下，进步很快。1925年，孔德沚加入中国共产党。在白色恐怖时期，孔德沚坚持为党工作，即使后来她离开党组织，依然与瞿秋白夫妇、鲁迅夫妇以及左翼文化人士保持密切来往。

全面抗战开始以后，孔德沚把一双儿女留在延安，陪伴茅盾辗转了大半个中国，形影不离，历尽苦难。抗战胜利以后，24岁的女儿沈霞突然在延安去世，让茅盾夫妇悲痛不已，孔德沚神经受到严重的刺激，从此得病，变得夜不能寐，失去爱女的痛苦始终萦绕在她的脑际。新中国成立后，孔德沚向周恩来总理请求工作，周总理语重心长地交代她：照顾好茅盾。从此，孔德沚听从周总理的建议，做全职太太，照顾茅盾的生活。1970年，孔德沚因病去世，茅盾想起相伴半个多世纪的妻子，老泪纵横，多次和孙子辈说及孔德沚的好，后来在日记和回忆录里写下相濡以沫的点点滴滴。一代文学巨匠和大字不识的妻子白头偕老的往事,成为一段佳话。

白头偕老的娃娃亲

茅盾和孔德沚两家都在乌镇的一条街上,孔家在东栅,沈家在市中心,在爷爷辈都是志同道合的朋友。有一天,茅盾的祖父沈砚耕和孔德沚的祖父孔繁林各自带着孙子孙女到东栅钱隆盛南货店聊天,店主钱春江看着两个孩子,笑着说,你们两家订了亲吧,本是世交,门当户对的。两个祖父都点头认可。就这样,茅盾和孔德沚订下了娃娃亲。

茅盾父母开明,让钱春江带信给孔家,要求孔家长辈让女儿读书,不要缠脚。而孔家不理睬沈家的要求,孔德沚的母亲沈宝生自己虽然读书识字,却认为"女子无才便是德",不肯教女儿读书,以致女儿到出嫁时都不识字。不过在当时的乌镇,这样的情况并不鲜见,不识字的人很多。

1918年春天,茅盾和孔德沚在乌镇结婚,这时茅盾和母亲才知道新娘子不识字,这让他们惊诧不已。新婚以后,茅盾听取母亲的意见,给新娘子取名孔德沚,并在新婚期间教孔德沚认字读书。茅盾回到上海以后,就由茅盾母亲陈爱珠教孔德沚。孔德沚非常聪明,不久便可以看报读信。孔德沚就这样凭借自己的聪明和毅力,一步一步地走上社会,尤其到上海以后,一边读书,一边和杨之华、张琴秋等从事革命工作,成为上海妇女界的积极分子。

在丈夫的影响下投身革命

茅盾在1920年10月加入共产党组织以后,一直忙于中国共产党的早期建设,他白天在商务印书馆当编辑,晚上参加共产党组织的秘密活动。不久，孔德沚到上海和茅盾团聚，她白天在爱国女校读书，晚上回家，而茅盾晚上要出门去参加共产党组织的会议，或者参加共产党组织的学习。茅盾毫无保留地告诉妻子和母亲说自己已经参加共产党组织，一些活动是必须去的，得到了妻子和母亲的支持。所以当时一些党的秘密会议，也经常在茅盾家里召开。1921年4月，茅盾胞弟沈泽民就在自己家里召开的党支部会议上加入了共产党。后来，党中央决定将上海地方委员会改为上海地方兼区执行委员会，兼管党在浙江、江苏两省的工作。据徐梅坤回忆，当时区委租了一个小亭子间办公，由于经费非常紧张，茅盾个人每月拿出5元，帮助党组织租赁办公场所，所以徐梅坤说茅盾"用自己的薪金来资助党的活动"。

　　由于茅盾一家对党的秘密工作十分支持，后来徐梅坤等人组织特工组买了武器，平时就把武器藏在茅盾家里。徐梅坤回忆说，当时买了四支意大利造的手枪，"用手枪行动有危险，容易暴露目标，就将四支枪暂时存放在沈雁冰家里"。可见当时上海地方党组织对茅盾一家是充满信任的。后来，孔德沚的同学张琴秋到上海，在沈家兄弟的影响下，张琴秋走上革命道路，孔德沚和张琴秋一起从事上海妇女运动。1924年11月，张琴秋和茅盾的弟弟沈泽民结婚，同时加入共产党。孔德沚和张琴秋由同学又进一步成为妯娌。1925年，孔德沚由杨之华介绍加入共产党，据说在孔德沚入党的支部会议上，杨之华还和茅盾开玩笑，说茅盾对夫人关心不够，孔大姐早就可以入党了。后来，孔德沚在党内工作十分积极。此时，茅盾兄弟和夫人都是共产党员。在1925年，有四位共产党员的家庭可是不多见的。

　　孔德沚加入共产党组织以后，在一个中学做管理工作，同时从事妇女运动，她接触了不少的太太、小姐以及底层的女工，尤其是那些知识分子妇女的喜怒哀乐，给她留下了深刻的印象。孔德沚回家，有时向茅盾绘声绘色介绍那些妇女的生活和思想，而那些太太、小姐也常常到茅盾家里来聊天，向孔德沚倾诉思想

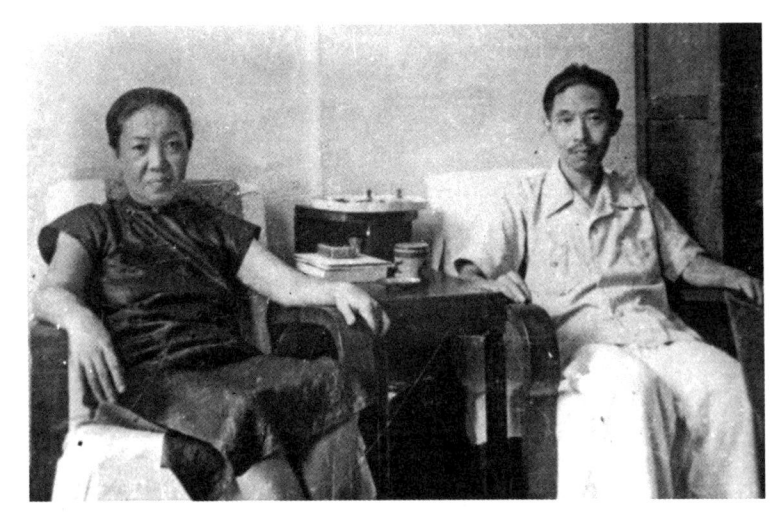

茅盾和夫人孔德沚

和感情，所以孔德沚从事的妇女工作，为茅盾了解时代女性提供了不少方便和素材。茅盾曾说："她（孔德沚）那时社会活动很多，在社会活动中，她结交不少女朋友。这些女朋友有我本就认识的，也有由德沚介绍而认识的，她们常来我家中玩。由于这些'新女性'的思想意识、声音笑貌各有特点，也可以说她们之间，同中有异，异中有同。我和她们相处久了，就发生了描写她们的意思。"

大革命失败以后，茅盾正式以"茅盾"为笔名创作了《蚀》三部曲，后来去了日本，和党组织失去联系，而孔德沚在上海依然从事党的秘密工作。据夏衍回忆，当时孔德沚和他在同一个党小组里面，有一天，党小组接到任务，要求该小组的同志夜里到上海三角地小菜场写"武装保卫苏联""打倒国民党"等标语，因为晚上雨天路滑，孔德沚在路上不慎滑倒，弄得满身泥水，夏衍和其他几位同志送孔德沚回家。在路上，心直口快的孔德沚发牢骚说："连自己也保不住，还说什么保卫苏联？"后来在党小组会议上，夏衍和其他同志还批评孔德沚的灰色情绪，成为夏衍记忆里的一桩幽默往事。

20世纪30年代王明上台以后，孔德沚和党组织失去联系，但是孔德沚坚定地站在左翼文化人士一边，支持茅盾的革命进步文艺创作，为茅盾营造了一个温馨的生活港湾。30年代初，茅盾创作了现代文学史上的经典之作《子夜》，并开始应郑振铎之请，准备在商务印书馆的《小说月报》连载。不料，1932年发生了一·二八事变，商务印书馆总厂被毁，茅盾交给郑振铎的《子夜》的部分稿子也被毁了，所幸这份稿子是夫人孔德沚抄的副本，茅盾的手稿仍然完整地保存了下来。

1936年鲁迅去世以后，茅盾正在乌镇养病，无法前往上海送别。此时，在上海的孔德沚全力帮助鲁迅夫人许广平女士料理丧事，后来见孔德沚能干，治丧委员会就让她去陪伴宋庆龄女士。宋庆龄看到孔德沚跑前跑后有条不紊地忙碌，十分欣赏她的才能。

颠沛流离，相濡以沫

1937年七七事变以后，茅盾夫妇开始长达八年的颠沛流离的抗战生活。孔德沚和茅盾形影不离，为了茅盾，为了抗战，付出了全部的心血。从上海到长沙，从长沙到香港，孔德沚和茅盾拖儿带女，一路奔波，过着拮据的逃难生活。后来又到新疆，在盛世才的统治下，过着度日如年的日子，全家为茅盾的人身安全担惊受怕。1940年5月，茅盾一家以回乌镇办母亲丧事为由，逃出了新疆。后来夫妇二人没有去乌镇，而是直接去了延安。在延安的日子里，茅盾夫妇心情舒畅，离开延安时，两人留下一双儿女，一个读中国女子大学，一个上陕北公学。

此后，孔德沚随茅盾去重庆，不久又秘密去香港。太平洋战争爆发后，孔德沚与茅盾在中共东江抗日游击队的护送下，步行数月到达桂林，一路昼伏夜行，苦不堪言，小康之家出身的孔德沚第一次尝到长途跋涉的苦难。路上，茅盾便秘，几天几夜无法排泄，十分难受。他在回忆录中说："行军伊始，我的食量骤增，每顿不用小菜能吞下两大碗米饭，然而只进不出，下坠之感日益紧迫，却始终解不出恭。到了白石龙，德沚弄来泻药，无效，喝了菜油，也无效。挨到第七天，肚子已胀得像个鼓，不思饮食，十分痛苦了。游击队的卫生员说，干结的粪便太大太硬，只有先把其捣碎，才能排出。于是德沚担当起了做这不卫生手术的任务，她硬是用手一点一点地把坚似石子的粪便抠了出来。"孔德沚就是这样与茅盾相濡以沫，行走在风雨如磐的抗战路上。

1945年6月，抗战胜利前夕，由周恩来亲自策划，郭沫若、叶圣陶、老舍等领衔发起纪念茅盾五十诞辰和创作二十五周年活动，来推动重庆的民主运动。在祝寿会当天，《新华日报》发表社论《中国文艺工作者的路程》，认为"中国新文艺运动中有茅盾先生这样一位历久弥坚、永远年轻、永远前进的主将"，是"值得骄傲的"。王若飞发表《中国文化界的光荣、中国知识分子的光荣——祝茅盾先生五十寿日》文章，认为茅盾"所走的方向，是为中国民族解放与中国人民大众解放服务的方向，是一切中国优秀知识分子应走的方向"。在几百人的祝寿会上，大家要孔德沚坐在中间，接受大家的致敬，孔德沚怎么也不肯。正在推让间，邵力子来了，孔德沚连忙将座位让给邵先生。作家白薇以妇女代表的身份在祝寿会上讲话时，向茅盾夫人孔德沚鞠躬致意，称赞她为茅盾先生得力的"内务部长"。

痛失爱女，一生未能释怀

茅盾和孔德沚夫妇有一双儿女，女儿叫沈霞，生于1921年；

儿子沈霜，生于1923年。后来茅盾夫妇到延安后，将一双儿女留在延安读书，从此一家人天各一方，彼此只能通过书信来交流沟通。所以当时的茅盾夫妇读女儿沈霞的来信，就成为他们生活中一件开心事。沈霞从小是个聪明的孩子，中学时代的作文曾经得到老师"锦心绣口，咳吐成珠"的高度赞扬，从女儿的作文中，夫妇二人看到了茅盾小时候的影子。沈霞在延安大学读书时和同学萧逸恋爱，1944年10月在延安结婚。1945年抗战胜利前夕，沈霞发现自已已经怀孕，为了自己的革命前途，她坚决要求去做人流手术，岂料这简单的人流手术，竟让她因细菌感染去世，年仅24岁！一个多月以后，在重庆的茅盾首先得知噩耗，但因怕妻子忍受不了，先没有告诉孔德沚，而是独自承受，几次在夜里偷偷哭泣。后来在周恩来的协调下，安排茅盾在延安的儿子回家，再告诉孔德沚。孔德沚自然无法忍受失去爱女的事实，好在儿子在身边，多少有些慰藉。但是，女儿的意外去世给孔德沚精神上的打击太大，她一生都无法释怀。直到晚年，孔德沚常常恍恍惚惚，仿佛女儿沈霞还在世界上，没有死，甚至叫孙女时，常常错叫成女儿的小名"亚男"。在1946年，即沈霞去世一周年的时候，她怀着无法遏制的心情，给女儿沈霞写了一封几百字的信，让人读后心酸！其中开头这样写道：

亚，你是永远不会再回来了吧？可是你妈日夜在等着你有一日再回来呢！也许你妈在做梦，听许多朋友们告诉我你的确是死了，但是我没有看见，你是那样死的，因为你是活泼健康的，青年怎么会死？不是死得太冤枉了么？

亚！你在死的前几天写了一封信，信内这样说："妈，我很高兴敌人投降了，我们胜利了，等得十分心焦面的日子等到了，我们一定不久就可以见面了。"有这样一封信，但你自己做梦也没有想到过，只过了二天，你会死的。又是这样的死。你妈常想到你死的时候的痛苦。因为你正富于生

20世纪40年代寓居上海的茅盾夫妇

命力,你觉得胜利后要好好儿为社会努力工作,因此去请教医生……

  孔德沚在这封信里,虽然文句不通顺,但是声泪俱下,倾注了这位老共产党人的感情。是啊,茅盾的多位亲人为中华民族的解放付出了生命的代价:胞弟、中共中央委员、中共鄂豫皖省委书记沈泽民牺牲在鄂豫皖苏区,年仅34岁;女儿意外去世以后,女婿萧逸作为新华社的随军记者,在1949年解放太原时又牺牲在阵地上。

  今年是孔德沚去世50周年,用此短文纪念没有惊天动地的壮举,但是为中国革命、中国的新文学建设默默奉献的茅盾夫人,想来对我们珍惜当前新时代的和平生活还是有益的。

2020年

女儿崇拜巴金

最近重新检读茅盾女儿沈霞中学时代的作文和她在延安时写的日记，发现她从小喜欢文学，尤其喜欢当时的新文学作家巴金的作品。在延安时她读巴金的小说，在上海培明女中读书时，还受巴金小说创作手法的影响，专门模仿其创作风格写过一篇作文。

一、沈霞是谁？

茅盾的女儿沈霞，因为去世早，许多读者不知道她的生平。她是茅盾的长女，1921年出生在上海。其时茅盾正忙于主编《小说月报》，大量的刊物编辑改革事务以及大量的中共秘密工作，让茅盾无暇顾及小家庭的家务琐事；而茅盾夫人孔德沚一方面在上海女校读书，一方面在秘密从事妇女运动，同样忙得脚不沾地。所以，沈霞出生以后，茅盾把母亲从乌镇接到上海，让她帮助照顾女儿。1923年，茅盾儿子沈霜（韦韬）出生以后，依然是茅盾母亲帮助照顾。茅盾母亲是一个有文化有远见的知识女性，她大儿子是茅盾（沈雁冰），小儿子沈泽民也是中共早期的党员，后来担任过中共中央委员、中共中央宣传部部长、中共鄂豫皖省委书记，1933年11月20日牺牲在鄂豫皖苏区，年仅34岁。

后来，沈霞进了商务印书馆的幼稚园。瞿秋白去幼稚园接女儿瞿独伊时，常常连沈霞一起接回家。沈霞的叔叔沈泽民，茅盾的一些朋友如张闻天等，都牵过沈霞的小手，所以在沈霞懂事以后，耳濡目染，对父亲的那些革命家朋友充满着崇敬之情，幼小的心里留下了共产党人的良好印象。后来沈霞进尚公小学读书，小学毕业以后，先后进立达学园、大同附中、培明女中、大夏附中读书，学习成绩一直名列前茅。抗战开始以后，沈霞随父母奔波在长沙、香港、新疆，先后在长沙周南女中、香港华南中学读书。1940年5月，沈霞随父母到达延安。这一年的10月，茅盾携夫人应周恩来的邀请去重庆工作，将一双儿女留在延安。沈霞在延安中国女子大学读书，弟弟沈霜则在陕北公学学习。

沈霞是品学兼优的青年学生，多才多艺，深得老师和同学的赞扬。1941年下半年，中国女子大学和泽东青年干部学校、陕北公学合并创办延安大学以后，沈霞考入该校俄语系。1942年12月10日，沈霞加入中国共产党。她延安大学毕业以后，进入在延安的俄文学校进一步深造，以期朝俄文翻译方向发展。1945年春节，沈霞和恋爱多年的萧逸在延安乡下结婚。结婚时，茅盾夫妇远在重庆，其他的亲人也没有到他们的住处祝贺恭喜。两个革命青年，在延安这样的革命氛围中结为连理。萧逸出生于江苏南通，后来到上海乐器厂当学徒，能够制作口琴。抗战开始后他投奔延安，在鲁迅艺术学院当过周扬的秘书，考入延安大学后与沈霞成为同学。当时茅盾在延安的弟媳张琴秋向他写信报告说：

> 霞与逸已于阴历年假结婚，因为在乡下，我们都未去道贺！同时，霞喜欢朴素不愿铺张，故未在校举行婚礼，因当时逸在离城20多里路之乡下做事，霞便下乡同居。本来在此地对婚事是十分简单的，至多也不过邀些亲友团聚作乐，庆贺一番便罢了，没什么仪式。原曾邀她和逸到我家结婚，请些熟人玩玩，但霞亦不愿意，故后我随她意，横直重实际的人也不在乎这些形式，只要他俩感情好，就好了。结婚前后

> 二人感情多还浓，萧亦年轻，还聪敏，很可造就。他们相识甚久，彼此也了解，既是志同道合，有感情，我当然也赞同他们。

半年以后，抗战胜利在即，沈霞却发现自己怀孕了，眼看着一起奋斗的同学一个个奔赴华北、东北，走上新的工作岗位，充满革命理想和激情的沈霞无论如何都觉得现在不能怀孕，她想实现迎接新的革命工作的理想。虽然婶娘张琴秋和丈夫萧逸都劝说过，但她还是去了延安国际和平医院做人流手术。不料，本来普普通通的手术，却发生了天大的意外！1945年8月20日，沈霞因细菌感染，抢救无效，不幸去世，年仅24岁。

沈霞去世后，丈夫萧逸带着她的日记等遗物，以新华社记者的身份开始辗转华北战场，报道前线部队的新闻。1949年春天，萧逸在北平和从未见过的岳父母见面，在茅盾那里逗留了一天后，又随部队上前线去了。没有想到的是，在解放太原时，萧逸在阵地上向敌人喊话，却挨了敌人一梭冷枪，不幸牺牲，年仅34岁。萧逸的战友张帆等，将萧逸的遗物整理之后，托邓拓带到北平，交给茅盾，其中就有沈霞的日记和沈霞在上海读中学时的作文本。

二、巴金作品的爱好者

沈霞毕竟是文学巨匠茅盾的女儿，良好的家庭教育让她更早懂事，学习刻苦。据说大革命失败以后，茅盾躲在上海景云里家中写小说，在迷茫中常常悄悄地哼唱《国际歌》，寄托自己的信仰。没有想到，小小的沈霞几天以后也会唱《国际歌》了，这让茅盾又惊又喜。他赶快告诉女儿，这歌是瞿秋白叔叔翻译过来的，现在还不能在外面唱。上小学后，沈霞还曾和父亲比赛读《红楼梦》，茅盾以为女儿是闹着玩的，后来真比了一下，想不到沈霞对《红楼梦》了解的程度之深,已经大大超越了她的年龄!所以,孔德沚才和茅盾说:"女儿遗传了你的文学基因。"

沈霞在中小学时代对新文学产生了浓厚的兴趣,阅读了大量的新文学作品,这给她的作文写作带来了不少收获,作文屡屡获得国文老师的赞赏。从沈霞在培明女中的十篇作文看,每一篇都得到了老师的充分肯定和鼓励。比如,在《回想昨天》中老师给这篇作文一个高分的同时,写道:"说理叙事,都能头头是道,令人见到学有根底。"老师对《学以致用》也同样给以高分,还写了这样一个评价:"锦心绣口,咳吐成珠,是有目共赏之文。"在《值得纪念的一件事》中,老师给这篇作文以98分的高分,而且给以高度评价:"理直气壮,大有怒发冲冠之势,民气如此,何患强梁。"再如《我对于学校应兴应革的意见》,老师也给以98分的高分,评价这篇作文"由衷之言,亲切有味,不仅从词句上见到聪敏已也"。

沈霞在中学时期喜欢读反映现实生活的作品,尤其喜欢巴金的小说。她在一篇作文中回答喜欢读什么样的书时,说:"我最爱的是一些含意颇深的小说。"还说:"因为现在的我是处在环境人物复杂的地方,小说中所描写的人事是我所习见的,那末每一本小说在我都有兴趣。"后来沈霞在延安回忆自己中学时代的作文写作时,说:"那时自己是爱好巴金的作品的。"因为爱好巴金的作品,沈霞甚至还模仿巴金的创作风格,写了一篇作文《逢》,她在延安回忆说,当时"一个晚上写了一篇三千多字的文艺作品名《重逢》(即《逢》——引者),描写自己在公共汽车里遇见了曾经是活泼、美丽、有为的,而后来经历失业而卖身于一个有钱的老翁,而那老翁不幸又死,她又沦为没有归宿的,幼年的女朋友。我记得写那篇文章的目的是想写出这个社会对于一个无依靠少女的压迫,使得她不能生存,丧失了生活的兴趣、勇气,改变了年轻时的伟大理想而成为一个对现实生活悲观失望的颓丧者。但写得大约是失败了的,那时自己是爱好巴金的作品的,因此在这篇文章中，也模仿了巴金描写那些柔弱女子的手法，描写使人看了觉得很阴沉（这是别人告诉我的）"。中学生沈霞对巴金作品的喜欢，到了模仿其创作方法的程度，这是巴金所没有想到的。

沈霞这里讲到的这篇《逢》，就是1936年上半年她在培明女中读高一时写的作文。这篇作文写"我"偶然在公共汽车上遇见过去三年不见的女友"莉"，而且是"朝暮不忘"的"莉"，两个人本来应该像过去一样，亲热无间地打招呼，欢喜热烈地畅谈，然而这一幕没有出现，相反，是"莉"的尴尬和无语，让"我"感到社会对"莉"的压迫，让本来开朗活泼美丽的"莉"变成另外一个人！虽然沈霞的模仿不是很成功，但也是一篇得到老师好评的高分作文，当时老师给沈霞的这篇作文以96分的高分！评语是："妙在重逢时依旧是哑谜。"

其实在延安时，沈霞依然喜欢巴金的作品，后来读到了巴金1942年4月出版的短篇小说集《还魂草》，因为当时她的男朋友萧逸正在接受组织审查。沈霞十分关心萧逸被审查的进展，她读过《还魂草》以后，在1943年9月22日的日记中写道："看了巴金写的《还魂草》，我觉得如果我永远是像这几天这样地生活，我也想像他一样用信的方式把我一天的生活思想写下来，作为是寄给逸的。写下一切，等将来有那么一天，真的给他看。"似乎巴金的作品，一直陪伴在沈霞身边。

附：沈霞的作品《逢》

跨上了那双层一路公共汽车，我便一直往上冲，那楼梯的拾级似乎太高一点，二次衣服把我拉住了险些跌交（跤）。刚跨完楼梯的末一级，车便开动了，把我摇得站脚不住，扶着两旁椅子的靠背，我走到一只不远的椅中坐了下去，买了票，定了定神，我抬头向四周望望，斜对面的一排上坐着一个穿着黑色大衣，头发长长的带（戴）着一朵白绒线花的女郎，低着头。我觉得很面熟，似乎是我三年不知音讯的知友

1937年1月，沈霞在上海

莉。我把头侧过去，希望看得更清楚一点。她的头动了，渐渐地转过来，把眼一抬，啊！我几乎欢悦得失声了，那正是我这三年来朝暮不忘的莉呀！等不及她来招呼我，我便一直冲到了她身旁的位子上去，用着我以前惯常的招呼她的样子把她用劲地推了一下，她一跳抬起头来，似乎是给吓着了！但是她立刻又微笑了说："原来是你！"她的声音是忧愁的，她的笑是苦的！我呆了……

我不懂她为什么会变成这样，但是我也不想问，我们只是默然地相对着，各自让猜测回忆占有了自己。她比以前更显得消瘦和苍白了，小嘴紧闭着显得有些冷酷。她用着那双又大又深的眼睛望着我，我从她的眼中看出这三年来她受了极大的刺激并且创伤至今尚深深地刻在她的心上!

我们没有说什么,只是默着默着……

车一站一站地过去,离目的地不远了,我猛然想起,我应该知道她现在住在什么地方,以便以后去看她。我问她了,但是她只是苦笑地摇着头,这个对我太奇怪了。"你没有家?"我问。她安静地回答:"是的,我没有家,我家的人死完了!"她说着望了我一眼,大约我想追问的样子被她看出来了吧!她不待我开口问便又接下去说:"不要奇怪!我现在是暂居一个我不愿认识但却有钱的人的家里,你不要来看我,白天在那里是找不到我的,而且我亦不愿让你知道我现在是怎样活着,答应我,不来看我,我不要你因我的事而感到烦恼!"我不能出声了,悯然地点着头,我知道我再问会把她引得伤心的!我们又沉默了,她把头低下去埋着(在)双手中。

车轧轧地开着快进静安寺大站了,她把头抬了起来,叹了一口气,眼眶湿湿的,把头发拢了拢,站起身来,似乎是预备下车的样子。我失望得很,因为这一幕重逢似乎不是理想中的欢悦的重逢。她也知道我的心思,装了一个笑脸给我看,低声文静地说:"我现在很好,吃、着、住都不生问题。悲哀,这是我的老病,不要为我不快;你很幸福,你的前途是光明的,不要为了我也悲伤糟了自己,我是快死的人了,医生说我至多再活两年,今日巧得很,居然会碰到你,以后我希望我们还有机会能见面,现在我去了,今日我给你的印象一定不好,但这也不能怪我,自从成死后我就没有一日快活的日子,以致弄成今日这个怪样子,再见吧!我希望你忘了我这个不幸的人!"车停了,她摇摇的,飘着她的黑色的大衣下了车,穿到对面的人行道上,隐没在人丛中了。

我呆着,脑中深印着她那苍白的脸,长的发,坚决忍苦的嘴和幽静的声音。不,悲痛的声音,眼前晃着她那件黑色的大衣！

　　车中的乘客不知何时走了许多，只剩两三个在那里看报、发呆！车前进着一站又一站，我呆想着，呆想着今日的这一幕重逢的悲剧。

2020 年

茅盾父女与《列那和吉地》

茅盾是以长篇小说的创作和贡献奠定自己在现代文学史上的地位的。不过，他的短篇小说同样是现代文学史上的瑰宝。茅盾一生写过50多篇短篇小说，《茅盾全集》（黄山书社版）已经收入55篇，近年还发现了遗漏未收的短篇小说。应该说，茅盾的短篇小说创作，数量上并不算多，但是堪称精品佳作的不少，如《春蚕》《林家铺子》《豹子头林冲》等名篇，都是现代文学史上绕不开的存在。而茅盾在桂林创作的，以新疆生活中的宠物小狗为原型的短篇小说《列那和吉地》，则是一篇同样来自生活，充满父爱的佳作。在看似轻松的文字里，写活了"列那""吉地"两只小狗，充满着父亲对儿女的深情牵挂，从中可以看到茅盾作为父亲的另一面。

茅盾一生中，无论在20世纪30年代上海风生水起的创作黄金时期，还是在新中国成立以后在北京担任文化部部长和政协副主席期间，他家里似乎都没有饲养宠物的习惯。只有很特殊的两次，一次是抗战前夕在上海，茅盾夫人孔德沚养过一只白猫，逃难时没有能够带走，送给上海的一个亲戚了，为此孔德沚牵挂了好几年；还有一次，是茅盾在新疆时，养过两只小狗，就是"列那""吉地"。因为当时军阀盛世才伪装进步，茅盾一家和张仲实到新疆以后才发现自己进入一个危险境地，随时都有被盛世才罗织罪名而置于死地的可能。于是，茅盾悄悄地将高中毕业的女儿沈霞和读初中的儿子沈霜留在家里自学俄语，隔断与外界社会的联系，对外交往只由自己出面，防止意外发生。

但是，已经长大的女儿和儿子整天待在家里看书，不能到社会上与人交往，生活十分乏味和枯燥。幸好邻居陆续送来两只小狗，姐弟俩分别为它们取名为"列那"和"吉地"。列那归姐姐沈霞，吉地归弟弟沈霜。列那和吉地的到来，给沉闷枯燥的家里带来了生活情趣，也给在家自学的沈霞姐弟带来了快乐。

两只小狗性格不同，表现也不一样，在家里，列那沉稳，吉地胆小、好动。它们似乎也通人性，尤其是好奇心很强的吉地，不光与沈霞、沈霜形影不离，还常常在茅盾出门去文化协会办公时，在马车后面跟着，有时还跳到茅盾坐的马车上，不带它去都不行。甚至茅盾去看望赵丹等人时，吉地也偷偷地跟着，"主人没进门，它先已钻进去了"。而列那在马路上受伤以后，依然一副先进山门为大的态度，在吃饭时，吉地让着它，仿佛它是吉地的领导。两只小狗活泼、调皮，一家子倒也其乐融融。

1940年4月，茅盾母亲在乌镇去世，茅盾一家才有机会逃出盛世才的魔掌。离开新疆前，茅盾一家只好将列那和吉地分别送人，一家人都依依不舍。列那送给人家以后，沈霞他们还不放心，于是孔德沚带着女儿、儿子去看望列那。听到茅盾一家说话的声音，关在房间里的列那就"呜呜地叫，跑到房门前，用爪抓那门。放它出来，它绕着他们三个跳来跳去……不住地呜呜地叫，而且还落了泪"。茅盾夫人他们受不了列那那依依不舍的神态，赶快逃回家。

可是几天以后，列那逃了出来，流落在马路上，幸亏被沈霜看见，才又送回去。而另一只小狗吉地是到临走时才送人的。因为那几天不见了列那，吉地始终郁郁寡欢，一副没精打采的模样，仿佛知道自己的结局似的。当他们把吉地送到别人家时，吉地依然没精打采，听到主人在相互告别时，吉地突然"吃惊地一跳"，仿佛要来的，没有想到这么快来了。吉地也懂事。

沈霞1939年在迪化（今乌鲁木齐）。小狗为列那

所以，茅盾一家在新疆度日如年的日子里，两只懂事的小狗给这一家人带来丰富的生活情趣，一家人在和它们的朝夕相处中产生了深厚的感情。茅盾女儿沈霞还在院子里专门和列那合影。这是我们今天见到的茅盾小说中"列那"的原型。

从新疆逃出来以后，茅盾没有回到乌镇，而是直奔延安。1940年5月，茅盾一家到达延安。10月，根据周恩来的指示，茅盾夫妇去重庆从事文化工作，将沈霞、沈霜姐弟俩留在延安，沈霞在延安中国女子大学，沈霜在陕北公学。虽然茅盾的这一双儿女有弟媳张琴秋，老友张仲实、张闻天三位长辈的照顾，而且他们对沈霞他们很关心，感情也很深，但这毕竟是茅盾夫妇第一次离开自己的孩子们，所以一直放心不下。据说，当初离开延安时，孔德沚哭了几次，而一双儿女却觉得留在延安很好。后来，茅盾夫妇到了重庆，赶上"皖南事变"，两人只好在中共的安排下，去香港躲避，但是不久又遇到太平洋战争爆发，香港沦陷。于是，夫妇二人和其他文化人一起，在中共组织的帮助之下，昼伏夜行，长途跋涉，于1942年3月到达桂林。

此时，茅盾夫妇和一双儿女已经有一年多没有见面了，一双儿女在延安生活得究竟怎么样？身体怎么样？学习怎么样？一连串的牵挂和思念，让茅盾常常在梦里和儿女嬉戏玩耍。他曾在一首诗中写道："双双小儿女，驰书诉契阔。梦晤如生平，欢笑复呜咽。感此倍怆神，但祝健且硕。"回忆在新疆度日如年的日子里，两只小狗和一双儿女的种种，茅盾写下了短篇小说《列那和吉地》，用生动的语言描写了列那和吉地的调皮和善解人意，也刻画了爸爸、妈妈和男孩、女孩四个人与两只小狗之间的感情。小说非常写实，似乎完全是将列那、吉地在茅盾家里的成长过程写了下来，充满生活气息。小说发表在1942年10月15日出版的《文学创作》第一卷第二期上。

《列那和吉地》小说发表以后，茅盾在延安的女儿一看就知道，这是父亲在写她和弟弟在新疆的生活，知道父亲想念她和弟弟了。沈霞在1942年12月17日的日记中写道："昨天看到了一篇爸爸写的关于《列那与吉地》的短文章，从这文章中，我想起了当时家中的一些情形，而爸爸又是那么充分地带着怀念的口吻。有一说，他不是在写小狗，而是在写我和弟弟，我想是的。我从这文字中也能体味出一个悬念儿女的父亲的心。在他看来不正是一样吗？从小抚养大，这中间有多少哀乐，而最后不得已托付给别人，是不放心的，正像不放心两个小狗寄在别人家里一样（不是寄，而从他种意义上说，是永远的托付啊）。不过，我想他们应该是放心的，因为我和弟弟不过是离了小的家罢了，我们生活在一个更有照顾的大家庭中。也许是因为这一点吧，使爸爸和妈妈能够丝毫不顾虑地走自己的路，做自己的事去。"

知父莫若女,在民族危难时刻,茅盾舍小家为民族解放奔走呼吁,但女儿毕竟长大了,能体味到父亲的思念之情,也能理解父亲。茅盾写这篇《列那和吉地》小说时,对家的思念,对儿女的思念,其真挚的情感和普通人是一样的。可怜天下父母心,对儿女的牵挂,父母永远是最深情的。后来,茅盾在上海曾经无限沉痛地说:想起这一篇《列那和吉地》小说,"我已故的女儿的面貌也就现于我眼前久久而不能消灭"。所以,《列那和吉地》这样一篇充满真实生活情趣的小说,饱含着一个父亲对儿女永远的深情。

2021 年

茅盾与女婿：第一面竟是永诀

茅盾在晚年回忆女儿沈霞（亚男）的去世时，这位经历过大风大浪的文学巨匠依然痛彻心扉。他在回忆录里写过这样一段话：

> 我只有两个孩子，而亚男更使我痛爱。她聪明、刻苦、懂事、有志气，比阿桑成熟得多。她从小爱好文学，高中时代能写出优秀的散文而得到老师的赞赏。德沚常说：你的文学细胞遗传给亚男了。她的英语程度不低，在延安又是抗大俄语班的高材生。她早已入党。她的爱人萧逸是文学工作者，曾经是她的同学，他们在四二年秋订婚，四五年（应为1944年——引者）结婚。婚礼十分简朴，简朴到使我和德沚心痛。那时萧逸在延安郊区农村体验生活。某个周末，亚男背上挎包，带上几件衣服、几本书，走了几十里山路，到了萧逸那里。当晚，对着清冷的月光，他们结合了，没有一杯水酒，也没有一响鞭炮。[①]

茅盾这里回忆女儿沈霞，也提到女婿萧逸。女儿、女婿同为延安20世纪40年代的热血革命青年。沈霞与萧逸在延安结婚后，抗战已接近尾声，延安大批青年结束学业，即将奔赴东

[①] 茅盾：《我走过的道路（下）》，人民文学出版社，1988年9月版，第388页。

北、华北前线。而此时沈霞恰恰怀孕了，眼看同学们都奔赴前线，沈霞担心自己因为怀孕而影响奋斗多年的理想的实现，为此感到十分焦虑，于是不顾丈夫萧逸、姊姊张琴秋等亲人的反对，毅然决然地去延安国际和平医院做人流手术。可是，本来很简单的人流手术，却由于医生的责任心不强，导致其不幸感染，于1945年8月20日中午撒手人寰。一个24岁的革命青年，就这样永远离开了这个世界，在茅盾夫妇心中留下了永远无法抹去的伤痛！

沈霞与萧逸谈恋爱、结婚直至去世，茅盾夫妇都没有见过女婿萧逸一面。当时通信十分不便，茅盾在重庆与女儿他们的通信，都是由熟人去陕北时捎带的，而沈霞给父母的信，也是托人捎带到重庆转交。所以，当时延安发出的信到达茅盾手里时，往往要几个月，甚至更长，以至于茅盾夫妇听说女儿要结婚了，想送小礼物以示祝贺，然而直到她结婚、怀孕以至意外去世，也还没有能够送出。这份歉疚让茅盾夫妇一辈子都无法释怀。

一、择婿唯女儿的态度为是

茅盾女儿与萧逸谈恋爱的确切时间现在暂不可考，但笔者查阅沈霞在延安的日记，可以推论出大抵是在延安中国女子大学并入延安大学之后。沈霞在1942年1月24日的日记里清楚地写道："细细推考起来，那么，我现在和萧一是最好的、最亲密的关系，而事实上彼此都做得非常不够。"[①]"萧一"就是萧逸，此后沈霞在日记中不断地记录与萧逸的初恋、热恋时的那种情状，时而兴奋，时而焦虑，时而痛苦，时而备感幸福。

萧逸原名徐德纯，小名广景，江苏南通竹行镇人，1915年

[①] 沈霞：《延安四年》，大象出版社，2009年3月版，第9页。

6月生，中学毕业后，因家庭经济困难，不再升学，后来到上海乐器厂当工人，制作口琴和钢琴。抗战开始后，萧逸投奔延安，进鲁迅艺术学院学习，成为鲁艺文学系的第一期学员。鲁艺毕业后，萧逸担任周扬的秘书。1941年延安大学成立时，萧逸考入延安大学俄文系。此时，本就相识的两个年轻人成为延安大学俄文系的同学。至于沈霞为什么与萧逸相恋，很可能是因为萧逸的成长背景、正直热烈的性格以及多才多艺。萧逸来自大都市上海，与沈霞有着共同的生活背景，两人又都是文艺爱好者，据说萧逸的口琴吹得好，修理口琴技术也很好，文笔也很优美，所以与沈霞有许多共同语言。

现在我们并不清楚沈霞是何时向父母报告自己和萧逸谈恋爱的，很可能是茅盾夫妇在桂林的时候，因为此前茅盾夫妇奔波在重庆、香港等地，居无定所，无法与延安联系。他们当时的不少家书，现在已经无法找到，最终保留下来的萧逸给茅盾夫妇的信，只有9封，其中最早的一封是1943年1月14日写的。萧逸在信中向茅盾夫妇报告沈霞姐弟的情况，也报告自己的工作，而且已经叫茅盾夫妇为"爸爸妈妈"了，可见至迟在1943年初，萧逸和沈霞的恋爱关系已经确定。在这封信中，萧逸说道："我们过去向你们撒了一个谎（以后你们骂骂霞好了），我们还没有正式订婚。虽然说了，但没有去请求批准。可是她告诉你们说已经批准了。所以她急得要命，要紧写快信来，不要你们问张先生关于我的情况。不过，我们也想着不要这订婚的形式了……可是，现在我已叫你们爸爸妈妈了。我非常高兴，但也很惭愧，我唯恐屈辱了霞，使她将来受罪，这是我日夜不安的。我希望，不，我要求你们教育我如你们对霞一样。"[①]茅盾夫妇收到萧逸1月14日的信以后，在2月18日写了回信，但是现在这封信没有找到，而萧逸在3月29日回了茅盾夫妇的信。信如下：

---

① 据手稿。原件在江苏省南通博物苑。

爸爸、妈妈：

二月十八信收到。

新年来，我们都比较忙些，霞那里很紧张，甚至星期六晚上也开会，我也才接收（触）工作，还没有熟悉，霜曾经（忙于）各种宣传，才停下来，又在生产并排戏。

霞的进步，和以往是不可比拟的，最近几乎都是她包办会议的记录，她总是有着无限的热忱的（琴同志说，妈妈也是这样的）。另外，她还有着一种富于乐观的特性。她的学习打在前头，她的生产也是第一（第一期还不到三个月，她超过人家三分之一），同时，她也很会玩。她告诉我：晚上躺下，到天明不会醒。她略瘦了些，这是说比去年，你们恐怕没有看到过她这样胖，但她还是最健康中的一个。

关于霜，我也常问和他接近的人，他确实更趋于健全，身体也发育得比以前魁伟，这大概因为他注意于运动的缘故。

我自己可以说是进步得很慢，我还不断地和自己格斗，我想，我也一定会进步的。

《战争与和平》我们读过了，虽然我们欣赏力很差，但也感到对译笔的不满足。我们还想多读几次，给我们介绍几篇研究它的文章或书吧。

我完全同意霞的意见，我还差得很远，要好好地用功，努力提高。自满、骄傲、放松自己都是危险的。我现在感到：时间太少！

　　祝

健康

　　　　　　　　　　　　　　　儿：肖一（萧逸）
　　　　　　　　　　　　　　　三月廿九[1]

---

[1] 据手稿。原件存江苏省南通博物苑。

萧逸在这封信里，像一个老大哥一样，关心沈霞、沈霜，所以在他给茅盾夫妇的信里讲起沈霞姐弟的工作和生活，洋溢着大哥一般的温暖。虽然萧逸和沈霞还没有结婚，但已经胜似一家人了，所以茅盾夫妇也没有把萧逸当外人。

从茅盾夫人孔德沚在1943年8月14日写给萧逸、沈霞、沈霜的信中可以看出，茅盾夫妇已经认可萧逸这个毛脚女婿了。

孔德沚的信是这样写的：

逸霞双[①]我儿如晤：

　　近日接到女儿5月7号一信，这信特别慢，足足三个月方才收到。等信虽急，也无可奈何，有时我想勿必去信吧，信写了也难得收到。我每月写了一信寄出，又不晓得到你们手里有几封。通信有那么困难，还说得到什么？可见你们不知事情的小孩子，你们身体很好，我也不多记挂了。

　　我家的生活也还可以过得去。收入可以开支，高的物价，开支节省一点，并不是受到物质苦。苦痛的事情虽多，和你们完全不同的，也许你们想不到的，因为是小孩子，也勿必和你们说了。

　　你走得那么远，家务困难，也不要你们操心，只希望你们好好学习。英文能再学习当然很好，字典没有，买到当寄来。也许现在没有？不过身体健康第一，劳动虽也需要，但过分劳动，容易致病，也得注意。

　　双双回来了没有？他体力近来这样好了，将来不做科学家，还是做庄稼吧！不过科学（家）也要好的体格，（才）可以有成功，双双，你一定完全和从前不同了。不过你有上进心理，总是个好孩子。父母总喜欢好孩子的。

[①] 此处"双"指沈霜。家人写信对他的称呼有"双""双双""阿双""霜""阿霜""霜儿"等。

1945年7月23日，萧逸和沈霞在延安

霞要软片，以后有便人来时带上。能带张照片看看当然很好！逸身体为何不好？要请医生检查一下有病没有？要注意保重。

不写了，再会。

母字

8月14日

琴姑母幸福家庭我没有机会参观，等着吧。[1]

孔德沚在结婚之前是不识字的，能够写这样一封信，已经很不容易了。从中我们看到孔德沚对远在延安的一双儿女的关切之情。孩子在父母的眼里，永远是孩子，儿女的生活情状永远是父

---

[1] 丁尔纲：《茅盾 孔德沚》，中国青年出版社，1995年1月版，第234—235页。

母的牵挂。这封信的写作时间,有的学者认为是1944年写的,其实是1943年在重庆时写的。因为张琴秋和苏井观结婚是在1943年5月,所以孔德沚有"琴姑母幸福家庭我没有机会参观,等着吧"的补笔。

沈霞和萧逸明确恋爱关系后,茅盾夫妇十分高兴。有一次,茅盾在重庆见到周恩来时,专门聊到女儿找对象,也说到萧逸,表示虽然没有见过面,但相信自己女儿的眼光,相信萧逸,对女儿找萧逸作为恋爱对象十分满意。

但是,当时延安正值整风审干阶段,萧逸作为被怀疑对象,隔离审查了很长一段时间,这让热恋中的沈霞常常六神无主,担心萧逸被审查出个"特务"之类的罪名,不免为此担惊受怕。自从1943年5月下旬与萧逸失去联系后,沈霞在日记中写道:

> 逸!我多么想你啊,每天有十几次我要想到你。晚上,尤其是最近,总是梦到你。我现在知道,只要临睡时想到你,梦中就能见到你了,于是我差不多每晚睡时在脑海中复习你的影子了啊!
>
> 现在我盼望着6月初,那也许有十分之一的希望。我又立刻想到那是不可能的,不过总还是那样希望着,那时我可以自由,我将怎样出乎意料地出现在你的眼前啊!甚至这个景象,我也已经默默地在我心目中演了好几十次呢![1]

在萧逸被审查期间,沈霞遭遇了前所未有的相思的煎熬、痛苦和彷徨!一直到1943年12月4日,沈霞去看望周恩来副主席,周恩来对她非常熟悉,也非常喜欢和关心。周恩来告诉沈霞,他在重庆时见到她父亲,她父亲还特地拿出女儿给他的信让自己

---

[1] 沈霞:《延安四年》,李辉主编,钟桂松整理,大象出版社,2009年3月版,第9页。

萧逸在华北前线

看。周恩来告诉沈霞说,她爸爸"很满意有这样一个女婿"。

沈霞告诉周副主席,萧逸审查还没有结论,也没有自由。又过了半年,西北局结束了对萧逸的审查,此时已是1944年的春末了。

审查结束之后,沈霞十分珍惜与萧逸的感情,希望尽快结婚,免却相思之苦。于是,沈霞、萧逸向组织上提出结婚的申请,同时,把结婚的想法写信告诉父母。因为邮路不畅,他们没有及时得到父母的确切回信,但经组织批准,沈霞与萧逸在1944年10月初顺利领取结婚证。10月5日,沈霞给父母报告了这件人生中的大事,她在信中说:"告诉你们一件事,就是我和萧逸已登记结婚,算是有了一个正式的关系,但究竟何时结,尚未决定,看何时方便,现在只是在法律上获得根据罢了。原来准备见到你们时再说的,但现在由于我们都想安心学习,为了避免许多麻烦,如流言、注意、好奇等,决定就这么办了。"①

---

① 据手稿。

茅盾收到女儿10月5日来信时，已是11月5日了，信在路上整整走了一个月！所以父女书信在内容上常常擦肩而过，答非所问。但是茅盾夫妇收到的这封信非同小可，于是他们立即写了回信，信中对女儿的选择充满了肯定和信任，其中说：

> 你和萧逸已经登记结婚，我们可以同意，而且也很高兴。我们虽然尚未见过萧逸，可是从前你曾经来信描写过他，而且他自己也来过一两封信，所以，我们也就有了个印象。我们相信，我们的女儿在这事的选择上是用了比较审慎的态度和清醒的头脑的，我们同时也喜欢她的选择不以虚荣和外表为对象。我们喜欢在生活中受过艰苦的磨炼而有志学习、力求上进的年青人。萧逸从前是这样的一个人，我们相信他现在也还是这样的一个人，希望他永远是这样的一个人。我们遥祝你们俩的共同生活将是幸福而快乐的，你们相敬相爱，共同朝你们所信仰的人生目标迈进！我们相信你们那里的环境是一个使人容易向上学好的环境，所以我们对于你们的前途抱着十二分的信心，想来你们是不会辜负我们的期望的！[①]

有如此开明的岳父母，萧逸当足矣！有如此高尚的父母，沈霞当足矣！

二、四年后翁婿相见，竟是永诀

1945年，对茅盾来说是个刻骨铭心的年份。对国家而言，日本侵略者举起双手投降，中国老百姓结束了多年颠沛流离的苦难生活；对茅盾自己而言，五十初度，受到中共旗帜般的重视，文艺创作上竭力想尝试社会影响直接的话剧创作，《清明前后》虽

[①] 钟桂松：《茅盾全集》，黄山书社，2014年3月版，第37卷，第256—257页。

然不脱小说气息，但因是大家手笔，上演后山城依然为之轰动。然而，此时最让茅盾刻骨铭心的，是自己日夜牵挂的女儿沈霞的去世。因此，茅盾余生几乎不再重复这一年中所做之事——包括创作手法、文体上的尝试。

沈霞去世的确切时间，过去一般都笼统地说是1945年8月20日，逝世于延安。自然，这样写是正确的，但我在整理沈霞的日记时，无意间在日记本封面上看到萧逸在其去世后亲笔写的几个数字，把怀孕、入院及具体去世时间都留了下来。他在沈霞那本日记本上写着"7月9日—13日有了小孩""8.12送去""8月16入院""8.17下午施手术""1945.8.20，10：45死"。这一组数字，明明白白记录了沈霞去国际和平医院做人流手术的确切过程。

从沈霞的婶母张琴秋后来的回忆里可以知道，当时沈霞坚持要去做人流手术，萧逸于8月12日送沈霞去张琴秋家里，其时张琴秋的丈夫苏井观是延安联防军卫生部领导，所以找了国际和平医院的医生动手术。这本来不是什么大手术，但恰恰是这样一个"小手术"，却酿成大祸。只因责任心不强，消毒不严，沈霞因感染抢救无效而去世。

面对新婚爱妻的死，萧逸悲痛不能自已，在妻子的日记本后面接着写自己的日记。所以，我见到沈霞日记本里还有不少萧逸写的断断续续的文字，这里挑几则萧逸写于1945年的日记，从中可以看出那种难以抑制的悲痛。

8月25日　阴

今天是霞死的第六天了，我搬到鲁艺孔厥那里暂住。我心痛极了，我好像失了家的狗一样，找不（着）着落，五年来心总有依托的地方的，现在却突然把这依托的霞强拉走了。我想着想着就要哭，伤心啊，这都是我的罪过，我不让她打，最多让她骂我一辈子，即使打我一辈子也成，我怎么这样糊涂呢！她说：简直是梦想啊！现在真的应验了，她死了，我永远成了梦想了啊！

说一些空话有什么意思呢！我要为她的遗志奋斗，但是我现在还钻不出那感情，一天到晚糊里糊涂，一天到晚心里难受，我一定要完的，回想起来，五年我们经过了多少磨折、苦难，但她对我这样忠实，这次我却把她毁灭了，我为什么这样呢，该死啊！我为什么这样呢！想想胜利就在眼前了，人家却（都）在高高兴兴谈论着，我却得到这样重大的不幸。

梦想啊！梦想啊，永远是一个可怕的梦啊！霞，你死在九泉下也要恨死我的，我太对不起你了呀！

8月26日　阴雨

昨晚又谈了很多，我把一切都告诉孔厥了。他几乎也要流出泪来。我的胸部不断地痛着，我觉得我要多谈她，这样我才舒服些，因为这样就好像没有死一样。晚上又吃了一片安眠药，到天亮我梦见了她，很糊糊地见了她，我们俩正商量给爸爸写信，但立刻就醒过来了。

晚上我上山的时候，我要求了两个同志送我上山，因为我怕一个人走。

真是一个梦。每一个人碰到我，他们都向我探问，也每一次我的心像捅一样痛着。

8月28日

早饭时又想到霞，心里痛极了，好像针在扎似的，后来碰到艾青，他又安慰我，他说："我半年没有见她了，她是很健康的，她母亲很欢喜她的。"我听了这话就要哭出来，但我闭一下眼睛立刻回过头走了。在上山路上，他又要我到他那里去吃饭，因此我时时想到人家在注意着，同情我的苦痛，虽然他们不同我提起这事，我也能够在他们眼睛里看出来他们问我的话。"哎，你真是不幸的人啊！"我想起《When You And I Were Young, Maggie》这歌来，我的眼泪就要流出来了，她那时因见不到我以此歌来安慰自己的，现在我唱此歌，我不能安慰自己，我永远也见不到她了。这歌是她第一次听我唱的，所以她把它作为我的标记了。

我要给她写一纪念书，但我乱得要命，先让我慢慢回忆吧。

我在窑洞里默了几分钟，突然恐怖起来，满屋子都是霞，我立刻就逃出窑洞，毫无目的东走西走，看见任何一个女同志，我就想起霞来，并且和她比较，结果我的霞是最好的，事实也是最好的。后来我又恨起她来，恨起为什么我们这样，这样更增加我的苦痛。没有办法，我到李里那里去看石碑做好没有，在那里看了一张报纸，下午回来，又无目的地乱走。晚饭后和孔厥谈霞，我的伤心程度增加到极点，我恐怖地看见她，好像她（是）一个魔鬼似的，我也不敢往暗里看一眼，但我想不出这是什么一种感情，后来我理智以后想，这是因为我们情感太深，而又这样突然地把她从我身上割去，我就常恐怖着也许从角落里再出来一个什么突发的东西，割去我的什么，虽然我现在觉得再也没有什么东西可以被割的了。

9月2日

晚上做了可怕的梦，孔说我说很多梦话。早晨我又想起霞了，半夜醒来想她，我又非常难受。早饭以后就到张先生那里去，等了半天才回来，但我已恐怖得不敢坐在窑洞里了。我到外面走走，心里痛得很，我很想立刻躺在地上哭一顿，但我又哭不出来，真伤心啊！我总还不信霞真的不在了，我好像还看到她似的，但她真的不在，实在不在了。伤心！

阿霜也来了，张他们也回来了，她还是劝我，但有什么用呢！我又哭了，我真的这样软弱吗？别的什么也可以的，但现在是损失了我自己一样。

回来又打五百分，我要钻在里面，忘记我的苦痛。

9月3日

今天本想去俄校，但脚肿了，痛得不能走，碰破了一点就这样痛，动手术当然更痛。哎，霞，我难受啊！我不能向你忏悔呀！早晨把她的照片贴好了，这就是我一生能够唯一见到的她，据说走上海不能带，这多伤心啊！否则我俩一起到上海工作，过我们理想的生活，实现我们的计划，但现在什么都毁灭了，什么也不存在了。人家说我脆弱，我也只有承认，因为我不能忘了她的啊！今天整日像无所思想，但脑子里整天轰轰鸣叫，心里总是觉得掉了什么似的。

9月10日

今天搬到文工团住了，从此以后我要有一个新的生活了，有些空虚，也不知道这次去前方成绩如何，好像全凭命运说话了，但我不知道到哪里去更好。

9月11日

心里闷透了，想着她。

9月12日

去城里又拍了一个照。去俄校，听了同学们对霞的估计（评价），心里很舒服。二十天第一次这样愉快的，虽然没有她了，但人家尊敬她，还是高兴的。

9月13日

心里总是空虚。哎，不幸啊！

9月23日

一些可怕的梦啊！霞，我受了多少苦！我梦上妈妈也死了，爸爸正在危急关头，开始我在窗纸上见（晃）动，我非常伤心地哭着。因我一个人的缘故害死了这许多人。后来又说俄国医生给爸爸急救，我又见到妈妈了。她瘦得不像样，爸爸又在跳脚，突然什么也没有了，霞非常高兴地跳来，她大笑着说，你为什么哭，为什么这样伤心！我现在后悔了，以后我一定听你的话。我说："好啊。"不过你已死了，我不能再见你了。即时醒了，心里很难过。以后都在回忆中间，又钻入感情的深渊里了。今天感到两腿乏力，头却不昏了，我想我怕跟不了队伍走的，我的身体太衰弱了啊！我感到我快倒下来了，人完全没有力了，但还是勉强走着。看到女同志，想起她，她比她们更健康、更美丽，看见一对对吃饭，想起了她，我一样甚至我更比这些丈夫更爱他们的妻子的，招呼得比他们更好的，她也一定完全要我摆布她的生活的，我也甘心情愿的，现在却没有，我只一个人孤零零地坐在水边石头上，吃着干馍。我有些头痛了，她一定着急地给我想办法的，现在没有，只有一个人躺着，让头发昏。啊，霞啊，我的爱妻啊！你死得太不应该了啊！

今天去五十里宿营，住郭家塔，午饭在马家沟。路上淋了雨，我穿霞的白裤，这是她自己做的，还是四二年做的，她把它藏得这样好，洗得很干净，还是新的，物在人止，我今天才体会出它的深切苦痛来。白天我找着任何一个机会多说话，我想忘却苦痛呀！晚上，我却实在地尝到了苦痛。

马家沟区府所在地，人家还不少，吃的也不少，不过我们匆匆过去，什么也不知道。经过延川边休息，据说城里只有七家店铺，比马家沟还不如，远远地看见城墙上站了人，后来又有老百姓赶了牲口（上面坐着女人）去城，才知道有庙会，老百姓都去看戏。郭家塔我们有大兵站（占）住着，有合作社，东西贵极了，鞋要四百一双，延安也只三百。一斤猪耳朵要二千元，是敲竹杠了。不过枣还是最便宜的，一百六买一斤，但和他们卖给老百姓比，已不知道增长了几倍了，他们觉得我们是洋包子，"木多"，多赚几个，实在真是天晓得！

11月20日

几天来很无聊，心慌意乱，写文章也没有心思，一天就是在大街上逛。下午又和熊焰到旧货摊上买东西。他买了四条被面子，出了五百余边币。在回路上，突然看见马路对面一双手向我们招摇。一看，原来是陈学昭，我立刻走过去。她慌慌张张地连招呼还来不及打，一面走，一面说：我立刻要走！我问她什么时候出发的，她告诉我：九号出发，我想问问她重庆有没有信来，但我说："张先生如何了？"她答了还在柳树店，走了很远我才问茅盾有信来没有，她答尚没有，他们还不知道。晚饭回来，又见了她，提了一布口袋东西，妇联会的工作报告和《中国妇女》合订本，牵了一匹牲口（老驴子）。她叫了我，就谈起来了。我送她到报馆，又陪她出来吃俄国菜。谈的内容，一是她在路上的生活，她觉得很不满意肖三。不照顾她，晚上从马上跌下来，等等，她完全像一个孩子一样地诉苦。第一关于阿双，她曾见过一次，说他见了她就要哭，看样子她尽量避免谈霞的死，最后她答应去一个不妨碍爸妈的环境时写信告诉她们。她说后方倒希望她去大后方，或家乡的，但她不愿。在吃大菜的时候，她又说：过去这些菜我吃了就要拉肚子的，现在再烂一些的也可以吃了。但以我看，今天的大菜已非常好的了。

"我只能吃这许多，"她又热情地说，用手撕下一半片面包，"一片还吃不了。"

"你现在的脸很红,也很胖。"我接着说。

"是的,一个人锻炼,就好的,人家都奇怪我这次怎么会到敌后来的,不过我什么苦也吃得下。"另外她向我谈了很多话,我发现她这样的孩子气,这样的不懂得社会经验,我比起来她来是一个孩子了,但像她这样单纯地,毫无保留地把肚子里的话全说了出来,这显然是不会讨好于社会的。当然,也许她因我而不顾忌这些,她也声明不要叫我向别的人说。

"我离开了中央,就好像离开亲娘一样啊!他们照顾得我这样好,一路上有党的地方,也是好的。"她又热情地说了。我自己是文化人,但是我非常地厌恶文化人的。

"我对这里组织部长谈了一谈我在路上的不舒服,对他我一点也不隐瞒,他们要用二个人送我走,我只要了一个,我也不希望浪费公家的,你不要为了这些事难受吧。我现在看穿了,就是这回事啊!"

我把我俩的过去略说了一些,以后又谈了一些别的。

我看见过她无数次了,第一次是1940年春末,鲁艺叫我接他们(艾青、草明……)去玩,她那时还未离婚,我扶她上马,她完全像是一个羞涩的女孩似的红了脸,不敢骑马。后来和霞看过她几次,一次是离婚尚未最后确定,她给我们煮了猪肝吃。另一次是她已到了文协。回想起来,这三次和今天比起来完全不同的。第二次是完全处在苦痛中间,第三次是一种被侮辱后的高傲神情。而这次,却非常地感动我。她老了,头发灰白了,讲话也更啰唆了。似乎,她更需要一个人保护她了。

晚上我说明天要去送行,但回家后因为又提起了霞的事,心里非常伤心,又失眠,当时想起一条给爸爸的条子要她转过去,第二天却睡迟了。

我很有些为她难过,她自己说要去法国。她一定在那里也不会生活得好的。因为她也老了,而我突然想起了拓榴园的主人公来。①

萧逸 1945 年的这些日记,坦露了一个战士在失去至爱后的真实感情。同时,他在日记里也不断地记录自己做梦梦见茅盾夫妇的事——虽然此时他还没有见到过茅盾夫妇。最后一则关于陈学昭的描述,也是极为珍贵的史料。

1945 年 9 月,萧逸离开延安,随艾青带领的延安文工团去华北。走之前,即 9 月 18 日,他在张琴秋的窑洞里写了一封信给茅盾夫妇,诉说心中的痛苦,并把沈霞的日记等遗物托人带给茅盾夫妇。信中说:"亲爱的爸爸妈妈:这箱子里是照片、衣裳和霞用过的书籍,留着作为纪念。我实在太对不起你们了,太对不起霞了,她实在实在太年青太年青了啊!"

后来,萧逸选择成为新华社的一名记者。从此,他把自己个人的痛苦掩藏在晋察冀繁忙的采访报道中。

作为战地记者,萧逸在解放战争中写出了一批战地通讯,如《访问新生的战防连》《模范的机炮连》《定县城解放第一天》《一个新兴连是怎样锻炼起来的》《活捉装死张翼》《某营部队讨论攻打石家庄街市战》《大功臣纪红凌怎样坚守阵地》《核心工事巡礼》《王纪华班立双功》《揭穿中央社的牛皮》《蒋军调转枪口的故事》《粮食》等。

1946 年 2 月 10 日,就在萧逸从陕北一路转辗到华北的途中,还曾收到茅盾夫人孔德沚从重庆寄来的信。

她在信中说:

肖逸:

你写来的几信已收到,勿念。

---

① 上述几则日记,均出自萧逸的日记手稿,由茅盾之子韦韬提供。

我们兴趣很坏，不愿写信，你带了伤去工作，一切要自己保重。死的已经死了，也勿必悲痛。活着的人，更应该自重，青年人责任重大，不要会已死霞（不要因霞已死），而弄坏了自己，不能担负两人任务。霞是不愿意的。她虽死得特（突）然使我们不能不悲痛，死的没有痛苦，活着的我们太苦了，也只好想开一点。总之杀人的医生可恶！弄死了这样一个好孩子。

双已来，碰到过没有？再谈吧！

妈　沚上
2月10日①

孔德沚生前每个月给女儿、儿子写信，但是留下来的，只有三份遗墨，一封就是前面给萧逸、沈霞以及儿子沈霜的信，一封给女婿萧逸的信，还有就是在沈霞去世一周年时，她悄悄地写了一份思念女儿的稿子。这些都是非常珍贵的。

茅盾收到萧逸的几封信时，夫妇二人还在重庆，并于1946年2月26日给女婿萧逸回信，内容如下：

萧逸：

你离延前及以后所寄各信都收到了。霞的意外的死，我们直至10月初方才知道，那时你已离开延安了。我们很悲痛，虽然时时从大处远处想，极力自慰自宽，然而又何能遽尔释然呢？这大概因为我们老之故。我们却不愿你们年青人也学我们的样，你要把悲悼之情转化为学习与工作的勇气与毅力。

从桑的来信中知道你在张垣做报馆工作，很好，我们不久也要到上海去，下半年或者（如交通方便）要到北平；我

---

① 丁尔纲：《茅盾 孔德沚》，中国青年出版社，1995年1月版，第239页。

们有机会见面。望你自爱自重，我们把你当作霞一般的爱你。

此信因托人带北平，匆匆不及多谈了。

祝好

父母字
2月26日①

茅盾隐忍着巨大痛苦与未曾谋面的女婿写信，且没有等女婿回信，相隔半个月后又给女婿写了一封信：

逸儿：

去年8月以后，陆续接到你的几封信，最近又接到桑转来的信，知道你一切都好，我们很高兴。

霞的死，我们悲伤不能自已。日久以后，这悲痛之情或可稍杀，但是这创伤是永远存在的。我们现在不愿意多说，以致引起你的悲痛，我们但愿你努力学习，日有进步，不久以后，希望能见你。

现在你做记者，也好。做记者能使见闻广博，且有练习写作的机会。做事不能有恒是学习上一大障碍。我们也知道有时不能随心所欲专做一事，但能做一事而转专较久，自属必要，我们盼望你能够久于现在的职务，比方说一年或两年。

前次听说你身体不大好，心脏不强，现在如何？年青有这些毛病，应当及早医治。从前种种条件不好，以后想可不同。

下半年我们要到北平游历，那时我们设法为你医治——如果你的心脏的确不大强。我们最近要离重庆，转道香港再到上海，你有信可交给桑寄出。

---

① 钟桂松：《茅盾全集（37卷）》，黄山书社，2014年3月版，第278页。

这是最近我们给你的第二信,第一信收到没有?余后详。
祝好

爸妈字

3月13日[1]

然而,在兵荒马乱的年头,茅盾夫妇盼望与女婿见一面已经是一种奢望。此后,茅盾夫妇离开重庆到香港、上海,以及访苏,再后来绕道香港经东北到达北平,已经是1949年的年初了。抵达北平之后,茅盾夫妇和一大批知名民主人士暂住北京饭店。此时,新中国的筹备工作也已拉开大幕,茅盾和中共开国领袖们一道,夜以继日地为新中国建设忙碌。

此时,萧逸一直随部队奔波在华北战场。1949年初春,萧逸终于有机会见到渴想已久的岳父岳母。那天,战尘未除的萧逸专门到北京饭店拜见二老,骤见女婿,茅盾夫妇非常激动,一家人都想起沈霞而不能自已。茅盾儿子韦韬(即沈霜)回忆:

姐姐去世后,萧逸离开延安来到张家口,任《晋察冀日报》记者。解放战争开始后,又调任新华社华北分社前线记者,随军转战华北,及时报道华北各战场的战况。

北平和平解放后,姐夫随部队进入北平,与早就想见的岳父岳母见面,双方都很激动。姐夫说到了自己的创作计划,打算留下从事创作。父亲为他有理想有抱负而感到欣慰,但认为他如能参加并了解解放战争的全过程,而后再从事创作将会更好。在父亲的启迪和鼓励下,姐夫愉快地奔赴了太原前线。[2]

---

[1] 钟桂松:《茅盾全集(37卷)》,黄山书社,2014年3月版,第279页。
[2] 韦韬、陈小曼:《我的父亲茅盾》,辽宁人民出版社,2004年2月版,第214页。

1949年2月，到了北平的萧逸终于见茅盾夫妇了，他的心情是悲喜交集。茅盾看到萧逸是一个有为的青年，也很高兴，孔德沚看见女婿，想起女儿，又哭了起来。短暂的相聚相见，让茅盾嘘唏不已。茅盾知道萧逸准备创作，就建议他经历过解放战争全过程再创作，萧逸接受了岳父的建议。2月26日，萧逸接到部队通知，准备满怀信心奔赴前线。开拔前，即2月28日，萧逸专门给岳父母写了一封信，报告自己的平安和工作安排。信中说："前天我临走时，妈妈说还要和我说句话，后来又说明天再说，昨天我又忘了问，不知究竟是什么话？另外，爸爸如果要军队里的材料的话，请写一份目录来，我可以代为搜集。"

茅盾夫妇收到这封信后，又在等萧逸的第二封来信，然而整个3月份都没有收到来信，让夫妇二人日夜悬望。直到4月3日，茅盾再也等不及了，就给萧逸写信：

逸儿：

　　2月28日来信早已收到，老盼你的第二封信，至今未见，那就先写这封信罢。

　　我们不知道你在何处，但猜想你的身体是好的。我最近常患感冒，这是抵抗力薄弱之故了，已打了针，略觉好些；然会客多了，看书久了，便仍感倦不可支。此次巴黎和平大会，我因身体不好，恐途中生病，故而谢辞了推举；另一方面，全国文艺界代表大会筹备工作，我在北平也要担任一部分工作，此会恐须在5月初旬举行，筹备工作以后渐渐要紧张起来了。霜儿来信，谓仍任新闻工作，将来也要南下，地点也许是武汉或广州，说不定你们会在南方会合的。

　　关于部队生活，我想要知道的太多了，信里是写不完的，将来再说。我很羡慕你能在部队中工作，可惜我们条件不够。

　　妈妈身体尚好，前几天开妇女大会，她天天去。我们仍住北京饭店。盼来信。

　　即祝

健康

雁冰

4月3日

　　那天你临走时，妈妈说有话问你，其实也并无特别要说的；接到你来信提及此语，她倒记不起来要说的是什么话了。①

这是茅盾写给萧逸的最后一封信！

在茅盾写这封信的12天后，即4月15日解放太原的战斗中，萧逸在新占领的水泥碉堡里用扩音话筒向对面工事里的敌人喊话，敦促他们放下武器，向解放军投降。不料，敌人诈降，一梭冷枪打来，萧逸牺牲在阵地上，年仅34岁！

所以，茅盾4月3日这封充满舐犊之情的家书，估计萧逸还没有见到！茅盾在信中热切盼望他的第二封信，告诉他"我们仍住北京饭店，盼来信"的殷切之情，成为永远无法实现的缺憾！而1949年春天北京饭店的相聚，也就成了他们的诀别！这让茅盾一家的境况雪上加霜。

萧逸牺牲在解放太原的战役中，他的英名永远留在新华社历史上，刻在太原解放纪念碑上。当时华北野战军某兵团政治部主任胡耀邦得知萧逸的事迹后，嘱咐新华社同志要把萧逸安葬好。萧逸的战友将其遗物整理后，托人带给在北京的茅盾。战友张帆专门附了一封信，向茅盾详细说明了萧逸牺牲的经过。

茅盾含着满腔悲痛，于1949年5月2日给张帆写了一封信：

---

① 钟桂松：《茅盾全集（37卷）》，黄山书社，2014年3月版，第302—303页。

张帆先生：

  4月16日来信收到了。感谢你不怕麻烦，把萧逸为我们拍的照片寄来。萧逸此番在前线牺牲，太出意外，我们的悲痛是双重的：为国家想，失一有为的青年；为他私人想，一番壮志，许多写作计划都没有实现。

  张帆（恕我直呼大名），我想你也和我一样，觉得萧逸如果死后有知，一定也恨恨不已，因为他不死在总攻时的炮火下，而死在敌人假投降的诈谋中。正如昔年小女沈霞为鲁芬之医生所误，同样的死不瞑目罢？我已经多年来"学会"了把眼泪化成愤怒，但萧逸之死却使我几次落泪。萧逸的朋友在此间者都来看我，这给我很大的感动和安慰。你的来信同样给我很大的感动和安慰。感动的心情你当然了解，至于安慰则是代萧逸感到安慰。一个人死后，有他们战友来悼念他，他在地下一定（会）感到安慰的！我和你虽然不识面，但我觉得我们好像相知很久。朋友，为国珍重，为赍志而殁的您的战友珍重！日来至冗，恕不多谈。

  顺祝

健康

茅盾上
5月2日　北京①

萧逸牺牲在新中国成立的前夜，这让茅盾一生都无法释怀！

三、怒斥红卫兵，维护女婿的清白

  萧逸的不幸牺牲，让茅盾有一种说不出的难过，他为萧逸的牺牲"几次落泪"，因为本来对女儿的期望已转移到年轻有为的

---

① 钟桂松：《茅盾全集（37卷）》，黄山书社，2014年3月版，第304页。

女婿身上。茅盾一生扶持培养年轻人无数，从他给女婿留下来很少的几封信里，也可以看出他的深情和厚望。

新中国成立后，茅盾担任文化部部长，在日理万机当中仍不忘萧逸，把萧逸的照片放大，挂在宿舍的客厅里，朝夕相处。1966年的某一天，红卫兵冲到茅盾家里破"四旧"。有一个红卫兵指着墙上萧逸的照片，很不礼貌地质问茅盾："这个穿国民党军服的家伙是谁？"茅盾一听不禁怒火中烧，冷冷地回答："你错了，他穿的是八路军军服，他是新华社战地记者，是我的女婿，他是老八路，他在前线牺牲了，是国民党打死的！"茅盾的这一番义正词严的话，把那班红卫兵嚣张的气焰打了下去，维护了女婿萧逸的尊严。

在初期的外调风潮里，茅盾每天都要接待几批外调人员的问题调查，这让七十多岁高龄的他不胜其烦。1968年2月10日下午，茅盾接待全国政协介绍过来的张德兴、袁以华等三个人的来访，他们想通过茅盾女婿萧逸来了解一位叫张平的演员的情况，因为张平是萧逸在延安的入党介绍人，又是萧逸曾经的同事。岂料，来访的人不知道萧逸在新中国成立前夕就牺牲的情况，让茅盾大为感叹。后来，茅盾在日记里专门写到这次来访："下午二时半，政协介绍张德兴、袁以华等三位（音乐出版社）来了解萧逸，拟从萧逸了解张平（电影演员）之历史（因据说张为萧入党介绍人，且与萧同工作一个时期也），彼等盖不知萧逸早已牺牲（张平亦不知）。我谈萧逸牺牲情况，他们嗟叹不已，旋即辞去。"

萧逸在茅盾人生里有着不一般的地位和分量，所以梳理萧逸与茅盾之间的往事和亲情，相信对研究茅盾有一定助益。

2020 年

青山有幸埋忠骨
——记沈泽民短暂的革命一生

沈泽民（1900—1933），浙江桐乡人，字德济，笔名有明心、希真、冯虚、成则人、直民、罗美等。他是中共一大前参加中共早期组织的党员，是在《新青年》和五四运动影响下成长起来的年轻革命家，是活跃在上海的新文学战士，是中共中央委员、中共中央宣传部部长、中共鄂豫皖省委书记、鄂豫皖苏区的领导人之一。在短暂而充满革命激情和坚定理想的一生中，他为中华民族的解放事业做出了积极贡献。

一、从古镇走来的青年才俊

1900年6月23日，沈泽民出生在乌镇观前街17号一个姓沈的小商兼中医家庭。乌镇是一个水乡古镇，位于浙江、江苏"二省三府七县"的交界之地。镇中间是车溪，俗称市河，河东称青镇，属嘉兴；河西称乌镇，属湖州。新中国成立以后，乌镇青镇合并，名乌镇。镇内小桥流水，街道纵横，街坊有东西南北栅，相互连通，加上一个市中心、五个商业中心，当地方志称其"升平既久，户口日繁，十里以内，民居相接，烟火万家"。

由于自古经济繁荣，文化也得"江山之助"，非常发达。据有关材料介绍，乌镇自宋代至清代，出举人161人，进士及第

1919年，沈泽民、茅盾兄弟二人在乌镇

64人。沈泽民的祖父是秀才，父亲也是秀才。其中，父亲沈伯蕃中秀才以后，便去陈我如那里学习中医。干练而有远见的母亲陈爱珠，正是陈我如的女儿。沈泽民的胞兄沈德鸿，字雁冰，笔名茅盾。

沈泽民的童年时代是在乌镇度过的。在沈泽民幼年，沈家已经由小康坠入困顿，祖父不善于经商，父亲的注意力也不在中医，而是在个人的进修深造上，所以对岐黄之术并不上心。据说，当时沈伯蕃在自家门上贴上"僧道无缘"，以示自己反对迷信，崇尚科学。1902年，沈伯蕃还结伴去杭州参加乡试，虽然落第而归，但他依然坚持自学，准备有机会时去京师大学堂或者日本深造，满满的一番雄心壮志。

沈泽民三岁时，突然得了一种怪病，昏昏沉沉，不吃不喝，父亲开方煎药，没有好转，后来请自己的师兄弟来会诊，病情依然没有好转。茅盾记得弟弟"病儿却渐渐呼吸都很微弱"，大家都束手无策。此时，母亲陈爱珠出面去请久不出诊的堂叔陈渭卿老人。结果，这位老中医手到病除，连服三帖，沈泽民竟然痊愈了。这件事给陈爱珠留下了深刻印象，后来多次和茅盾兄弟俩说及这场怪病。

沈泽民6岁时，父亲沈伯蕃去世，年仅34岁。母亲陈爱珠用工楷写一副对联："幼诵孔孟之言，长学声光化电，忧国忧家，斯人斯疾，奈何长才未展，死不瞑目；良人亦即良师，十年互勉互励，雹碎春红，百身莫赎，从今誓守遗言，管教双雏。"沈伯蕃曾经认为，中国要像日本那样维新变法，才能强大起来，所以他希望两个儿子长大以后要学实业，发展实业才是中国的出路。

父亲去世以后，母亲将沈泽民交给自己的弟媳妇陈宝珠帮助照顾。陈宝珠是个贤惠、善良、聪明的人，出生于乌镇的一个律师家庭，嫁给沈泽民的舅舅陈长寿不久，长寿却不长寿，丢下新婚的妻子去世了。陈宝珠年轻守寡，膝下无儿，丈夫去世后，表示要和陈爱珠一起为婆婆送终。所以当时她视沈雁冰、沈泽民兄弟如己出，常常将沈泽民带在身边，形影不离，教沈泽民识字，料理沈泽民的生活起居，为沈泽民母亲分忧。1912年，沈泽民从乌镇植材小学毕业时，被他视为至亲至爱的舅妈因为时疫而去世，她的音容笑貌一直留在兄弟俩的记忆里。茅盾在回忆录中曾专门提到这位苦命的舅妈。

沈泽民是在乌镇的国民初等男学和植材高等小学度过小学阶段的。据茅盾回忆，当时茅盾在小学读书时，每次考试都有奖品带回家和弟弟分享，让童年时代的沈泽民分享胞兄的快乐，感受到胞兄的勤奋和刻苦。这种潜移默化的影响，使得沈泽民小学时代的学习成绩和哥哥一样，一直名列前茅。

1912年暑假，沈泽民毕业于乌镇植材高等小学，考入湖州的浙江省立第三中学。他的胞兄茅盾也是在这里读的中学。因为当时在乌镇和桐乡没有中学，小学毕业后，只有到杭州、嘉兴、湖州三个地方去读书。1915年，15岁的沈泽民以"直民"的笔名，在上海《礼拜六》杂志上发表世讽小说《侏儒》。1916年暑假，沈泽民中学毕业，按照父亲的遗嘱，以优异的成绩考入南京河海工程专门学校，立志学习河海工程，当个工程师。在南京读书期间，正是五四运动前后，马克思主义开始在中国传播，给沈泽民和同在该校读书的张闻天等青年人以极大的鼓舞，他们开始关注社会，关注社会革命。1919年5月，五四运动爆发以后，沈泽民和张闻天等同学走上街头，宣传新思想新文化。他们积极参加南京学生联合会的会刊编辑工作，撰文抨击各种各样的假爱国和消极思想。同时，在《新青年》的影响下，沈泽民和胞兄茅盾以及桐乡的一些年轻人组织"桐乡青年社"，以交流读书心得，并出版《新乡人》杂志，抨击旧思想、旧文化，宣传新思想、新文化。10月，他们还在《时事新报》上刊登《新乡人》出版的消息。11月，沈泽民和左学训、杨贤江等12人成立少年中国学会南京分会，并成为其中坚定的左派中坚力量。与此同时，沈泽民开始翻译文学作品，创作《呆子》《墙角里的人》等新文学作品，关心妇女解放等社会问题。

沈泽民在《新青年》、十月革命和五四运动等的影响下，思想发生很大变化，尤其是接触了马克思主义以后，更加热心政治，向往社会革命，因而离父亲的遗嘱越来越远，日渐疏于水利工程专业的学习，此时的他已经决心投身于社会变革。当时他们这批进步学生领袖的活动，已经受到南京当局的关注，当局"欲逮捕之"，幸亏同情学生的校长许肇南得知后，让他们连夜离开学校，才幸免于难。沈泽民和志同道合的张闻天先后到上海寻找革命的道路。从此，沈泽民和上海这个中国共产党的诞生地结下了不解之缘。

二、在上海的峥嵘岁月

上海是一个开放、包容的城市，当时，全国各地的革命精英陈独秀、毛泽东、恽代英等都先后聚集上海，酝酿伟大的中华民族解放事业。他们在十月革命的影响下，以《新青年》为阵地，宣传马克思主义，宣传妇女解放、社会革命，立志推翻万恶的吃人的社会制度，解放全人类，实现世界大同。马克思主义的星星之火，照亮了一大批革命青年的人生方向。

1. 中共一大前参加共产党组织

上海这个东方大都市，是中国革命的策源地之一，也是中国共产党的诞生地。在这个革命的高地上，一大批有志于民族解放事业的年轻人，他们为中国共产党的诞生和发展殚精竭虑，前赴后继，无怨无悔！乌镇沈家兄弟沈雁冰、沈泽民就是其中的精英。

1919年下半年，沈泽民到上海后，先和张闻天一起住在上海南洋公学斜对面的"松圃"（蔡锷旧居）内，从事《少年世界》校勘、出版事务，同时还翻译莫泊桑的小说，撰写妇女解放的文章如《妇女主义的发展》等。

但是渴望学习马克思主义的沈泽民，知道日本出版了许多马克思主义的著作后，决心去日本学习。于是母亲拿出留给他结婚用的几千元，资助他去日本。1920年7月14日，沈泽民和张闻天一起前往日本。到达日本后，他们住在东京小石川区大冢洼町二十四番地松叶馆。这期间，康白情赴美国留学在日本滞留，与沈泽民、张闻天、田汉等人交往甚多。

沈泽民在日本读了马克思主义的一些著作以后，由于旅资耗尽，于 1921 年初回到上海，住在南成都路新乐里 177 号，从事革命活动。而就在沈泽民在日本寻求革命真理时，其胞兄茅盾早于 1920 年 10 月由李达、李汉俊介绍参加共产党早期组织，开始秘密从事共产党工作。不久，陈独秀去了广州，老渔阳里陈独秀的住所不能作为经常的秘密活动地点，所以党的支部会议、活动有时就在茅盾家里举行。1921 年 4 月，沈泽民在茅盾宝山路鸿兴坊家里的支部会议上，由茅盾等介绍加入中国共产党，成为中共一大之前的党员之一。

在建党前的全国 58 名党员中，一个家庭里有两名共产党员，在中共党史上可不多见。从此，这两位从小镇走出的年轻人，以上海为主要革命活动基地，以坚定的理想信念和革命激情，从事共产党的秘密革命活动。

加入共产党以后，沈泽民以更加昂扬的姿态投入革命活动，无论是老渔阳里，还是后来的新渔阳里，都留下了沈泽民积极活动的身影。沈泽民瘦小的身躯里，仿佛有着无限的追求理想信念张力，他加入共产党以后，甚至想通过学习德语，去德国进一步学习马克思主义，从马克思主义的发源地了解马克思主义，深入探索马克思主义真理。当时，茅盾打听到同济大学有教德语的，但是不对口；还听说北京大学有德语专业，于是通过周作人了解北京大学的情况，并请其提供帮助。周作人了解后，告诉茅盾，去北京大学旁听是需要大学本科文凭的，但是沈泽民没有大学本科文凭。于是，沈泽民只好打消去北京大学学习德语进而学习马克思主义的念头。

沈泽民加入共产党后，积极参加李达主持的"马克思全书""列宁全书"等党内丛书的编写和翻译工作。其中，沈泽民翻译的列宁的《论策略书》，就是当时他以"成则人"的笔名翻译出版的。1921 年，沈泽民还翻译了不少文艺作品，并撰写了大量妇女解放和有关青年社会问题的文章，引导青年投身社会革命，如俄国安特列夫的《七个被缢死的人》《邻人之爱》，法国莫泊桑的

《归来》等，妇女解放方面如《女子经济独立问题的简要说明》《妇女真要经济独立必须改革经济》《世界妇女运动底两大潮流》《现在的男女社交为什么这样》等，此外，还在新诗创作、小说创作等方面开始尝试多种文体，抒发对这个社会的感受。这些翻译作品和文艺创作，都被沈泽民发表在上海的报纸杂志上。后来沈泽民接受党组织的安排，由恽代英、蒋光慈出面，介绍去安徽芜湖五中担任算学教师，目的是推动芜湖的革命活动，培养芜湖的青年革命力量。沈泽民不负重托，短短两个月时间，和芜湖的高语罕等人一起，创办了"芜湖学社"，并出版《芜湖》半月刊，组织青年学生读进步书刊，关注社会热点。沈泽民在《芜湖》半月刊上发表了《谈谈中国国民性》和翻译作品《恋爱的自由权》，还在《芜湖学生会旬刊》上发表文艺作品《阿那倍儿李》，在芜湖播下革命的火种。

2. 坚定的革命文学的倡导者之一

从安徽芜湖回到上海以后，沈泽民一方面义务去党创办的平民女校教书，一方面和施存统、俞秀松、张太雷一起，在霞飞路新渔阳里6号编辑团中央的刊物《先驱》。他对五四运动以来的新文化的宣传不遗余力，尤其是参加文学研究会以后，以马克思主义理论为指导，从事创作和翻译，忙得不亦乐乎。在马克思主义理论宣传上，则出版了《第三国际议案及宣言》，成为我们见到的最早的第三国际文献汇编。

后来，对文坛上的复古现象，沈泽民和胞兄茅盾一起反击复古势力对白话文的攻击，撰写了《文言白话之争底根本问题及其美丑》，简明扼要而又旗帜鲜明地提出："文字有就系日常用语之必要，所以我们主张废止文言，改用白话。"在革命文学的建设上，沈泽民以一个马克思主义理论家的战斗姿态，旗帜鲜明、掷地有声地表明自己的文学主张。在《我们需要怎样的文艺》一文中说："怎样可以发挥我们民众几十年来所蕴蓄的反抗的意识，怎样可以表现出今日方在一代民众心理中膨胀着的汹涌的潜流：换一句话说，我们要一声大喊，喊出全中国四百兆人人人心中的痛苦和希望；再换一句话说，我们需要革命的文学。"又指出："革命，在文艺中是一个作者底气概的问题和作者底立脚点的问题。"此外，沈泽民在这一篇文章中对鲁迅的见解格外精辟，他说："鲁迅，艺术上我不能不说他是中国第一，他底范围也广阔，但是不幸，他是站在高一层向下看的，他看的很清楚……"鲁迅对旧中国的批判中，是有他自己的立场和气概的。沈泽民在《文学与革命的文学》一文中，以诗的语言，充满激情地宣告："一个极大的变动正在涌起：社会的全组织正在瓦解；旧的阶级已自己走到他的消亡的道路，新的阶级正在觉醒起来凝聚他自己的势力。像罗丹所雕刻铜器时代的人一样，世界的无产者正从沉睡中醒来，应着时代的号角的宣召，奔赴历史所赋予他们的使命。从黑暗到光明，从苦痛到解除苦痛，这一个暴风雨的时代啊！正是自有人类历史以来最富有色彩、动作和声音的时代——一个大活剧的时代！"这就是1924年在上海激情飞扬的沈泽民！

3. 在上海地方兼区委员会的时光

沈泽民频繁出入渔阳里时，一些革命青年才俊也在频繁地出入沈泽民的家。沈泽民在上海这片热土上走进共产党组织，以一个坚定的马克思主义信仰者的身份，活跃在上海革命舞台上。1923年国共合作以后，沈泽民被选为中共上海地方兼区委员会执行委员，参与江浙沪地方党组织的领导工作。2月下旬，沈泽民担任国民党上海执行部宣传指导干事。5月5日，在孙中山就任非常大总统3周年时，沈泽民就和毛泽东、恽代英、汪精卫、邓中夏、向警予等27人在花园草坪上合影。1924年6月23日，青年团江浙皖区兼上海地方委员会成立，沈泽民担任宣传部主任。1924年夏天，发生右派势力雇佣流氓打手，闯入国民党上海执行部机关殴打邵力子事件。当时正在上海的毛泽东领衔,恽代英、施存统、沈泽民等联名上书孙中山,控告叶楚伧"主持不力,迹近纵容"。

据有关档案介绍,国共合作以后,沈泽民的每月工资是80块大洋,毛泽东是120块大洋,所以沈泽民的忙碌程度可想而知。他和邓中夏、瞿秋白在沪西小沙渡举办工人夜校,创办小沙渡工人俱乐部,宣传革命理论,培养革命力量。沈泽民还去爱国女校义务讲课,在那里认识了同乡张琴秋,两人由此相恋。

1923年,沈泽民根据上海地方兼区委员会的安排,去南京私立建邺大学任教,主要是建立和发展南京地区的党团组织。此时,张琴秋也正好考取南京美术专科学校。于是,两个意气相投的年轻人有了更多相互了解的机会。建邺大学是徐世阶在五四运动以后创办的私立大学,地点在南京清凉山下蟠龙里,他同时创办的还有建邺中学。然而张琴秋上学不久,就患了伤寒病,在沈泽民的悉心照顾下,病情才稳定下来,但是张琴秋无法继续在美术学校读书,只好休学回到家乡石门湾养病。沈泽民则在南京一边教书,一边为建立南京中共党组织和团组织而日夜忙碌,并很快就有了新的进展。据《中国共产党党报》披露,上海兼区党组织在向中央汇报时说:"南京党务比此前略有起色,现拟合浦镇成立一地方会。"对沈泽民在南京地区的短时间工作给以肯定。

4. 为中国的"泰戈尔热"开了清醒剂

不久,沈泽民回到上海,继续从事党的秘密工作。这时,张琴秋在沈泽民的支持和建议下,从老家石门湾来到上海大学求学,一边读书一边从事革命工作。

1924年春天,中国文化界为迎接世界文坛泰斗泰戈尔的来访,着实热闹了一阵子,尤其是徐志摩、林徽因两位,一直相伴左右,更是成为媒体的热点。泰戈尔是印度诗人、作家、艺术家、社会活动家,1861年5月7日出生在西孟加拉邦加尔各答市的一个名门望族。良好的教育和优越的生活，使泰戈尔成为一位百科全书式哲人。他一生写过50多部诗集，12部中、长篇小说，100多篇短篇小说，20多部剧本。此外，泰戈尔还写了大量的文学、哲学、政治等方面的论著，创作了1500多幅画，还为几百篇诗谱写了歌曲。应该说，泰戈尔是一个了不起的世界巨匠，他的作品反映了印度人民在帝国主义和封建主义双重压迫下要求解放的愿望，表现了印度人民的爱国主义情感和反抗邪恶的斗争精神。泰戈尔的作品又具有鲜明的民族风格和民族特色，因而深受世界人民的喜爱。1913年，他的优秀宗教抒情诗集《吉檀迦利》获得诺贝尔文学奖。

所以，泰戈尔来华访问，在中国文化界引起轰动，但是也带来不少负面的效应。不少文化界中人，对泰戈尔思想全盘接受，甚至对他的那种玄学味以及冥想观，也产生不少共鸣。中共中央认为，对泰戈尔来访，需要在报刊上写文章表明己方的态度。于是，沈泽民根据中央的精神，深入研究了泰戈尔的作品和思想，发表了两篇有深度的介绍性文章，其中在《泰戈尔之生涯与思想》一文中，沈泽民一方面充分肯定泰戈尔的伟大贡献，称他为"印度诗圣"，另一方面又对泰戈尔的思想进行有重点的介绍，认为他的哲学思想"带有多少森林气息""他是浸濡在印度的精神方面，而同时吸收基督教的精神，以成其一派的思潮的"。沈泽民还深刻指出："生之实现是包含着泰戈尔的世界观与人生观的；人格是包含着他的人生观、艺术观和妇女观的；国家主义是包含着他的东西文明观的。"后来，沈泽民又写了一篇《泰戈尔与中国青年》，提醒中国的青年，对泰戈尔的思想"我们决不可含糊接受，因为他对于中国青年思想的前途，是有害无益的"。这一篇文章，无疑是当时"泰戈尔热"的一副清醒剂！

当时响应党中央对泰戈尔的评价，党内不少人写了文章，而沈泽民的文章是非常深刻而又有很强的针对性。

5. 作家陈学昭记忆中的沈泽民

陈学昭是张琴秋在爱国女校的同学。20世纪20年代，陈学昭以她女作家的勤奋，记录了身边的点滴，留下了沈泽民、张琴秋两位年轻革命家不少新鲜的记忆材料。

1924年11月，张琴秋加入中国共产党，也在这个月，她和沈泽民举行了新式文明的婚礼。没有高朋满座，没有不绝于耳的恭贺声和祝福声，两个年轻人只是走进照相馆，拍摄一张新婚合影，以纪念这人生大事。结婚以后，沈泽民常常鼓励张琴秋，要学习工人阶级的革命精神，警惕自己身体里的封建专制思想的遗毒，不然时时刻刻有灰心颓废的可能，引导张琴秋走上革命道路。当时，沈泽民和张琴秋住在成都路福煦路口，这个新家也是当时的年轻革命者常常聚会的地方。张琴秋的闺蜜陈学昭从爱国女校毕业以后，没有工作，就借住在沈泽民和张琴秋的家里写作。她回忆说：

> 琴秋当时在杨树浦工人学校教书，我也没有详细问她，总之她整天在杨树浦，泽民在《民国日报》工作。他们有两间屋子，一间是他们夫妇的卧室，外边一间是灶间，靠墙角搭了一张铺是我睡的，铺前有一张小桌子，正好临窗，我整天坐在铺上靠桌写点什么。早上，琴秋起来烧泡饭。中午，泽民有时回来，他烧午饭，有时不回来，我自己烧了吃。晚饭大多是我自己烧了吃。他们两人很忙，休息时间也不固定，常常整天不在家，只我一个人。他们出去，卧室也不锁，不过尽管这样，当他们不在的时候，我从不进他们的卧室去。这段时间，我一直是靠写点东西投稿拿稿费过日子的。记得那时我给《向导》也写过一篇东西。有的日子，当他们偶然在家，总有人来看他们。我在他们那里认识了瞿秋白、杨之华。瞿、杨对我很客气，瞿还送我一部《李太白集》，在书的前面写了好几句鼓励我写作的

话……我从来不去打扰他们谈天或其他的事。我心里明白，泽民和琴秋是在干革命工作，从事许多革命活动。可是他们对我像对小弟弟小妹妹似的，大概是因为我比他们小了几岁，他们从来不对我进行宣传。只是有一天，泽民回家来吃午饭，饭快煮好了，焖在那里，泽民和我靠在他们卧室的窗口（他们的卧室是在一个弄堂的末端，下边是空地，没有房子。从窗口直望见整个弄堂。他们不走前门，走后门，经过房东家的小灶间，房东也整天不在家）。他对我说："现在我们同国民党一起革命，将来我们还要革国民党的命！"这话给我印象很深。

在陈学昭的记忆里，沈泽民有时候还有点调皮，是一种聪明的调皮。她记得，一个夏天的夜晚，自己和一个女朋友绿漪到张琴秋、沈泽民家里去玩，几个年轻人在露台上乘凉，一边听张琴秋讲工厂女工的悲惨生活故事，一边聊着天。张琴秋让沈泽民去买西瓜时，向小姐妹谈自己在工厂做女工工作的体会，说："在那里，我见到了世界的全体；在那里，我发现了人类最伟大的力量，向上心与革命的精神。"正说着，沈泽民买了西瓜、糕点回来了，正当大家边吃西瓜边聊天时，沈泽民已经爬到屋顶上，一会儿站起来，一会儿又伏下来。陈学昭她们好奇地问张琴秋："泽民在干吗？"张琴秋朝沈泽民喊着："下来吧，下来吧。"沈泽民下来后，告诉陈学昭她们，他在观察研究周围这些邻居，并说："对面的一户人家，我们都研究明白了。哦！你看！那在更左边的一家是教育界中人；开着半扇窗的是一家仅母女或婆媳，男子是远出的；只有那老是不见灯光，关得紧紧的，在每夜晚包车回来了，直到我们一觉醒来，才望得见微微的电灯光，一定是个'错路'。"沈泽民的一番话，让陈学昭她们惊讶不已。建党初期的地下秘密工作习惯，已经深深地影响到沈泽民的日常生活了。

1924年11月,沈泽民与张琴秋的结婚照

6. 为倡导新文学奔波

沈泽民在20世纪20年代的文学革命倡导中,可以说是一个不折不扣的新文学健将。他写小说,写白话诗。其中写白话小说,比他哥哥茅盾还早七八年。而且新诗也好,白话小说也好,都是关注底层穷苦民众生活的,充满着革命情怀。

在五四运动的影响下,沈泽民常常应邀去外地演讲。1922年,他去浙江白马湖的春晖中学,向那里的师生演讲,宣传新思想。当时沈泽民的心情似乎很愉快,一路上的风景给这位上海的新文学健将无限的美,"火车底轮子和谐地响着,我们经过田野、河流、远的山、近的山,都含笑点着头过去。大自然似乎在拥抱我们的。我们看见镜面平的湖面，山影倒立在水中间，一切是平静、明澈，于是我底（的）心开放了，预先感觉到，到白马湖的时候，一定是怎样的快乐"。果然，沈泽民到达白马湖附近的火车站驿亭时，老乡丰子恺带着一些学生到火车站来迎接他。在回去的路上，大家唱着歌，行走在青山绿水之间，仿佛是老朋友了，这让沈泽民更加心旷神怡。所以沈泽民在演讲中称赞春晖中学，从一个青年革命家的眼里赞美这里的一切，"我自己从烦恼的上海逃出来，陶醉于白马湖的山水，同时也陶醉于他们底桃源世界中了。这次来这里，真可说是满意到了十二分……"演讲最后，沈泽民显示出革命家的本色，非常诗意地提出："我觉得，单是学校的家庭化还不够，还得把这种兄弟似的精神向四面扩张出去。我看白马湖虽然僻在群山中间，四周都有许多村庄，春晖在这里仿佛是一个知识蓄水塔，而在一般农民，春晖也是唯一的同情者和指导者。农民沿着向来阶级的旧观念是不大敢和他（你）们接近的；但你们却该当我们自己家中叔伯兄弟，在校假日过去和他接触，一面交通感情，一面传达他们有用的知识。将来，不但合春晖为一家，且合白马湖全体为一家。再推而广之，全上虞，全宁波、绍兴、杭州的人民和你们都恍若一家，这岂不是人群幸福之极致了么！这大事业我看定可以从你们春晖学校起首了！"沈泽民充满激情和理想的演讲稿，后来发表在1923年2月6日《民国日报》副刊"觉悟"上。

此后，沈泽民常常去外地演讲，先后去家乡桐乡演讲《近代新思想》，后来又去苏州宣传新思想新文化。1924年7月，沈泽民应邀到苏州的江苏省立第一师范学校演讲，题目就是《文学与革命》，为革命文学呐喊。后来发表时，题目改为《文学与革命的文学》，这篇文章成为研究沈泽民无产阶级文学思想的重要史料。

7. 在五卅运动洪流中

1925年的五卅运动，是中国现代史上波澜壮阔的反帝爱国运动。在这场革命洪流中，沈泽民和其他的年轻革命者一样，全身心地投入进去，为伟大的反帝爱国运动鼓与呼。

五卅运动的直接导火线是上海日本棉纱厂工人、共产党员顾正红在带领工人和资本家说理斗争时，被资本家开枪打死，并有十余名工人代表被打伤，从而激起人们的反帝爱国热潮。当时中共中央抓住机遇，在5月28日迅速召开中国共产党成立以来的第一次紧急会议，陈独秀主持会议，决定30日在上海举行反帝示威游行，把工人的经济斗争转变为反对帝国主义的政治斗争。中共中央还决定，由李立三、刘华主持，成立上海总工会。5月30日，轰轰烈烈的反帝爱国运动在上海开展起来了，但是也遭到帝国主义巡捕的血腥屠杀。31日，更大规模的游行示威活动在上海爆发，陈独秀、蔡和森、李立三、恽代英、王一飞、罗一农等连夜开会，决定发动全市开展罢市、罢工、罢课的"三罢"运动。然而此时工部局宣布戒严，他们派出骑兵队、装甲车巡警，任意捕人和屠杀。6月1日，20多名赤手空拳的群众被打死打伤。上海工人阶级的反帝斗争达到高潮！然而，这样一场波澜壮阔的反帝爱国运动，上海的媒体都不能如实报道，风起云涌的反帝爱国运动，在上海的报纸上竟然平静如镜！于是中国共产党决定立刻创办《热血日报》，报道五卅运动的真实情况，唤起全国舆论的支持。党中央决定由瞿秋白主编，沈泽民、何味辛、郑超麟为编辑，6月4日出版第一份报纸。与此同时，沈泽民的胞兄茅盾参与创办另外一份报纸——《公理日报》。兄弟俩为五卅运动的传播投入了全部心血。

沈泽民参与《热血日报》的编辑工作，不仅要编，还要撰写有关文章，郑超麟回忆说："每日社论都是瞿秋白一人手笔，我和沈泽民写一般的论文，兼编辑区委和总工会交来的新闻。何味辛专编辑新闻，有时仿《孟姜女》一类小调写些反帝国主义歌词。"沈泽民不分昼夜地工作，在《热血日报》存在的短短20多天里，发表了10多篇文章，如《请看外国报纸破坏我们的言论》

《斥〈文汇报〉记者》《字林报的谬论》《字林报之污蔑中国人》《我来代替学生答复》《日本报纸自五卅以来的态度》《圆滑狠辣的外交政策》《造谣卸责虚伪的中日亲善》《什么叫"恢复常态"?》《字林报宣布段祺瑞的罪状》《畏垒的排外主义》等。这些文章大都尖锐、犀利,富有战斗力。他在《请看外国报纸破坏我们的言论》一文中,引用国外报纸《上海泰晤士报》和《大陆报》的时评,用血腥的事实,驳斥这些西方报纸的谎言,指出:"五月三十号先施公司门前的惨杀,明明是巡捕房下令放枪,反说学生围攻巡捕。反要公使团向中国提起抗议。"所以他在文章开头就说:"这几天外国巡捕房尽量地屠杀上海市民,上海的外国报纸受了外国工部局的指挥,便尽量地来颠倒事实,造作谣言,破坏我们中国民众的团结。"沈泽民这些掷地有声的文章和瞿秋白那些"社论",深受上海市民的欢迎。据说,《热血日报》的发行量在《公理日报》之上。而沈泽民的长篇文章《畏垒的排外主义》在《热血日报》上还没有刊登完,报纸就结束了。所以文后写的"未完",却没有再见的机会了。

《热血日报》是我们党独立开办的第一份公开报纸,尽管只存在20多天,但是在中国共产党的传播史上却流传久远,它在揭露五卅运动真相、唤醒民众的反帝意识方面功不可没。沈泽民的激情和才华,在《热血日报》这个平台上得到了进一步发挥,所以后来他和张琴秋即将前往苏联时,中共中央宣传部举行欢送会,沈泽民还在会上谈了五卅运动的意义对自己的教育和启发。

在波澜壮阔的五卅运动中,沈泽民还和董亦湘一起介绍张闻天加入了中国共产党。

三、青山有幸埋忠骨

五卅运动以后,沈泽民和夫人张琴秋根据党中央的安排,于

1925年10月先后赴苏联莫斯科中山大学深造。在莫斯科的岁月里，沈泽民的马克思主义理论水平发生了质的飞跃，他更加坚定了自己人生理想的追求，学习更加刻苦，成为莫斯科中山大学和苏联红色教授学院学生中的佼佼者。

1930年，沈泽民学成回国，进中共中央宣传部工作，后在中共六届四中全会上当选为中共中央委员，担任中共中央宣传部部长。1931年2月13日，中共中央政治局决定沈泽民为鄂豫皖中央分局书记，并委派他和夫人张琴秋一起去鄂豫皖苏区工作。沈泽民知道苏区的艰苦，知道苏区的复杂，也知道苏区血和火的考验意味着什么，但是他和夫人义无反顾，欣然接受。走之前，沈泽民夫妇去向好友瞿秋白夫妇告别，相约等待革命成功以后，在上海相会。走之前，他们也向胞兄茅盾夫妇和母亲一一告别。

沈泽民是带着满腹的马列主义经纶走进鄂豫皖革命根据地的。就在他秘密去鄂豫皖苏区的半路上，即3月28日，中共中央政治局会议决定张国焘去鄂豫皖中央分局担任书记，沈泽民改任鄂豫皖中央分局常委、鄂豫皖省委书记。在艰苦卓绝的战争环境里，在消息完全闭塞的大别山区，沈泽民对自己的职务改变无怨无悔，依然充满革命激情，凭借自己的马克思主义理论修养，探索中国革命的道路。沈泽民和张国焘不一样，他没有野心，他虽然在鄂豫皖苏区执行过"左"的错误，但又是鄂豫皖苏区唯一敢于对张国焘当面批评和斗争的干部。在旗开得胜的时候，张国焘忘乎所以；军事失利时，张国焘又惊慌失措，让根据地陷入困境。沈泽民始终坚持艰苦卓绝的革命斗争，重建红25军，为苏区红军的发展做出了巨大贡献。

在艰苦的岁月中，沈泽民是我们党"左"倾路线中最早觉醒的领导人之一。他看到"肃反"给苏区带来的严重危害，如实向中央报告因"肃反"而造成苏区干部大量缺乏的事实，及时挽救被错误打击的同志，为鄂豫皖革命苏区红军保存了一批优秀同志，其中就包括徐海东大将。红25军重新组建后，取得不少胜利，在庆祝郭家河战斗胜利时，老百姓的兴奋之情溢于言表，他们贴出一副对联："白军来了鸡犬不宁，红军来了鸡犬不惊。"沈泽民看到这副对联非常高兴，与省委和红25军领导商量后，下达一条纪律，今后红军任何人不得吃鸡，并身体力行，带头执行这条红军纪律。1933年10月间，沈泽民病得不能行军了，警卫员去老百姓那里买了一只鸡，想给他补一下身体。沈泽民知道后，严厉批评警卫员，让他把买来的鸡送回去，还要求省委处理警卫员，认为他的行为违反了红军纪律。11月，沈泽民病情已经非常严重，当时在光山南区担任妇女部长的夏紫忠去看望沈泽民，问沈泽民想吃点什么。沈泽民艰难地回答说，别的都吃不下，想喝点南瓜汤。夏紫忠就带便衣队去弄了个老南瓜，用脸盆给沈泽民熬了汤。1933年11月20日，沈泽民牺牲在鄂豫皖苏区这块红色土地上，年仅34岁。青山有幸埋忠骨，沈泽民成为大别山永远的英雄儿女。

沈泽民牺牲的消息，由成仿吾辗转带到江西瑞金中央苏区。党中央为失去这样优秀的革命同志而惋惜。1934年1月19日，中央苏区《红色中华》上专门发表《追悼沈泽民同志》一文，给予沈泽民高度评价，并指出："自从红四方面军向四川远征后，沈泽民同志仍在鄂豫皖苏区艰苦的环境中，领导广大工农群众与强大敌人进行血战，为保卫鄂豫皖苏区而斗争，直到他停止最后一口呼吸的时候。"还评价道："沈泽民同志的死，对于革命是一个很大的损失，尤其在我们党内，他是一个最坚定的忠实的布尔什维克。为着纪念他的伟大，我们不仅要表示无限的哀悼，而且要在实际的工作中，继续他的精神，为苏维埃的胜利而斗争。"

为了纪念沈泽民，中华苏维埃共和国中央人民委员会第四十八次会议决定，将瞿秋白任校长的苏维埃大学改名为"国立沈泽民苏维埃大学"，并于1934年4月1日在瑞金举行隆重的开学典礼。瞿秋白在开学典礼上讲话。1963年4月15日，为了缅怀先烈，湖北省红安县人民政府将沈泽民的遗骸移葬于红安县烈士陵园，张琴秋和女儿玛娅专程到红安参加隆重的迁葬追悼仪式。董必武题写了"沈泽民同志之墓"的墓碑。20世纪80年代，我在编辑沈泽民的文集时，陈云亲手题写了"泽民文集"书名。

人民没有忘记这位1921年入党的革命先驱。

2021年

"昨日"作家司徒宗

因为研究茅盾的关系，我对与茅盾相关作家出版的书也有搜罗的喜好，一本由永祥印书馆刊印出版的小说集《昨日》就进了我的书柜。这部署名"司徒宗"的《昨日》，是茅盾内弟孔令杰的作品集。

《昨日》是永祥印书馆在20世纪40年代出版的"文学新刊"第二集中的一种。从版权页上的介绍来看，这套"文学新刊"是由范泉主编的，六册合为一集。第一集有司徒宗的《迷雾》、欧阳翠的《春情曲》、范泉的《绿的北国》、孔另境的《庸园集》、吴天的《子夜》、顾仲彝的《嫦娥》。第二集有范泉的《浪花》、司徒宗的《昨日》、赵景深的《银字集》、朱维基的《世纪的孩子》、吴天的《红楼梦》、顾仲彝的《衣冠禽兽》；第三集有茅盾的《文凭》、范泉的《朝鲜风景》、任钧的《任钧诗选》、吴琛的《寒夜曲》、方君逸的《蝴蝶夫人》、顾仲彝的《大地之爱》。不知后来还有没有出版过第四集、第五集，我手头这部《昨日》是1948年7月的初版。

《昨日》收录司徒宗的短篇小说13篇，计有《寂寞》《被摧残的生命》《徘徊》《剪彩》《王会长》《沉浮中》《缝寒夜》《牺牲》《梦》《黎明前》《小胖子》《火花》《昨日》，书名就是取其中一个短篇小说的篇名，没有前言、后记之类的文字，共有229页。开篇的小说《寂寞》，司徒宗描写了一个叫"志"的青年在军队里那种孤寂的心理感受，通篇都是青年"志"的心理活动。他与军队长官之间始终有一层隔膜，有一种格格不入的思想感情。因为志是想干"热烘烘"的事的，但他感受到的却是冷冰冰的寂寞。志曾满心想把这支抗日军队打造成一支铁军，但事实是营房里飘出来的臭气让他将"中午吃下去的那半盏硬饭呕了出来"。而小个子政训员却对志说："主任，这是小事，参谋长说过，现在谈不到这些……"这让志备感悲哀和寂寞。志是一位曾经有特色的青年，投身军队，报效国家，但军队的现实让他感到失望。尤其是小说的结尾，日本人的飞机来轰炸，本来"热烘烘"的事情要开始了，但装备很落后，也没有自己的一支铁军，志"只有一颗颤抖着的寂寞的心"！小说的基调带有灰暗的色彩，技巧上也有些心理意识流味道，情节淡化，故事性不强，但反映了作者对抗战时中国军队现状的一种认识。

不过，《昨日》里有一些小说也具有积极的思想意义和较好的艺术性。如《剪影》这篇小说，司徒宗主要描写乌镇沦陷后，汉奸维持会长和王秘书合计将因生意无着的贫民"老三"作为游击队员枪毙在北栅广场，并以此来报效伪政权。后来日本鬼子撤走，游击队回来时，王秘书摇身一变，汉奸又"抗日"了。小说写得有情节有故事，将贫民老三因生意不好而发牢骚骂日本人的过程写得十分清晰。老三有一个瞎眼老母，他被会长和王秘书合计当作游击队员枪毙后，瞎眼老母哭晕在广场上。小说为表现王秘书的恶，除了描写其设计杀害阿三外，还通过王秘书老母亲和王秘书儿子因为王秘书成为汉奸而惊恐的细节，来反映王秘书作恶多端的汉奸行径。小说结尾时，王秘书又摇身一变，成为迎接游击队进镇的抗日英雄，然而当他在台上慷慨演说时，老三的老母亲却"哭喊着连爬带滚地来了"。可以说，司徒宗对抗战时期社会世态的揭露还是十分形象、十分深刻的。

司徒宗原名孔令杰，后改为孔彦英，生于1909年，浙江桐乡乌镇人，其兄孔另境，其姐孔德沚，茅盾是其姐夫。母亲去世时司徒宗只有九岁，后来茅盾夫妇把他接到上海，就读商务印书馆的尚公小学念高小，小学毕业后考取湖州第三中学，费用仍由姐姐负担，1925年因病转到上海大学附中读书。1928年初，中学毕业的司徒宗回到乌镇，在植材小学教书，一直教到乌镇沦陷，所以，他对乌镇战前和抗战初期的社会世态十分熟悉。据司徒宗的学生回忆，他教书很认真也很出色，"讲课时，常常讲台前边走边讲，发音缓慢平稳，但整个教室鸦雀无声，几十对眼睛紧盯着老师"。学生们感觉司徒宗"有极好的文学修养"。1938年初，乌镇沦陷，司徒宗于7月离开乌镇到上海，在当月的《文汇报》上发表小说《在岗位上》，并第一次使用"司徒宗"这个笔名。

也许是姐夫茅盾为大作家的缘故，据说司徒宗的写作十分勤奋。抗战全面爆发后，茅盾携妻小去了香港，主编《文艺阵地》，其间，司徒宗也多次辗转将稿件寄给姐夫。据查阅《文艺阵地》，1938年8月至12月，司徒宗在该刊上以"江南的故事"为题，发表系列小说三篇，分别为《一次经历》《火花》和《黎明前》。这些生动地反映抗战初期江南世态的小说，反映了司徒宗年轻时代的爱国热情。尤其值得注意的是，司徒宗不肯利用姐夫在主编刊物的条件去"开后门"，充分体现了其本分的品性。从茅盾给内弟孔另境的信看，当初司徒宗向《文艺阵地》投稿，是托其胞兄孔另境转去的，转去时，孔另境也没有向茅盾说明《一次经历》是谁的作品，所以茅盾在1938年7月23日给孔另境的信里说："投稿一篇《一次经历》可用，排进八期。"这就是后来发表在《文艺阵地》第8号上的《一次经历》（江南的报告）。当然，孔另境将胞弟作品寄给姐夫，虽然没有说明是谁的投稿，但茅盾一看笔迹，就知道是自己小舅子孔令杰的作品，所以他一个星期后给孔另境的信里关照："福弟有闲，可写点居乡（乌镇）见闻来。"阿福是孔令杰的小名。后来司徒宗又给茅盾寄去《火花》《黎明前》等"江南的故事"，分别刊登在1938年8月1日、12月16日出版的《文艺阵地》上。对司徒宗的稿子，茅盾一方面给予关照，另一方面也严格要求，悉心指点。他在9月13日给孔另境的信里说："司徒宗稿，第一次我看了笔迹，就知道是谁。文字生动，而最大的缺憾是没有一股力。至于形象化不好，亦一大病。反正关于'报告文学'一类的作品，若精选则将无以满篇幅，向来就只存了'但问材料，不苛求技巧'之标准，凡与'书评'栏合排一处之稿皆属此项性质也。"当收到司徒宗的《黎明前》一稿后，茅盾在9月20日给孔另境的信中说："此次寄来之司徒宗一稿，应当再写得长些（其中有些地方还可以简练些）——把人物开展起来，多描写性格，不要那么勾几笔，只给一个概念。其实他不必定死抓住游击队来写，镇上小市民（他们最熟悉的几个人）自苏嘉路吃紧以后直至镇上来了敌兵后的各种动机都可以写的，比如我听说最初是烟赌盛行，市内及修真观空场上公然聚赌，这也是好材料，可以写成报告的。"至于孔另境有没有将这信给胞弟孔令杰看，今已不可考。

司徒宗在抗战初期十分勤奋，写得也多。对此，茅盾作为姐夫，在1938年11月16日给孔另境信里附了两页给司徒宗的信，毫不留情地指出："附二纸是给阿福的。我对他作了严格的批评。初作者立即多产，是危险的；而他已经到了这危险。他应当再用功。多写是练习之一道，但写时必须'惜墨如金'，冗词乏语，不必要的枝节通通删去。再者，他的感觉也不见锐敏，故而无论写心理写自然，都不免于浮而平凡。这方面，其实也可由刻苦学习而得进步的。"当时司徒宗还只是一个三十岁不到的年轻人，姐夫茅盾的要求自然殷切直率。不过茅盾这两页给内弟司徒宗的信，始终没有被找到，而且不光是这封信，在茅盾的书信全集里同样也找不到一封给这个内弟的信，这对今天的读者来说，不能不说是一件憾事。

司徒宗创作了一段时间后，去上海华华中学担任教师，课余从事儿童文学的创作。1942年，他又到上海私立建承中学教国文。抗战胜利后，上海永祥印书馆聘请司徒宗和欧阳翠合编《少年世界》半月刊。其间，他出版了《迷雾》《昨日》《血债》《铭儿和他的妈妈》等作品。其中，《血债》还是由茅盾作序。当时司徒宗作品影响还不小，据说作家蒋锡金曾与他在建承中学一起教书，当发现他就是司徒宗时，惊喜不已。新中国成立后，司徒宗在上海工农速成中学任教，后去复旦附中教语文，1955年被评为优秀教师，1956年加入中国共产党，1967年病逝，终年58岁。

司徒宗是一位工作踏实、为人诚恳的教育工作者，也是一位被人淡忘的作家。茅盾晚年在回忆录里对这位自小带大的内弟有一段文字，可以看出司徒宗的为人以及与姐夫之间的真挚感情。茅盾说：

> 德沚的另一个弟弟孔令杰（阿福）却与他哥哥的性格截然不同。他由我们供养读完中学后，就去当了小学教员，而且安心地、坚毅地吃了一辈子粉笔屑。他有时贫病交加，却从不来向他姐姐诉说，惹得德沚常常又气又疼，说他死心眼。他靠坚韧的自学，从小学教员而中学教师而作家，抗日战争时他试写小说，并以司徒宗的笔名出版了二三本小说集，其中的《血债》我还写了一篇序。解放后他曾获复旦大学附中优秀教师的称号，并且入了党。他一生没有结婚，膝下一无子女，但他心血浇灌出来的花朵，又何止万千！阿福已于"文革"初期去世，我在这里写这一笔，以表我对他的悼念。

有亲情如此，司徒宗在天之灵有知，亦会欣慰的。

2012年

有温度的家书

一个家族成员的言行举止反映出来的精神气质，实际上就是这个家族的家风。而最能直接体现一个家族的家风并留下物质印痕的，莫过于这些家族成员之间来往留下的书信。书信是离家族实际生活最近的一种文体，其中的起居问候、信息沟通，最能反映其家风最真实的一面。

当年《傅雷家书》风行一时，其正能量曾鼓舞过一代人。近来，中国出版界的家书整理出版之风颇盛，成为传统文化弘扬热潮中一道新的风景线。无论是旧文人还是新文化战士，无论是跟上时代潮流的弄潮儿，还是默默无闻埋首故纸堆里的老学者，在他们的家书里，都洋溢着一种正能量的文化传承——他们都注重礼数，注重教人进步、教人向上向善，注重家族的团结互助，所以，这些前辈先人无论生前的官做得多大，学问多深，在家书里都是一个活生生的普通人，现代文学巨匠茅盾就是如此。

茅盾1916年北京大学毕业以后，进入商务印书馆工作，从一个阅卷员开始，经过几年时间便成为一个面向全国的新文学杂志《小说月报》的主编，成为一个倡导新文化的健将。同时，随着时代的潮流，茅盾参加共产党组织，成为中国共产党建党前便入党的党员之一，也是中国近现代作家中入党最早的一位。

在商务印书馆的十年历练中，茅盾为实现当一个职业革命家的梦想而努力。国共合作时期，他参加过国民党第二次全国代表大会，会后留在毛泽东身边担任秘书，并承担《政治周报》编辑工作。"中山舰事件"以后，茅盾回到上海，担任国民党交通局主任，负责宣传方面的工作。北伐开始，茅盾奉命去武汉军校当教官，不久又回到老本行，到《汉口民国日报》当主笔。

大革命失败后，茅盾带着大起大落的经历潜回上海，在风声鹤唳的白色恐怖之下，没有了党的指示，也没有了经济来源，而且还上了国民党的黑名单。但是经历过大风大浪的他，虽然隐居在上海的亭子间里，足不出户，却化名为"茅盾"，写出了《幻灭》《动摇》《追求》三部曲，并在自己曾经主编过的杂志《小说月报》上发表。从此，一个影响几代人的笔名"茅盾"横空出世！

原本立志当职业革命家的梦想随着大革命的失败被打破了，但是小说创作意外地成就了一代文学巨匠"茅盾"。紧接着，《虹》《子夜》《春蚕》《林家铺子》等，都是茅盾在40岁之前完成并问世的作品。抗战全面爆发后，他辗转于香港、新疆、延安、重庆等地，居无定所，却在逃难途中写出了《霜叶红似二月花》这样的传世之作。

1945年，茅盾五十初度，中国共产党在国民政府的陪都重庆，为茅盾举行简朴而热烈的庆贺活动，这是茅盾一生中的荣光。新中国成立以后，茅盾出任文化部部长、中国作家协会主席。在新中国的发展过程中，茅盾殚精竭虑，谨言慎行，成为新中国成立以来任职时间最长的文化部部长。粉碎江青反革命集团那年，茅盾正好80岁，在人生中的夕阳时分，他又向世人奉献了长篇回忆录《我走过的道路》。1981年3月27日，茅盾走完了他的生命之路，为我们留下了1400多万字的文学财富。

《茅盾家书》包括茅盾从20世纪30年代至70年代给女儿、女婿、儿子、儿媳等亲戚的信。从这些家书中，我们能强烈感受到一代文学巨匠浓浓的亲情，也能感受到一代文学巨匠待人接物所反映出来的谦虚、严谨的精神气质。

给后辈正能量,鼓励他们上进、进步,是茅盾家书中常见的主题。他在与儿女、家族亲戚通信时,常常聊到年轻子女们的思想、工作和生活,他非常关心这些年轻人的进步,哪怕是很小的进步,都让他感到高兴,有时还要指点迷津,鼓励他们自强不息。

茅盾在1970年10月15日致表弟陈瑜清的信中,对表侄陈毛英下放劳动中被评为"五好社员"一事非常高兴。他在信中说道:"毛英侄被评为五好社员,深为弟贺,此亦贤伉俪平日教导有方所致也。"赞许中带着鼓励。

茅盾在致堂妹夫祝新民的信中讲到堂外甥祝人杰初中毕业没有继续上学一事时,深以为憾,为此,他给堂妹夫讲道理:"只要孩子本人学好,力争进步,做人做事灵活,到处有前途。你应以这种道理教导人杰,提高其思想觉悟,养成其闯难关、自立为人的思想和勇力,不应以你的无劳动力、将来生活困难等扰乱人杰,使其眼光狭小,志气颓丧也。"他还说:"奋力适应环境,自强不息,才是正理。"后来茅盾知道祝人杰已经进了工厂工作,便去信鼓励:"务求政治上进步,争取做个好工人。"此外,茅盾在给其他亲戚的家书中,类似的关心和鼓励还有不少。虽然都是日常生活中的点滴小事,但茅盾都寄予厚望。因此,茅盾家书中这种满满的正能量,让与茅盾通信的那些亲属都能感受到温暖而向上的力量。

在中国的家族文化中,向来有"成由勤俭败由奢"的古训。茅盾一生保持勤俭持家的美德,去世前留下25万元交给中国作家协会,设立中国长篇小说奖,而他一生从来没有在个人生活上铺张过,即使在文化部部长的位置上,依然节俭如常。夫人孔德沚生前常常亲自去买菜,与小商贩"讨价还价",这并不是茅盾家里生活困难,而是一种节俭的家庭美德。然而,茅盾对家族中任何一个生活有困难的人都愿意伸出援手,无数次送钱给需要帮助的族人,还多次把自己家多余的衣服寄给有需要的亲戚。所以，在《茅盾家书》里，这样的情况随处可见：亲戚生病了，茅盾真心为之担忧，尽力帮助分析，劝导其抓紧治疗，同时还要奉汇几十甚至数百元，作为自己的一点心意。在给内弟夫人金韵琴、堂妹沈德汶的信中，都有这样的记载："现在汇上一百元，你和沅弟妇（朱霞英）各人一半，区区之数，只够你们买点东西吃；这是我做大哥的一点小意思……千万不要客气，自家兄妹不用客气。"（1974年5月9日致沈德汶信）"另汇五十元，聊济窘困。"（1973年9月7日致祝新民信）"现趁兴华回沪之便，请他带上三百元，为嫂过节及杂项费用。"（1974年9月7日致金韵琴信）"汇上三百元，是给乃茜、仕中日后结婚的微薄意思。"（1974年10月23日致金韵琴信）"昨天汇上三百元，是给嫂过春节及其他杂用的。"（1975年1月25日致金韵琴信）凡此种种，不一而足。这些数字在今天看来没有什么，须知当年的物价很低，这几十元、几百元是足以缓解一时的生活拮据的。茅盾并非富翁，他是凭着自己的节俭才有余力来接济亲戚的，这体现了他浓浓的人情味。

　　给亲属以职业指导，也是茅盾家书的一个特色。我们知道，茅盾是编辑大家，他的编辑经验是他对20世纪中国文学贡献的一个重要组成部分。在茅盾给他的内弟孔另境的家书中，关于编辑的内容非常丰富，指导非常具体，是难得的编辑经验传授，十分珍贵。当时，茅盾在香港编辑《文艺阵地》，因为广州的印刷条件非常差，茅盾不得不将稿子初步编好后，秘密托人带到上海，请在上海的内弟孔另境进一步编排和印制，刊物印好后再运到香港发行。所以，这段时间茅盾在香港遥控指挥，指导内弟如何编辑文章，如何排版，如何修改，字数多了怎么办，少了怎么办，如何补白等，一一交代清楚，如"补白的材料，一时没有，请斟酌将占半面或三分之一面的文章尾巴移登后面空白（即用'下面接××面'之法），或补登广告。总之有一原则：凡一文排了几个整面以后多出十余行乃至四十余行者，都可将此零数移登到后面的任何空白处"。(1938年6月27日致孔另境信)在茅盾的家书里,我们还可以看到,茅盾对编辑过程中的一些细节的处理艺术,也都毫无保留地告诉内弟,如"上次忘了说:适夷之散文及田间之诗,虽用作补白,但在目录中不可标明为补白;散文应依其他各文编目例,于题目下注'散文'二字,诗则归入其他二诗编目之后"。(1938年7月6日致孔另境信)第二天,茅盾又给孔另境写信,就如何编稿写了七条,具体指点。

  茅盾的家书还反映了茅盾高度的政治素养。在与亲属的家书中,也处处体现出一个国家干部的政治自觉,对有可能需要保密的人和事,一向谨言慎行。1976年10月14日,中央向全世界公布粉碎江青反革命集团的消息,顿时举国欢腾。茅盾在10月16日给表弟陈瑜清写信,他很想了解杭州在粉碎江青反革命集团以后的情况,但又不能在信中直接问,于是在信尾用"杭州近况如何,您家里都好么"来表达想了解此时杭州情况的心情。此外,在家书里茅盾一般很少说到自己的公务活动,有时即便说到,也是一笔带过,绝不展开,尤其是在非常时期。1975年1月7日,茅盾去参加一个"学习班",走之前正好在给亲戚金韵琴写信,所以在信中说:"从今天下午起,我将参加一个'学习班'(此事请勿外传),离家十来天(仍在北京),在此时期,不能和您通信了。"茅盾是经过大风大浪的人,他的谨言慎行的性格是在长期的艰苦工作和生活中形成的。抗战时期,茅盾在香港遥控指挥内弟孔另境在上海编《文艺阵地》时,对如何保证杂志的安全和内弟的人身安全,都有关照和指点,"我觉得你不可以让印刷店将校稿直接送到你学校里,应由书店从中一转,更觉妥当。因为不能不谨慎些"。(1938年6月27日致孔另境信)

  茅盾给女儿、女婿、儿子、儿媳的信,是《茅盾家书》中非常珍贵的一部分。茅盾一家在1940年春天到达延安,10月茅盾夫妇离开延安去重庆,将两个孩子留在延安。女儿沈霞在延安中国女子大学,儿子沈霜在陕北公学。此后数年,夫妇两人与儿女主要靠书信联系。后来，女儿、儿子都在延安加入了共产党，但当时延安的年轻人所有精力都投入工作和学习上，很少顾及家里，读子女的来信就成为夫妇二人最大的生活乐趣。在女儿的婚姻问题上，茅盾夫妇充分信任女儿的选择："我们相信，我们的女儿在这事的选择上是用了比较审慎的态度和清醒的头脑的，我同时也喜欢她的选择不以虚荣和外表为对象。我们喜欢在生活中受过艰苦的磨练而有志学习、力求上进的年青人。"（1944年11月6日致沈霞信）在茅盾致儿子和女儿的家书中，一股浓浓的亲情洋溢在字里行间。舐犊情深，一代文学巨匠写给子女的家书，很好地诠释了一个有血有肉的文学大师形象。茅盾当年辗转给女儿的信，沈霞都精心保存着。1945年8月20日，沈霞在延安不幸去世后，她的遗物连同她的日记、书信都由丈夫萧逸保管。几年以后，萧逸在北京见到茅盾夫妇，把沈霞的一些遗物交给他们。1949年，作为新华社战地记者的萧逸，在解放太原时牺牲在前线阵地上。后来，他的战友将其书信等遗物送到北京，交给茅盾保存。所以，今天我们看到的茅盾给女儿、女婿的这些家书，是经过战争的生离死别而保存下来的，格外珍贵。

2017年

第四辑　生死与共的日子

茅盾的朋友圈在今天看来依然不寻常，比如有生死与共的朋友张仲实，他们在新疆的日子里，盛世才以特务的手段，监控茅盾和张仲实的一言一行，他们随时可能被盛世才以莫须有的罪名扔入大牢。茅盾和张仲实度日如年，相互提醒，相互关照，携手度过那段惊心动魄的日子。新中国成立后，茅盾身为国家文化部部长，各种各样的运动自然无法逃避，但是在与一些文学青年的交往中，茅盾内心并不平静，他希望这些文学青年成长成才，但是在另一种场合，茅盾不得不说身不由己的话，这些批评的话让茅盾歉疚一辈子。茅盾与一个外交官兄弟般的情谊，却都是出于对事业的真诚，对文化的敬畏。和陆文夫的交往，只是中国作家协会主席关心培养自己国家的青年作家，给以温暖和支持，然而事情的变化却出乎意料，青年作家陆文夫没有感到阳光的温暖，但是陆文夫心里永远记得茅盾给以的支持和关怀，所以陆文夫后来奉献了大量现实主义文学作品，给20世纪八九十年代的读者以丰富的精神食粮。这是茅盾当年播下的文学种子在发芽成长。所以，与新中国一起成长起来的作家，都愿意团结在茅盾的旗帜下创作，称茅盾为新中国文坛的"保姆"，这是有一定道理的。

《林家铺子》插图　丰子恺绘

生死与共的日子
——从茅盾给张仲实的一封逸信说起

最近,笔者在读《张仲实文集》时,发现 20 世纪 50 年代初,茅盾有一封写给张仲实的逸信,内容是关于杜重远在新疆被盛世才杀害后,其遗孀侯御之的生活困难问题。信如下:

仲实兄:

  多日未晤为念。昨日接杜重远夫人来信,殷殷询及吾兄,杜夫人自己病了,孩子经常有病(其中一个是肺病),处境甚窘。来信是要我们为她设法,原信已送沈衡老及胡愈之兄,望向他们索阅。杜夫人极想和她的大弟侯健存大夫(曾住延安,任中央医院小儿科主任,现在北京医院)一见,想请侯大夫到上海去一次。此事兄能帮忙否?

  匆上即颂

日祈

弟沈雁冰
5 月 16 日

先请兄告侯大夫以杜夫人现状,她病了心境很坏。

这封信的年份还不知道。据《张仲实文集》介绍,是写于 20 世纪 50 年代初。具体时间有待考证。

张仲实(1903—1987),陕西省陇县城关镇店子村人,两岁时母亲去世,由伯母抚养长大。他留学苏联莫斯科的东方大学、中山大学,回国后曾任生活书店总编辑,是我国杰出的马克思主义理论家、翻译家。

从这封信里，我想起茅盾和张仲实在新疆生死与共的日子。

抗战开始以后，茅盾在香港为生活书店主编《文艺阵地》，到1938年下半年，已编到了第二卷第五期。但是因为在战争环境里，《文艺阵地》的销售并不好，印数不多，加上茅盾编辑以后，还要秘密寄到上海去印刷，所以编辑《文艺阵地》成为茅盾编辑生涯里最为艰难的一项工作。而此时香港的物价水平又非常高，茅盾一家的日常生活也受到了严重的影响，所以当茅盾听到新疆学院院长杜重远对新疆盛世才的宣传，以及听到中共有人在新疆帮助工作，就产生了去新疆工作的念头。于是，当接到杜重远邀请他去新疆学院任教的消息后，茅盾就把《文艺阵地》交给楼适夷编辑，于1938年底率全家奔赴新疆。

茅盾是从香港出发，经海防、河内、昆明、成都到兰州的。张仲实是生活书店总编辑，也是应杜重远邀请而去新疆学院工作的，所以，正好在兰州与茅盾一家结伴同行。在决定去新疆之前，张仲实还到中共重庆办事处找留苏同学博古，征求博古的意见。博古告诉他："可以去，毛泽民在那里，你有事可找他。"于是张仲实下决心去新疆。同时，作为生活书店总编辑的张仲实还有一个任务，就是为生活书店开辟一个新的天地。

当时，虽然是盛世才同意杜重远邀请茅盾、张仲实到新疆工作的，但是生性多疑的盛世才一方面投靠苏联，从苏联争取不少物资，占了许多便宜；另一方面，又表面上欢迎共产党派人到新疆帮助工作，同时又控制进步人士到新疆，所以进出新疆的交通工具，都是由盛世才一个人掌握。当茅盾、张仲实他们到了兰州以后，盛世才迟迟不肯提供交通工具，让茅盾他们在兰州等待。这一等，竟然等了40多天！

1939年3月11日下午，茅盾和张仲实一行人经过飞机、汽车的长途奔波，终于到达新疆迪化（乌鲁木齐）。当茅盾和张仲实他们到达迪化郊区时，盛世才全副武装郊迎20公里。茅盾记得：

4时许，我们就到达迪化郊外二十公里处。这时，前方尘烟起处，一前一后钻出两辆卡车，卡车之间是两辆小卧车，迎着我们驰来。副官兴奋地对我说：督办来迎接了！转瞬间，卡车临近了。副官令司机停车，我们就走下车来。这时已经看得清楚，两辆卡车上整齐地站着全副武装的卫队，在驾驶室的上面各架着一挺机关枪，枪口威严地瞄准前方。我暗想：这排场是从哪里学来的？难道是怕遭到暗算？正想着，前面一辆卡车突然离开公路驶向右侧，后面一辆卡车驶向公路左侧，形成两翼，于是两辆小卧车就在两翼保护之下，驶到我们的面前。我不禁悄悄对站在我身边的仲实说：看来情况不太妙啊！这时前面一辆小卧车内钻出一个军人，将校呢的军服外面披了一件黑斗篷，中等身材，浓眉，方脸，留着口髭。后面一辆车，下来的是杜重远，穿着西装和大衣。我们迎上前去，杜重远向我们介绍道：这位就是盛督办。

这就是茅盾和张仲实进新疆第一次见到盛世才时，茅盾心里的感受和想法。

然而，当他们最终抵达新疆以后，竟出乎意料地受到新疆督办盛世才的热烈欢迎。在抵达迪化的第二天晚上，盛世才举行了盛大的欢迎晚宴。盛世才把大作家茅盾和大学者张仲实介绍给新疆的厅长们，还亲致欢迎词，茅盾、张仲实则致答谢词，气氛空前热烈。在欢迎宴会上，茅盾见到了毛泽民、孟一鸣等中共方面的人，其中毛泽民是茅盾在武汉时期的老朋友了，在这样的场合下，二人"紧紧地握了手"。

欢迎宴会之后，盛世才把茅盾奉为贵宾，安排得非常周到。在迪化南梁给茅盾一家4个人安排了一个大院子，让茅盾住上五间一排的洋式平房，还给茅盾配备了4个服务员：一个厨师，一个勤务员，以及一个专门挑水的"清洁兵"，日常生活全部是"供给制"，此外，还有一个马车夫，负责茅盾出行。盛世才还专门指定一个副官卢毓麟,作为茅盾工作上的"副秘书长",协助茅盾工作。这是茅盾一生中享受生活待遇最高的一次,即使后来当文化部部长,也没有这么高的待遇。盛世才把张仲实也安排在南梁,不过离茅盾的住处有二三里的路程。好在当时张仲实年轻,这点距离,和茅盾来往没有什么问题。工作上,盛世才、杜重远安排茅盾和张仲实去新疆学院担任教育系主任和政治经济系主任。等茅盾、张仲实到新疆以后,盛世才立刻成立新疆文化协会,请茅盾担任委员长、张仲实担任副委员长,所以茅盾、张仲实都以为能为新疆人民的文化事业大干一番了!

等到一切安排停当,茅盾专门去拜访新疆教育厅厅长孟一鸣(徐梦秋),请教在新疆的行动方针。孟一鸣是茅盾弟弟沈泽民在莫斯科中山大学的同学,也是盛世才请来的共产党员。孟一鸣给茅盾介绍了新疆的形势,并向茅盾分析了盛世才的个性,说盛世才多疑、嫉贤,有边疆"土皇帝"的特性,所以在迪化,厅长之间也不能多来往。

盛世才,辽宁开原市人,早年仕途坎坷,但是他为人阴鸷,极有心机,权力欲极强,非常善于伪装自己。据说他刚到新疆时,以军事家自居,一举一动非常矜持,平常要用一块黑纱来覆盖案头公文,以示自己与众不同。督办公署的书柜里还放满了马列主义的书。当上新疆督办以后,他提出了"反帝、亲苏、清廉、和平、建设、民平"的六大政策,给外界一个进步的形象。

一开始,茅盾和张仲实皆尽心竭力在新疆学院讲课和搞各种各样的活动,丰富学生的文化生活,为新疆的文化教育事业贡献自己的力量。不料,他们的热情立刻引得一些人从背后说闲话、放冷箭了,认为他们是在"出风头"。当孟一鸣来告诉他们外面这些流言蜚语时,他们敏感地感到自己可能已经陷入危险之中。他们没有想到,自己满腔热情地到新疆来,表面上又受到如此盛大的欢迎,却要和盛世才周围这样阴险的小人周旋!孟一鸣建议他们在迪化"多观察,少说话,多做事,少出风头"。

1939年8月，暑假，满腔热情的杜重远院长自任团长，张仲实为副团长，组织新疆学院120名学生，浩浩荡荡去北疆旅行和社会调查，宣传抗日。茅盾因为盛世才要他陪同外宾而没有去。一路上，杜重远、张仲实和学生们受到了北疆地方官员的热烈欢迎。伊犁的行政长官姚雄郊迎十里，全程陪同。当一行人回到迪化以后，各种各样的谣言就在迪化传开来，流言蜚语也很快传到盛世才那里。于是，曾经和盛世才出生入死的姚雄被其视为和杜重远在勾结，是杜重远在拉拢的党羽。而邀请茅盾、张仲实到新疆工作的新疆学院院长杜重远，虽然是盛世才同乡，为新疆的文化教育事业做了不少贡献，但在盛世才那里已经谤书盈箧了。一场罗织杜重远阴谋暴动"罪名"的冤案由此拉开序幕。

当时，张仲实从伊犁回来就写了上万字的《伊犁行记》，完整地记录了北疆之行。从中可以看出，盛世才的怀疑是毫无根据的。无论是杜重远，还是张仲实，在伊犁做的演讲都压根儿没有想到与姚雄结成什么联盟，而都是满腔热情实实在在地动员民众为新疆的发展服务，为宣传抗日而呼吁。后来，姚雄这位与盛世才同生共死的新疆地方官，还是被盛世才作为"杜重远阴谋暴动案"的要犯杀害了。1939年10月，杜重远被盛世才软禁起来，紧接着又有大批干部秘密被捕，盛世才统治下的新疆形势已经风声鹤唳。艺术家赵丹等人到迪化以后，生活中还常常有陌生人来打探他们的思想和言论；新疆官场上，谁与谁联系多了，说话多了，谁到谁那里去了，都会有人打探，都有人向盛世才打报告。张仲实自从北疆回来，就开始提心吊胆起来，不知道盛世才下一步会有什么动作。当时，茅盾和张仲实十分紧迫地感到：此地不是久留之地！

茅盾后来回忆说：当时，"我和张仲实感到形势越来越险恶了。我们和孟一鸣商量如何离开新疆。他要我们慢慢来，据他分析，我们二人名声大，平时言行谨慎，盛世才还不至于对我们下手。要我们等待时机，不宜贸然提出辞职"。但是，茅盾和张仲

茅盾（前排左一）和张仲实（前排右一）在兰州。右图为茅盾致张仲实的信

实已经感到度日如年！

1940年元旦以后，茅盾和张仲实又与孟一鸣交换意见，商量什么情况下可以离开新疆。孟一鸣分析："看来盛世才对雁冰兄没有怀疑，对雁冰的历史好像知道得很清楚。对仲实兄恐怕有些疑心，他多次问我，仲实是怎么去苏联的？回国多久了？是不是共产党员？我只好回答他，我不清楚。"孟一鸣说，盛世才这个人是很难捉摸的，一定有人在他耳边说了什么。

张仲实一听，非常紧张，又有点激动，立刻想去和盛世才说说清楚。孟一鸣劝他不能去，说："盛世才既然已经怀疑你，你去解释也没有用，相反会增加他的怀疑。估计一时不会对你动手。"但是，茅盾晚年在回忆录里曾经说到张仲实的危险：

那一段时间，仲实很烦闷，又很寂寞，就常到我家中来坐坐。二月下旬的一天下午，仲实在我家闲谈，谈到杜重远最近再次要求回内地治病，又遭盛世才借口没有交通工具而拒绝，感到杜的前途十分危险。正谈着，仲实突然接到通知，说盛世才要他马上去督办公署。这是很反常的，因为往常盛世才没有单独召见过仲实，都是我们两人同去的。而盛世才又常以谈话为名拘捕人犯。仲实敏感地说："恐怕要出事了！"我与德沚也感到事态不寻常，德沚甚至急得要哭，但又无能为力，只能握手互嘱"保重"。仲实一去三个钟头，我和德沚就在电话旁枯坐三个小时。直等到暮色降临，仲实终于回来了，一进门，大衣未脱，我们就喜出望外地围上去问究竟。仲实摇摇头说："唉呀呀，这几个小时就像闯过了鬼门关！"原来仲实到了督办公署，并未见到盛世才，也未被引到盛通常会客的西花厅，却被副官带到了一间厢房，说督办请您等一等。这一等就等了两个多小时。"你们可以想见，这两个多小时我是怎样熬过来的！"最后，盛世才终于来了，手中拿着一份材料，说要仲实修改一下，并为仲实的久候表示歉意。说完，他又走了。仲实一看，这是一份极普通的材料，用十几分钟就看了一遍，改了几个字，请副官送交盛世才。一会儿副官回来说，请张先生回去吧。仲实说，事情很明白，他要我修改材料，完全是借口，因为没有必要为这样一份材料让我等两个小时，他可以把材料送到我家。猜想起来，他本想把我抓起来，所以把我带到了厢房，后来又犹豫了，反复权衡了两个小时，才借口让我修改材料，把我放了。仲实的分析是合乎情理的，但是盛世才为什么要抓他呢？使人难以捉摸。仲实早年在苏联留学，参加过共产党，回国后因故脱党，这些不能作为抓他的理由，除非因为仲实与杜重远的关系比较密切。

当时，新疆官场有"天不怕，地不怕，只怕盛督办请谈话"的说法，"请谈话"是盛世才惯用的逮捕人的手法。所以茅盾和张仲实又急忙去找孟一鸣，急切希望中共党组织能够帮助他们离开这个险境。孟一鸣认为，当前张仲实确实遇到了危险。他告诉张仲实："万一盛世才真的把你抓起来，你就说你是共产党员，只不过不是经过延安派来的。这样我们就可以把你要出来，送你到延安去。至于沈先生，估计现在盛世才考虑到国内外的影响，一时还不会动手，万一有什么情况，我们再商量想办法。"孟一鸣告诉他们，这些意见是中共在新疆的毛泽民、孟一鸣、陈潭秋一起商量过的。

也许都是冥冥之中的事，正当张仲实身处危险却难于脱身之时，突然收到伯母去世的电报。这让张仲实悲痛莫名。张仲实赶快和孟一鸣商量，决定利用盛世才经常以孝道教人的特点，向盛世才请假，回老家去安葬从小养他、亲如母亲的伯母，以尽孝道。果然，盛世才接到张仲实的信，马上同意了。说有了便机，张仲实就可以走。于是，张仲实开始高高兴兴地等飞机，结果等了一个星期。问问，说没有飞机。又等了一个月，还是没有飞机。当时茅盾他们天天看见飞机在迪化上空飞过，怎么就没有便机呢？张仲实会不会和杜重远一样被软禁呢？这让本来充满期待的张仲实又陷入焦虑之中。

4月20日，茅盾也突然收到二叔沈仲襄从上海发来的电报，内云："大嫂已于17日在乌镇病故，丧事已毕。"见到电报，茅盾得知至亲至爱的母亲已经去世，捶胸顿足，痛哭不已。夫人孔德沚拿着电报，边哭边埋怨茅盾来新疆这个地方，连奔丧都回不去。这时，茅盾忽然想起来，何不向盛世才请假去老家乌镇奔丧呢？于是茅盾立刻拿起电话，向盛世才报告自己的母亲在老家去世，虽然丧事已经办理，但还有些后事需要回乌镇料理，同时自己想在迪化遥祭母亲，一会儿写个讣告，送督办过目，等等。盛世才一听，同意了。于是，茅盾一方面开始做祭奠母亲的准备，另一方面悄悄地做离开新疆的准备，但是给外界的印象是去料理一下就回来的。于是，茅盾和张仲实一样，开始等待离开新疆的飞机。

盛世才虽然同意茅盾回内地，但一直推托没有飞机，迟迟不放茅盾和张仲实走。

非常焦虑的二人再去找孟一鸣商量，孟一鸣告诉茅盾："这次祭奠母亲的声势搞得不错，有利于你们离开。但是盛世才是知道你们回去以后不会再回来的。"至于飞机有没有，孟一鸣建议茅盾私下里去找一下苏联总领事。后来，茅盾在苏联总领事的策划下，终于确定能在十多天以后的 5 月 5 日离开新疆了。

但是就在离开新疆的前夜，盛世才给茅盾打电话，以关心的口吻问他："儿子是不是可以不回内地呀？"明显是想扣留茅盾儿子做人质！茅盾吓出一身冷汗，连忙说："儿子身体不好，这次回去正好给他治病。"盛世才一听，想了想说："好吧，明天我来送沈先生、张先生。"第二天上午，盛世才来了，同样荷枪实弹，两辆卡车上架着机关枪，护卫着盛世才的小汽车，派头和迎接茅盾他们到迪化时一样。不过此时的新疆早已不是来时的新疆，而茅盾、张仲实他们心照不宣！最终在和盛世才的握手寒暄中告别迪化。

茅盾在回忆录中记录当时的心情：

> 9 时，飞机离开跑道冲向了蓝天，我望着舷窗外起伏的天山山峦，一阵难以描述的轻松感充溢了全身！是啊，应该让我绷紧的神经松弛松弛了，我们总算逃出了迪化！

途中，飞机在哈密过夜。据说当天晚上，盛世才打了三个电话给哈密当局的刘西屏，第一个电话是让刘西屏在哈密扣留茅盾和张仲实。过了半个小时，盛世才又打第二个电话，说先不要动手，让他再考虑考虑。到后半夜三点，盛世才又来第三个电话，说："算了，让他们走吧。"幸好刘西屏是中共人士，怕盛世才再反复，所以一早就把茅盾一行人送到哈密机场，以免夜长梦多。

新中国成立以后，茅盾和张仲实依然忘不了新疆那度日如年的岁月，也忘不了惨死在盛世才手下的老友杜重远，同样也忘不了在一起生死与共的日子。因此，当茅盾接到杜重远的遗孀侯御之的求助信以后，曾经和张仲实、沈钧儒、胡愈之两次相聚，商量如何建立一个"杜重远基金会"，救济侯御之一家。

2018 年

一泓水墨破衰颜

　　著名的翻译家、画家高莽（1926—2017）不久前去世了，他的一生，在翻译、外国文学编辑等领域留下了丰富的遗产。其实，高莽是个多面手，不仅在翻译方面有着卓越贡献，而且在多个艺术门类也有着深厚的造诣。他20岁就将《钢铁是怎样炼成的》改编成《保尔·柯察金》，在全国各地上演，获得许多好评。他也是一个优秀的画家，和现代一些著名的作家有着密切的联系，保持着深厚的友谊，他用画笔记录着彼此的友谊。而为文学巨匠茅盾画像，就是其中一段值得称道的佳话。

　　茅盾生前的肖像画并不多，最早是1940年在延安的时候，画家沈逸千为他画的一幅肖像画，茅盾在上面还签了名。当时茅盾夫妇因周恩来的电召，即将离开延安鲁迅艺术学院去重庆。根据中央的安排，茅盾夫妇先到延安南门外的交际处住下，等待去重庆的汽车。在那里，茅盾认识了战地写生队队长沈逸千。沈逸千告诉茅盾，他已经为毛泽东、朱德、贺龙等中共领袖画了不少肖像画，因此也想为茅盾画一幅肖像画。茅盾说好啊，于是当场让其画了一幅肖像，并在肖像画上写了"茅盾，1940年10月3日，延安"的字样。两年后，二人在桂林再次碰面，沈逸千请茅盾去参观他的画展，并送了茅盾一张茅盾肖像画的照片。这是流传下来的茅盾第一幅肖像画。第二幅画像是郁风在1942年12月画的，当时茅盾在桂林生活了大半年以后，在国民党政府的反复邀请之下，经过慎重考虑，茅盾决定去重庆。临行前，桂林文艺界的朋友在桂林月牙山设宴饯行，柳亚子、翦伯赞、田汉等好友纷纷赋诗作词。画家郁风拿起画笔，现场在签名册上为茅盾画了一幅水墨造像，并写下"郁风敬写"的落款。

值得一提的是，与茅盾年龄相差30岁的忘年交高莽，也曾为茅盾画过肖像画，这件往事在他们几十年的交往中留下了浓墨重彩的一笔。高莽是苏联文学的翻译家，他1954年调北京中苏友好协会以后，工作上有机会与茅盾认识，二人开始交往。据高莽回忆，他到北京以后，在工作之余画了一幅《鲁迅》的油画，想请茅盾提提意见，因为茅盾是鲁迅的战友，如果能够听听茅盾的意见，不论肯定与否，"对我今后的创作都极有价值，是一生中难得的幸事"。茅盾得知后，让他把画送过来，他可以看看。于是，高莽把油画拍成照片，专门送给茅盾。他原来以为茅盾日理万机，不会立即回信，"不料，几天后，我就收到了茅公的手书，从上至下，从左到右，写了整整三页……茅公的回信，使我喜出望外，更重要的是感受到茅公对一个青年文艺工作者的爱护与鼓励"。这大概是高莽与茅盾的第一次直接的接触。1959年，茅盾率团参加苏联第三次作家代表大会，高莽作为翻译，随团去苏联。他记得，当时代表团赠送苏联第三次作家代表大会一幅国画，在会议开幕前夕，茅盾、老舍等人一起展开这幅国画欣赏。老舍提议在这幅国画上请茅盾题词，说明是中国作家代表团送给苏联第三次作家代表大会的，但是宾馆里没有文具，正好高莽带着绘画用具，他便给茅盾送上毛笔，由茅盾在这幅国画上挥笔题词。后来在大会上，"茅公代表中国作家致辞之后，便把这幅巨画在克里姆林宫的讲台上展开了，博得满堂与会者长时间的热烈掌声"。这是高莽亲身经历的一件往事，让他留下深刻印象。

"文革"以后，文化界文艺界又逐渐恢复了繁荣，曾经门庭冷落的茅盾家又热闹起来，一些老朋友的身影常常出现在交道口南三条13号的门口。1977年2月，高莽给好久不见的茅盾写了一封信，告诉茅盾自己这些年来的一些情况。2月9日，也就是

1976年的农历腊月二十二，茅盾给高莽写了回信，信中说："许久不知您的情况，忽得大函，知道您在外国文学研究所，真是喜出望外。"并且答应给高莽写个条幅。这是粉碎江青反革命集团以后，高莽和茅盾重新联系上的第一次通信。此后，高莽常常有机会陪同一些朋友去看望耄耋之年的茅盾，此时的茅盾正在写回忆录，就利用一切机会询问过去认识的人和事，核实自己记忆中的历史，以至于高莽在回忆见到茅盾的文章中，也同样打听过去认识的人的情况。在他们见面的客厅墙上有一幅油画，高莽习惯性地欣赏起来。茅盾见状，告诉高莽，这是当年波兰朋友送的，又问高莽是不是还在画油画。得到肯定的答复后，茅盾很高兴。高莽后来专门送茅盾一幅油画，茅盾看了看，问："油画上为什么没有落款？"高莽连忙说："不好意思，把名字写在后面了。"对于这件事，高莽非常感慨："茅公于这些细微处，处处表示了对对方的尊敬，常常使我深受感动。"

后来，高莽与茅盾的来往越来越多。有一次，聊到书法，茅盾告诉高莽，年纪大了，磨墨也很吃力了。后来高莽给茅盾送去一瓶书画用的墨汁。茅盾在1977年3月7日给高莽写信，其中写道："前承惠书画用之墨汁，谢谢。一般墨汁着水溃化，我向来磨墨写字，写信则用一般墨汁，今知有此专用于书画之墨汁，就比磨墨方便了。"不久，高莽带了自己刚刚完成的马克思、恩格斯的生活战斗的组画去茅盾家里，请茅盾指点。高莽回忆："那次，我与妻子同去，茅公不像往常那样在自己的卧室外屋接见我，而是把我们让到一间客厅里。茅公让我把画陈列在他面前，认认真真地看了起来，还说：'没想到原作是这么小啊！'我一幅幅地给他介绍内容，老人听得十分入神，时而谈谈自己的想法。他说这项工作很重要，马克思、恩格斯一生中还有一些事迹应当画出来。他鼓励我一定要把这套组画画完。我怀着极其兴奋的心情向他告辞。"1977年的秋天，高莽和邹荻帆等人一起去茅盾家里看望。高莽见两位老朋友在聊天，且茅盾心情非常好，神情也非常平和,在一边的他便取出速写纸和笔,给他们画了几幅速写。后来,高莽又根据那天的速写,专门在元书纸上画了一幅水墨版的茅盾肖像,并把这幅神形兼备的画像寄给茅盾。茅盾十分高兴,在高莽这幅肖像画上题诗一首:

风雷岁月催人老,
峻阪盐车未易攀。
多谢高郎妙化笔,
一泓水墨破衰颜。

茅盾题好以后,当天,即12月1日,就十分郑重地给高莽写了一封信,告诉高莽"肖像画上题了一首歪诗,即以奉还,留作纪念"。同时,又关照高莽:"信未挂号,收到后盼赐复为祷。"后来这首诗正式发表时,第二句中的"未易攀"改为"亦自怜",第三句中的"化"改为"花"。高莽后来曾说:"我没有'妙化笔',更没有资格接受茅公的感谢,但我确实是怀着真挚爱戴的感情来画老人的肖像的。茅公对画的评价过誉,足见他对晚辈的爱护与期望。"高莽后来还画过茅盾与巴金交谈的速写,同样神形兼备。从茅盾和画家、翻译家高莽的交往和肖像画题诗过程,可以看到一代文学巨匠对晚辈同事的爱护和鼓励,也体现了茅盾谦虚的品格。

2017年

茅盾的歉疚与刘绍棠的大度

时间过得真快，改革开放已经40年了。

在这个时间节点上，让我想起40年前茅盾出版评论集时与刘绍棠之间不同寻常的往事。

人们的思想认识往往是在发展中不断深化和提高的。文学巨匠茅盾40年前的思想认识和十一届三中全会以后的变化，在其出版评论集前后体现得最为明显。

刘绍棠是新中国成立以后成长起来的第一代北京本土作家。他的作品风格清新，有着浓郁的乡土气息。刘绍棠写作非常勤奋，作品写得又多又好，为广大读者喜欢，时人称其为"神童"。时任文化部部长、中国作家协会主席的茅盾也非常欣赏他。1956年3月，茅盾在中国作家协会理事会（扩大）会议上作《培养新生力量，扩大文学队伍》的报告，其中点赞了一些表现农村生活的作品，也点赞了刘绍棠，称刘绍棠的《大青骡子》"是较好的作品"。刘绍棠还记得，1956年9月，茅盾曾以刘绍棠的成长为傲，说："中国地大物博，大有人在，通县（今北京通州区）不出了个刘绍棠？他的《山楂村的歌声》，我看不见得比苏联哪个差！"当时刘绍棠听说以后，激动了好长一段时间，并一直铭记在心。

然而，新中国文坛的命运多舛，由于众所周知的原因，刘绍棠从天上掉到地下，"神童"的光环瞬间消失，成为批判对象。一时间，媒体上的批判铺天盖地。作为中国作家协会主席的茅盾，自然无法回避。1957年9月6日，茅盾在《中国青年》上发表《刘绍棠的经历给我们的教育意义》，批判刘绍棠的思想根源，认为刘绍棠犯错误的思想根源是唯心主义的，然而茅盾在批判文章中也时不时流露出痛惜情绪，说："从他戴红领巾的时候起，到他入党，从他最初的文学习作，到他成为出了几本书的相当有名的青年作家，都是在革命的环境中，特别是在党的领导、教育、爱护、培养之下的。"并认为，刘绍棠开始时"虽然还不免幼稚，但还是纯洁的"。茅盾还记得："当他逢到假期，回故乡和农民一块下地的中学时代，他写出了使人喜悦的富于生活的清新气象的短篇小说如《青枝绿叶》《大青骡子》等篇……给人清新之感。"还说："我读过刘绍棠的早期作品，它们曾经给我以相当好的印象；我觉得他有一定的才能，如果他真能实践他在第一个小说集《青枝绿叶》的后记中的'诺言'，他本来是有广阔光明的前途的。因而，我希望他在这次的反右派斗争和对他的批判中，真能吸取教训，洗心革面，在党的教导和挽救下，开始新的生活和新的工作。"茅盾一边批判，一边惋惜，在惋惜中表达自己对刘绍棠的希望。

在批判刘绍棠大会上，作为中国作家协会主席，茅盾在会上做了《我们要把刘绍棠当作一面镜子》的报告，批判刘绍棠的"无知"和"狂妄"。后来这个批判讲话文章发表在10月17日《人民日报》上。身为中国作家协会主席和文化部部长，这些都是茅盾不能不说的，比如在《中国青年》上发表的那篇文章，是茅盾在无法推辞的情况下写的。他在写这篇文章之前的8月28日，曾经给中国作家协会党组书记邵荃麟写信，请邵荃麟出面挡一挡这些约稿。茅盾在信中说："我今天向你诉苦，就是要请你转告《人民日报》八版和《中国青年》编辑部，我现在不能为他们写文章。他们几乎天天来电话催，我告以病了，他们好像不相信……可否请您便中转告：不要来催了……"可见，当时在《中国青年》上发表那篇文章，也是无奈之举。但即便如此，对当事人刘绍棠来说，同样是一种伤害。

"文革"以后，中国文坛百废待兴，但许多著作都还在禁锢之中。所以，印行茅盾评论集成为粉碎"文革"以后人民文学出版社较早要做的工作之一。因此，1978年11月，一部《茅盾评论文集》上下两册共计57万字，由人民文学出版社出版。这是茅盾在"文革"以后出版的第一种著作。茅盾在1978年2月6日，即农历蛇年除夕动手写了一个"前言"。交代文集收入的文章来源，说这些文章取之于20世纪50年代的《鼓吹集》《鼓吹续集》《读书杂记》等书，也有写于20年代久已绝版的中国神话研究等。当初这部评论文集印数多少，版权页上没有写。笔者是当年在茅盾家乡的一个小镇上买到这部书的，所以估计印数不会少。

但是，在拨乱反正时期，形势变化很快，《茅盾评论文集》出版之时，正是十一届三中全会召开的时候，茅盾的思想认识也有新的变化，同时也听到一些读者对这部评论文集的反映，尤其对收进1957年批判刘绍棠文章感到十分歉疚。当时已是耄耋之年的茅盾，专门托人带信给刘绍棠，向他表达歉意，并表示要重新选编一部评论文集，纠正人民文学出版社版《茅盾评论文集》的差错。不久，文化部主管的文化艺术出版社请茅盾选编一部评论文集，于是，一部新的《茅盾文艺评论集》在该社出版。1980年5月20日，茅盾为这部评论文集写了"序"，其中讲道：

> 两年半前，我应人民文学出版社之约，编了一集《茅盾评论文集》，一年以后书印出来了，听到了一些反映，自己翻来看看，也不满意：集子中收进了一些不应该收的文章，而有些应该收的文章却又没有收。这说明，我的思想解放还赶不上三年来日新月异的大好形势；而我编那本集子时，贪图省力，只把"文化大革命"前出版过的几本文艺论文集简单地合在一起，未作周密的考虑，也是造成差错的原因之

一。现在，文化部新成立文化艺术出版社建议我把解放后写的文艺评论文章重新选编一本集子，我就欣然同意了。这就是这本《茅盾文艺评论集》的由来。

因为思想不够解放，错收了不该收的文章，漏收了应该收而未收的文章，一个年过八旬的文学巨匠，主动向刘绍棠表达歉意，同时以耄耋之年放下手头急要的回忆录写作，重新选编出版一部评论集，以表达自己的诚意。在今天看来，依然让人动容。当然，时代在发展，茅盾1980年选编的《茅盾文艺评论集》，今天来看，作为选集，也仍然有可议之处。

1981年3月27日茅盾去世以后，党中央称他为"我国现代进步文化的先驱者、伟大的革命文学家和中国共产党最早的党员之一"，对他为人类做出的贡献给以很高的评价。但是，后来有一股重写文学史的思潮，贬低郭沫若、茅盾等一些五四运动中成长起来的作家。此时，曾经被茅盾批判过的刘绍棠主动站出来，于1996年在《北京政协》上发表《感怀茅公》一文，以过来人的身份回忆茅盾，认为"在1996年茅盾诞辰100周年的时候，我不能不站出来说话"，维护茅盾的形象。他在文章中说，茅盾"是第一代大作家中的第一名"，认为《春蚕》等小说都是杰作，但是"茅盾一生都为矛盾所苦，他的学识非常渊博，理论水平很高，人又十分理智。然而，他过于明哲保身，他看出很多问题，常常隐忍不发，不敢明言"。刘绍棠还举了1958年茅盾对郭沫若、周扬主编的《红旗歌谣》的批评，认为"浮夸不是浪漫主义"，肯定了茅盾的胆识。

重温茅盾40年前出版评论文集的往事和刘绍棠20多年前纪念茅盾的文章，我格外感受到茅盾、刘绍棠这两代作家人格力量的伟大。

2018年

茅盾与一位外交官的友谊

茅盾在新中国成立以后担任文化部部长的15年里，接待外宾、出访文化交流是一项重要工作内容，所以茅盾交往认识的国际友人中，尤其是那些外交官兼作家的国际友人，很多与茅盾在履行公务之余建立起另一种友谊。其中最典型的当数捷克斯洛伐克首任驻华大使弗朗茨·卡尔·魏斯科普夫，其与茅盾的友谊充满了两名文学巨匠兼外交官的文化情怀。

魏斯科普夫，1900年4月3日出生于布拉格一个银行职员家庭。第一次世界大战时，他曾经被征入奥匈帝国军队服役，在此期间接触到马克思主义。第一次世界大战结束以后，魏斯科普夫进入大学学习，23岁毕业后，加入捷克斯洛伐克共产党。1927年，魏斯科普夫到莫斯科参加第一次世界无产阶级和革命作家代表会议。次年，迁居柏林，担任《柏林晨报》文学编辑。1930年，魏斯科普夫又参加了在哈尔科夫召开的第二次无产阶级和革命作家会议。1933年，希特勒上台，魏斯科普夫被驱逐出境，返回布拉格，担任《工人日报》主编。纳粹入侵以后，魏斯科普夫流亡巴黎，不久受美国反法西斯作家同盟邀请，在美国纽约居住多年，从事"流亡作家工作委员会"工作，帮助过西方一批重要作家离开欧洲。第二次世界大战结束以后，魏斯科普夫先后担任捷克斯洛伐克驻美大使馆参赞、驻瑞典公使。中华人民共和国成立以后，魏斯科普夫作为捷克斯洛伐克驻中国的第一任大使，于

1950年1月来到北京，1952年卸任回国，1953年移居柏林，入德籍，1955年9月14日，在柏林去世。

茅盾和魏斯科普夫的友谊，始于魏斯科普夫担任驻华大使。从相关史料看，新中国成立以后，捷克斯洛伐克就承认新生的中华人民共和国，并立即建立大使级外交关系，魏斯科普夫成为驻华的第一任大使。1950年1月14日，魏斯科普夫向刘少奇提交国书。在提交国书的仪式上，刘少奇说：

> 大使先生阁下：我很高兴地接受贵大使所提交的捷克斯洛伐克共和国总统所授予的国书，并感谢贵大使的热忱的祝贺。
>
> 我相信，中捷两国外交关系的建立，将不仅使已存于两国人民间的友谊日益发展与巩固，同时亦将有助于世界之持久和平。
>
> 我热烈欢迎贵大使出任捷克斯洛伐克共和国驻中华人民共和国首任特命全权大使，并愿在贵大使加强两国亲密合作的工作中予以各种协助。
>
> 谨祝贵国国运昌隆，人民兴旺，并祝贵国总统健康。
>
> ——《刘少奇文稿》

也许都是革命老作家的缘故，魏斯科普夫上任以后，很快与中国文化部部长茅盾建立了相互信任的友谊。茅盾回忆与魏斯科普夫相识时说："那时，我担任了文化部部长，部内有个对外文化联络局，萧三同志是局长。这样，我和萧三同志同魏斯科普夫同志夫妇的关系和友谊，是双重的。一方面，作为作家，萧三同志跟魏斯科普夫同志是老朋友，有二十多年的老交情，我呢，也荣幸地读过他的小说《天亮了》(*Dawn Breaks*，又译为《新日子来临之前》) 英文译本，可说是神交已久；另一方面在行政职务上……我们双方都负有促进两方面文化交流的任务。"后来，茅盾和魏斯科普夫在日常交往中加深了了解，并建立了深厚的友谊。有一次，魏斯科普夫见到茅盾，他很幽默地对茅盾说："沈部长，我写过小说《天亮了》，你写了小说《子夜》，看书名好像是伙伴，可惜我不能从汉文去读它。"没等茅盾说话，他又问茅盾："《子夜》有没有外文译本？"茅盾告诉他："1937年莫斯科出版过俄文译本，可是我手头没有这个俄文译本，但是我手头有1938年的德国Dresden（德累斯顿）出版的德文译本。"魏斯科普夫一听，非常高兴，立刻向茅盾借德文译本的《子夜》。后来，让茅盾感慨的是，当魏斯科普夫读过《子夜》以后，提出过非常精辟的意见。茅盾后来说："《子夜》的背景是1930年的上海，对于那时的上海社会不熟悉的中国读者，往往也不大理解书中的一些情节。可是魏斯科普夫同志不但理解，而且提了精辟的意见，这是我所敬佩而且感谢的。"其实，魏斯科普夫也擅长长篇小说创作，著有《莉茜》《斯拉夫人之歌》《天亮了》《敢死队》，以及三部曲《告别和平》《在洪流中》和《世界在阵痛中》（未完稿），还有《远方的歌声》《金色的苹果》《回家》等短篇小说。他在担任捷克斯洛伐克驻华大使期间，创作了讴歌新中国变化的《广州之行》，还翻译了毛泽东、鲁迅、艾青、贺敬之、何其芳等人的诗歌，以《中国在歌唱》为题出版，体现了魏斯科普夫大使对中国人民的友好情谊。

有一天，魏斯科普夫对茅盾说："部长阁下，我发现北京西郊有个古庙，大殿里的壁画非常珍贵，估计至少是明代的。可是大殿里有一所中学，所以大殿里的壁画很有可能被损坏，部长阁下，你们得好好保护啊！"茅盾点点头，很认真地听着。魏斯科普夫又说："中国的明朝在年代上大约相当于欧洲的文艺复兴时期。在欧洲，文艺复兴时期的东西是很宝贵的古董了，中国历史久长，明朝的遗物北京城内到处都是，可是，那样的壁画如果在我们那里，我们一定会搬到博物馆里去。中国文化遗产是世界文化遗产很重要很宝贵的一部分，你们这样对待明朝的东西，我要抗议！"茅盾听完，笑了起来，真诚地感谢魏斯科普夫大使对中国文化的热爱。

魏斯科普夫大使的"抗议"令人感动。他讲的西郊古庙壁画，就是北京西郊法海寺的宫廷壁画，是非常珍贵的明代壁画。据说，古庙大雄宝殿里的壁画分布在佛像座龛背壁、东西山墙以及北门西侧，面积有260平方米。佛龛背壁上画的是观音、普贤、文殊三尊菩萨像，中间的水月观音身披轻纱，仪态优雅，神态安详，洋溢着慈祥和亲切感；东西山墙两幅《佛会图》，描绘了花卉祥云、佛光普照中众佛飞天的景象，艳美的荷花牡丹仿佛散发着阵阵幽香；大殿北门西侧的《帝释梵王礼佛护法图》，将帝与后的雍容华贵、天王的威严、金刚与力士的勇猛，都刻画得栩栩如生。法海寺藻井圆形图案是曼陀罗，含有证悟大圆满、得到大智慧的意味。大殿内有三个同等规模和制式的曼陀罗藻井，但图案各不相同，中央藻井绘的是毗卢遮那佛曼陀罗，东边藻井绘制的是药师曼陀罗，西边的藻井是阿弥陀佛曼陀罗。新中国成立以后，郭沫若首先发现法海寺的壁画，新生的人民政府决定将在里面的北京市第九中学迁址，以便保护这些珍贵的壁画，但是当时一时找不到合适的地方，有关部门只好将有壁画的大殿锁了起来，作为保护措施的权宜之计。

在茅盾听到魏斯科普夫的"抗议"时，他对北京的文物保护情况已经有所了解了，所以茅盾用自己的话来说，"坦率地接受了他的'抗议'"，还"热烈地请求他随时提意见"。茅盾后来回忆说，"他笑了笑说：'我这抗议，不是用大使身份提的，而是用一个热爱中国的外国人的身份提的。'我也笑着说：'您不说这话，我也完全了解。不过，我却不得不以中华人民共和国文化部部长的身份来郑重考虑您的抗议呵！'我们两个人都笑了。"

据茅盾回忆，魏斯科普夫在担任捷克斯洛伐克驻华全权大使期间，常常去古玩铺子淘宝，偶有发现，往往欣喜不已。在魏斯科普夫1952年卸任回国之际，将自己在北京古董铺子买到的文物捐献给中国故宫博物院，计有商朝铜器一件、战国时代舞俑和兽俑各两件，汉朝女俑和唐朝武士俑各一件，一共七件珍贵文物。魏斯科普夫大使的举动感动了中国政府，茅盾代表中华人民共和国文化部回赠几件精致的雕刻给魏斯科普夫大使，作为纪念。当时，魏斯科普夫大使为什么要把自己收购的文物赠送给驻在国文化部门？大使对茅盾说过一番让人动容的话，他说："我在买的时候，就已经预定要在我离开中国时赠送给你们的。因为这是中国的东西，我不应当据为私有。那么，为什么见了就买，而且常常到很小的铺子，到冷摊上去搜掘呢？因为我爱它们，因为我恐怕我不买下会落到专门走私的古董贩子手里，那就说不定会偷偷运出中国。而且，我买了来，我也欣赏，得到莫大的快乐。既为中国保存了古物，我自己也得到欣赏，这是两利的。"这番话，让每一个在场的人都为之动容。

魏斯科普夫卸任以后不久，移居柏林，入德意志民主共和国，担任民主德国作家协会对外联络部部长，1955年9月14日在柏林去世，年仅55岁。魏斯科普夫生前在中国出版的书有冯至、朱葆光翻译的《远方的歌声》（人民文学出版社1953年8月出版）等。20世纪80年代，江苏人民出版社出版了他的长篇小说《莉茜》等。魏斯科普夫去世以后，1958年5月，茅盾应魏斯科普夫夫人A.魏丁之约，写了一篇声情并茂的回忆魏斯科普夫的文章《中国人民亲热的朋友》。这篇写于5月17日的文章，当时没有在国内发表，而是通过外事部门转交给魏斯科普夫夫人A.魏丁的。所以茅盾在1958年5月23日给魏丁写信，其中说道："我已经写了一篇纪念我们的最敬爱的朋友魏斯科普夫同志的文章，现在请王局长把这篇文章同这封信一起，转交给您。"后来，茅盾对这篇文章又做了一些修改，于是6月1日，茅盾又给A.魏丁写信，同时附上修改过的文章。这篇文章手稿在20世纪80年代被收入《茅盾全集》

第 13 卷。从茅盾给 A. 魏丁的两封信来看，他和魏斯科普夫大使夫妇的友谊十分深厚，言语之间，除了外交礼仪，还充满着真情。

2018 年

茅盾与陆文夫

茅盾（1896—1981）与陆文夫（1928—2005）是属于两个时代的作家，茅盾是五四运动中成长起来的作家，陆文夫则是新中国成立以后成长起来的作家。茅盾如果还在的话，已经120多岁；陆文夫如果还在，也已经90多岁了。两位文学大家虽然已经作古多年，但他们的现实主义作品依然是今天读者案头的经典。茅盾与陆文夫生前交往虽然有限，但茅盾一篇评论陆文夫作品的文章却生不逢时，让陆文夫遭遇意想不到的际遇。历史无法重来，也常常出人意料。

一

陆文夫在《微弱的光》一文中回忆说：1964年，"当时的中国作家协会的领导人很着急，便在北京召开了一个短篇小说座谈会，研究到底怎样写法才好。茅盾和许多老作家、理论家都出席了这个会议，我也去了。在会上，茅盾对我的写法很有兴趣，认为这也是无路之中的一条路，于是便在《文艺报》上发表评论文章，评价我的小说"。陆文夫大概就是在这个会议上第一次见到茅盾的，但这是陆文夫后来的回忆。实际情况是，这个会议是1963年召开的，不是1964年。具体时间是8月30日下午，地点是北京东总布胡同的作家协会招待所，主办方是《人民文学》杂志社，由李季主持。参加会议的有陆文夫、赵燕翼、方之、牟崇光、段荃法、韩统良、吴连增7位青年作家。茅盾8月30日日记中有"下午三时赴作协与来北京学习之青年作家7人座谈，6时半返家"的记载。赵燕翼曾经回忆说：

> 1963年秋天，我第一次见到了茅盾先生。当时，我和方之、陆文夫、牟崇光、段荃法、韩统良等青年作者，参加《人民文学》编辑部举办的一个小型学习会，住在北京东总布胡同的作协招待所。八月的北京，天气异常郁热。小楼纱窗外，响彻一片蝉声。这天下午，我们都怀着兴奋的心情，等候会见钦仰已久的茅盾先生。我想，先生年近古稀，当是形色苍迈的了。木板楼梯，一阵橐橐响，主持座谈会的李季同志微笑说道："来了！"我们忽地一下，从长桌边站起来，没有来得及挪动脚步，先把目光齐向门口射去，呵，茅盾先生并不老！他神采奕奕，笑声朗朗，一一和我们握手……茅盾先生摇着一柄素面折扇，和我们亲切交谈了三个小时，丝毫没有显出倦意。

其实茅盾为了参加这个小型座谈会，从26日起连续三天，把参加座谈会的青年作家的小说有选择地看了几篇。在27日下午，茅盾看了陆文夫的三篇小说。

由于座谈会的人数少，又是谈小说创作，加上茅盾事先做了充分的准备，所以座谈会的气氛是亲切而宽松的，大家畅所欲言，气氛十分热烈。陆文夫就是在这样的环境和气氛下和茅盾近距离认识的。茅盾在座谈会上的讲话中谈到小说创作的体会和看法，提到参加座谈会的青年作家的一些小说时，也做了精到的点评。在点评到陆文夫的《葛师傅》时，茅盾说："《葛师傅》写得好，两次做同样的事，但写来不重复，而且最后说的两句话，把人物的精神面貌点出来了。"在说到陆文夫的《龙》时，茅盾说：

陆文夫（左三）在乌镇茅盾故居（李渭钫摄）

"《龙》在形式上有新的探索。三个人物中，知识分子的特点也抓住了，但没有写透，有点公式化。"从当时整理的发表稿看，茅盾讲话中点评到几位青年作家的小说时，陆文夫有两篇小说被提到，是参加座谈会的青年作家中最多的。这些与会的青年作家在轻松的氛围中，还就短篇小说创作以及创作中碰到的有关问题向茅盾提问，茅盾也做了回答。可惜当时会议记录整理后，谁提问的没有在记录稿中出现。所以陆文夫在这个座谈会上，有没有提问？提问了什么？今天已经无从考证。

二

大概就在这次座谈会结束以后，《文艺报》开始向茅盾约稿，请茅盾写陆文夫作品的评论。茅盾是中国作家协会主席，是一代文学巨匠，他在创作中积累了丰富的经验，对小说创作规律有独特的见解和认识。新中国成立以后，茅盾没有时间进行小说创作，却写了不少理论文章和作家评论文章，出版了《夜读偶记》《谈最近的短篇小说》等著作，所以《文艺报》见茅盾十分欣赏陆文夫的小说创作，便向茅盾约稿。茅盾答应《文艺报》的约稿以后，开始阅读陆文夫已经发表的全部小说。

公务繁忙的茅盾从1964年1月开始，用几个月时间断断续续地阅读陆文夫的作品。这些情况，茅盾在1964年的日记中都有记载。1月2日，"上午阅陆文夫小说，处理杂公务"。1月4日，"下午阅陆文夫小说，并作札记。晚6时赴北京饭店出席缅大使之缅国招待会"。1月5日，"上午阅陆文夫小说，兼作札记"。1月7日，"上午处理杂公务事，阅报、《参资》，阅陆文夫小说"。1月8日，"下午阅陆文夫小说，处理杂公务事"。1月9日，"下午处理杂公务事，阅陆文夫小说"。1月10日，"下午阅陆文夫小说，处理杂公务事"。1月11日，"下午处理杂公务事，阅陆文夫小说"。这时，茅盾基本上读完陆文夫已发表的小说，所以茅盾在1月22日的日记中说："下午阅陆文夫小说。至此共阅陆作品（小说）二十篇（最近之作为发表于《雨花》之《棋高一着》，去年4月号），作札记数万字，凡此皆为应《文艺报》之请，写一论文也。但近来精神不佳，不知何时可动手写此一论文也。尚有评论陆文夫文章数篇，也须一读。"一代文学大师、一位共和国文化部部长、中国作家协会主席，为一位青年作家的作品写一篇评论文章，在日理万机的情况下，竟如此认真、如此下功夫！如果30多岁的陆文夫知道内情，不知是何等感受？

1964年早春，茅盾开始动手写《读陆文夫的作品》。但是日理万机的茅盾没有整块的时间去写，只能今天写一点，明天写一点，从3月20日起，前前后后用时20天，才写好这篇长文。在3月20日日记中，茅盾写道："上午写《读陆文夫的作品》约五百字。"3月25日上午，"写论文（续前已写关于陆文夫作品者）二小时。中午小睡一小时。下午继续写论文二小时。今日共写二千字许"。3月26日,"上午写论文(续昨),处理杂公务事……下午续写论文。今日共写二千余字,觉得很疲劳"。3月27日,"午后甚倦,不能续写论文"。3月30日,"上午续写论文,约五六百字"。这一天,茅盾感到"甚倦"。4月2日,"上午处理杂公务事,续写论文约千字。"4月3日上午,"续写论文五百字"。4月6日那天茅盾本想写论文,但"精神甚为倦怠,不能续写论文"。一直到4月9日,茅盾才完成《读陆文夫的作品》一篇长文。这一天的日记中,茅盾写道:"上午续写论文(约千字)完。此文断断续续写了二十多天,今始完成,共万余言。"第二天,即4月10日,茅盾重新通读和修改一遍,并送《文艺报》编辑部。他在日记中写道:"上午通读已写之论文一遍,核正笔误,即连同《文艺报》前送来之资料送交《文艺报》编辑部。十个月之公案至此结束,顿有无债一身轻之感。然而尚欠《萌芽》及《鸭绿江》各一篇,只好过了五月再说了。"

茅盾的《读陆文夫的作品》一文,4月10日交给《文艺报》编辑部以后,《文艺报》立即发排,在1964年6月号的《文艺报》上发表。这篇评论陆文夫小说的论文,首先全面回顾总结了1964年之前陆文夫的生活与创作,对陆文夫当过新闻记者,当过专业作家,当过工厂学徒,再从事业余创作的曲折生活创作道路给以充分肯定,茅盾认为,这"在我国的当代的青年作家中,还很少见","这样的生活经历,也必然地要在陆文夫的创作道路上留下痕迹"。紧接着,对陆文夫小说创作的阶段以及代表作品给以梳理和评价。茅盾凭着丰富的创作经验和渊博的知识,为陆文夫小说定调,写出了陆文夫的成功和茅盾本人的希望,认为陆文夫"他力求每一短篇不踩着人家的脚印走,也不踩着自己上一篇的脚印走"。这是茅盾对陆文夫的创作的高度评价。这篇长文成为陆文夫研究中的经典评论。

茅盾认为,陆文夫在1956年3月出版的"短篇集《荣誉》标志着陆文夫创作道路的第一阶段"。在这个短篇小说集里,陆文夫的"创作态度是严肃的"。尤其是《荣誉》这篇小说,"作者的笔墨做到淋漓尽致,读者也如餍甘腴,十分满足"。小说《葛师傅》的发表,茅盾认为是陆文夫创作的第二阶段的开始,是陆文夫创作道路上"一次跃进,也是一个里程碑",《葛师傅》"惊雷致电的笔墨"使读者"拍案叫绝"。字里行间,洋溢着茅盾对青年作家陆文夫的激赏。对陆文夫的其他小说,茅盾也多有褒扬。《没有想到》,三千来字的短篇,"可是波澜壮阔,人物鲜明,结构严密,笔墨轻灵而闪闪发光,在短篇小说中,此为难得的精品"。茅盾在论文结束时说,陆文夫在1961年以后的作品,更加追求独创性。

茅盾这篇万言评论,展示了五四运动中成长起来的文坛前辈的风范,有激赏,有期望,有分析,有指点,相信当年的陆文夫看到以后,内心是激动的。

但是,茅盾的评论"生"不逢时,正如陆文夫自己说的:"想不到这篇文章发表得不是当口,那正是批评文艺界已经走到修正主义边缘的时候。"茅盾的《读陆文夫的作品》的评论文章在6月号《文艺报》发表以后,陆文夫还没有来得及高兴,江苏省的《雨花》杂志9月号就开始发文章批判陆文夫,而且批判文章是从茅盾引用过的陆文夫给《文艺报》的一封信开始的。署名"萧风"的《陆文夫的翻案与自我吹嘘——读陆文夫〈给《文艺报》编辑部的一封信〉》一文发表后,陆文夫蒙了,但又有什么办法呢?后来,陆文夫被下放到苏州苏纶纱厂劳动改造。

三

20世纪80年代,我因为业余时间研究茅盾,知道茅盾曾经为年轻的陆文夫写过一篇长篇评论《读陆文夫的作品》,发表在1964年6月号《文艺报》上,对陆文夫的小说创作十分欣赏,充分肯定陆文夫小说创作的路子。但是,我们知道茅盾的文章发表得不是时候，陆文夫似乎因此"倒霉"了。到底怎么一回事？陆文夫很少有文字详细说，当时的茅盾研究界也大多不甚了解。1986年10月，陆文夫应嘉兴市文联的邀请到嘉兴做小说创作讲座。讲座结束以后，陆文夫和他女儿在嘉兴文联王福基的陪同下，到桐乡乌镇参观。当时我在桐乡县委宣传部工作，正好有机会陪同接待陆文夫一行。记得那次接待很正式，他们从嘉兴过来，先到县委二楼接待室小坐一会儿，由县委领导出来见见面，表示欢迎。寒暄以后，由我和县文化局局长张菊炎一起陪同去乌镇。

那时，乌镇已经通公路，所以从桐乡县城到乌镇很快，汽车可以直接开到乌镇观前街茅盾故居边上，故居管理所的同志已经等候在那边。我们下车后，就进茅盾故居参观，在故居的楼上楼下和后面的三间平屋参观。话不多的陆文夫看得很认真，参观结束以后，我们就在茅盾故居平屋前一起拍照，之后就请陆文夫一行到故居二楼的管理所办公室休息。休息时，我们和陆文夫聊起茅盾，聊当年茅盾写评论陆文夫作品的事。我们很想了解当年茅盾为什么选择陆文夫的作品来评论，评论发表以后，陆文夫的境况如何，于是在闲聊时问陆文夫见过茅盾没有，陆文夫说："见过。"我们又问他当年茅盾评论以后的情况，陆文夫似乎不大想说，只是淡淡地说，20世纪五六十年代凡是被茅盾评论过的作家，生活、创作的景况都大有好转，有的甚至是翻天覆地的变化，不少人得到茅盾的评论之后，如坐春风，生活等各个方面都发生了变化，比如茹志鹃，就是茅盾评论以后才振作起来的。但是，他没有，茅公评论以后，他却倒霉了，被赶出文艺界，回到苏州的工厂当修理工，接受劳动改造。

原来，茅盾一评论，影响大了，陆文夫却被人查出是过去的《探索者》成员！于是铺天盖地的批判接踵而至。陆文夫后来在一篇文章中回忆说："这一次可批得我够呛的了，比1957年要厉害几倍，前后长达半年。许多报刊都发表批判我的文章……那时候我的大女儿正在读小学,看到那她也看不懂的大文章竟会血压升高,昏昏迷迷。我也昏迷了,怎么昨天还说我写得如何好,今天却突然成了反党反社会主义,有些批判和赞扬我的文章前后竟然出自一人之手,这文艺界究竟还讲不讲理?"当时我问他:"茅盾当时知道您被批判的情况吗?"陆文夫轻轻地说:"估计他不知道。"停了停,他说:"当时他的日子也不好过。"是啊,当时茅盾的日子也不好过。1964年,有关部门已经开始搜集茅盾"资产阶级文艺思想""向党争夺青年作家"的材料,而茅盾写完《读陆文夫的作品》之后,只写了《读〈冰消雪融〉》一篇短文,从此搁笔。至于给《萌芽》《鸭绿江》写稿子的计划,自然也落空了,直到"文革"结束。所以,当时江苏批判陆文夫的文章,还在文化部部长位置上的茅盾肯定知道,只是情势如此,他也爱莫能助。那天,在茅盾故居聊了一会儿天,我们就请陆文夫在故居来宾题词本上写几句,陆文夫提笔写道:"昔日有语道不得,今日道得又无言。1986年10月,谒茅盾故居,陆文夫。"大家看了,嘘唏不已。

茅盾和陆文夫都是现实主义文学作家,茅盾关注社会发展,注重历史重大事件,以长篇小说为载体,构造了中国20世纪前半叶宏伟的史诗画卷;陆文夫关注人间小人物的命运,以长、中、短篇小说描绘了20世纪后半叶中国民间人物命运的画卷。他们都是立足于现实,关注生活,以自己的创作建立起现实主义文学丰碑的。

2020年

第五辑　两家书店

在茅盾的文学道路上，商务印书馆是绕不过去的存在。他从商务印书馆起步，走进文坛，走上革命道路，成为一个马克思主义者。而开明书店则是茅盾代表作的诞生地，据不完全统计，茅盾生前有13部作品由开明书店出版，《蚀》三部曲是开明书店出版的，《子夜》是开明书店出版的，《虹》是开明书店出版的，短篇小说集《春蚕》也是开明书店出版的，茅盾唯一的剧本创作《清明前后》同样是开明书店出版的。在抗战时期，开明书店为了传播《子夜》，长途跋涉，经历千难万险，到后方去出版《子夜》。开明书店这么做，不仅仅是经济问题，而且是为了传播《子夜》这样一部重要的现代文学经典著作。其中的故事，值得我们重温。至于生活书店，则是茅盾在抗战时期宣传抗战思想的依靠，《文学》《文艺阵地》《笔谈》的编辑出版，让茅盾有机会团结一大批作家，为全民抗战鼓与呼，用笔来为抗战出力。所以了解茅盾和这两家出版社的交往和友谊，也是了解茅盾的巨大贡献的一个方面。

《林家铺子》插图　丰子恺绘

开明书店与《子夜》

开明书店在中国现代出版史上是绕不过去的存在,鲁迅、茅盾、巴金等一大批中国现代文学巨匠的经典作品,曾经由开明书店出版,比如巴金的《灭亡》《家》《春》《秋》《火》等都是在开明书店出版的,茅盾的《蚀》《虹》《欧洲大战与文学》《三人行》《子夜》《春蚕》《速写与随笔》《清明前后》等,也都是在开明书店出版的。所以,开明书店在抗战前的短短十年,迅速成为上海出版界的翘楚,为世人所瞩目。而茅盾的代表作《子夜》在开明书店出版印行,则凝聚着开明书店和茅盾的深厚友谊。

1930年春,茅盾从日本回到上海以后,及时了结了在日本时与秦德君的感情纠葛,回归家庭,但是依然过着地下生活,不能公开活动和创作,只能与鲁迅、叶圣陶、郑振铎等少数几个朋友见面来往。不过,冯乃超等人知道茅盾回来了,专门来邀请茅盾加入"左联",并让茅盾担任左联行政书记职务。当然,这些都是秘密进行的。回到了左翼作家队伍的茅盾,开始回国以后的创作生活,先后创作了《豹子头林冲》《石碣》《大泽乡》三篇历史小说和中篇小说《路》等。这时,眼病、神经衰弱、胃病等问题让茅盾无法进行创作,只好在新搬的家里休养,但是,眼病导致不能看书、写作,神经衰弱则让茅盾晚上休息不好,胃病也让他心烦。所以,此时的茅盾只好在上海找乌镇的老乡、前辈、亲戚聊天。这些同乡故旧中,有的是从事实业办企业的,有的是搞实际工作的革命者,有的是自由主义者,也有公务员、银行家、商人,各种各样,形形色色,这让写小说的茅盾"因祸得福",刚回国不久便很快了解了中国社会的当下情形。用茅盾自己的话来说:"从他们那里,我听了很多。向来对社会现象仅看到一个轮廓的我,现在看得更清楚一点了。"正当茅盾一边休养,一边在同乡故旧中盘桓的时候,好友瞿秋白夫妇从苏联莫斯科秘密回到上海。瞿秋白知道茅盾和开明书店的关系,于是便用暗号写信给开明书店转茅盾,所以,茅盾又有机会从瞿秋白那里知道更多的国内外政治经济情况。他敏锐地捕捉到创作的灵感,从而产生"写一部白色的都市和赤色的农村的交响曲的想法"。这时已是1930年冬。

最初,这个想法非常宏大,"这部'都市—农村'交响曲将分为都市部分和农村部分,都市部分打算写一部三部曲"。紧接着,茅盾围绕这个宏伟计划,开始写创作大纲,都市部分分三部曲的书名都想好了,第一部《棉纱》,从第一次世界大战经济开始写起,一直写到20世纪30年代初,中国民族工业被买办资本击溃,只好"投降"。第二部《证券》,写民族工业失败后的企业家,利用积累的资本开银行,通过吸蓄、勾结政府、向外国银行借款等方式,从事资本运作,从而制造财阀,结果大部分人的资金通过买股票流入少数人的腰包,股价狂跌,不少人成了"失心狂"。第三部《标金》,"故事的结构:一、银价低落的结果,造成了中国金融资本的得利及工商业之倒闭。二、完全是买办阶级化身的中国金融资本家,比工商业者更堕落。三、专恃加紧剥削工人,中国的工业家也难以自存"。这样,在酝酿中的都市三部曲,计划就非常庞大,而且本来是要写都市、农村交响曲,除了都市三部曲,那么农村三部曲呢?如果也有农村三部曲,那么农村的小说材料在哪里呢?估计当时茅盾写农村题材的材料,还不足以写三部曲,只能写短篇小说。所以,茅盾将这个还在酝酿中的都市农村交响曲就搁置起来，没有按照这个思路进行下去。他后来说："我本来打算以《棉纱》《证券》《标金》三部曲作为新小说的都市部分，而贯穿于此中的一个人就是《棉纱》中厂主之老弟。但是写完了提纲，就觉得这种形式不理想：农村部分是否也要写三部曲？这都市三部曲与农村三部曲又怎样配合、呼应？等等，都不好处理。于是我就搁下了这个计划。"这个计划搁下后，茅盾继续养病，连书都不看，继续在同乡故旧中晤谈聊天。但是，写长篇小说的计划茅盾没有放下，他仍在不断思考，进而有了新的想法，他说："眼虽不能多用，我的思想却大活跃……我决定改变计划，不写三部曲而写以城市为中心的长篇。"这就是后来开明书店出版的《子夜》。

改变创作计划后，茅盾又写了大纲、提要，后来大纲丢失了，但写《子夜》的提要却保存下来了，如今已经成为研究《子夜》的珍贵史料。从留下来的提要看，当初茅盾曾经对这部长篇小说有过"夕阳""燎原""野火"等书名的设想，所以除了写交易所中的投机狂和工厂罢工外，"还计划用一些笔墨来写与各次交易所的交锋有密切关系的战争形势的变幻"。这个"提要"说明，茅盾当时不写都市三部曲之后，对《子夜》的写作依然雄心勃勃，他后来回忆说："虽然不再是'城市—农村'交响曲，却仍旧想使1930年动荡的中国得一全面的表现。"但是，这个计划在茅盾的实际创作中依然行不通。他说："当我提笔要根据分章大纲写成小说时，就感到规模还是太大，非有一二年时间的详细调查，有些描写便无从下手。而我却无法储备一二年的生活费以便从事详细的调查。而且关于军事行动的描写，即使做了调查也未必能写好，因为我没有在部队中工作（即使是政治工作）的经验。于是就有再次缩小计划的考虑，彻底收起那勃勃雄心。"所以，茅盾在1931年10月开始写《子夜》后，又进一步缩小计划。茅盾开始是以"夕阳"为书名，手稿上留下的标题是"夕阳"，下面是横书的英文：

A romance of modern China in transition
In Twilight (a novel of industrialized China)

大意是"发生在中国现代大变动时期的故事。夕阳（描写中国工业发展的一部长篇小说）"。

"子夜"这个书名是茅盾推敲小说大纲时最后确定的。茅盾曾说："也就在我反复推敲那大纲的时候，我决定把题名由'夕阳'改为'子夜'。"关于这个书名的寓意，茅盾自己认为："'子夜'即半夜，既已半夜，快天亮了；这是从当时革命发展的形势而言。"现在看，当时茅盾对革命形势的看法受革命乐观主义的影响还是比较大的。

《子夜》在开明书店正式出版之前，茅盾应郑振铎之请，曾计划在《小说月报》上连载，书名用"夕阳"，笔名用"逃墨馆主"，结果发生了一·二八事变，商务印书馆的印刷总厂被炸毁。幸亏送商务印书馆的小说稿是茅盾夫人孔德沚的抄件，茅盾的《子夜》手稿才得以幸免于难。

1933年，在开明书店出版史上，注定是个值得纪念的年份，茅盾的代表作《子夜》在开明书店出版了。这是一部划时代的经典小说，是中国现代文学史上的一部巅峰之作，而且也是深受社会和读者欢迎的畅销书！这也是开明书店1926年8月1日在上海宝山路宝山里60号开张以来，老板章锡琛遇到的出版大喜事之一。

《子夜》的出版极大地提高了开明书店在新文学界的地位和影响力。鲁迅第一时间读到《子夜》后对人说："茅盾作一小说曰《子夜》，计三十万字，是他们所不能及的。"后来他在文章中公开肯定《子夜》，说："我们在两三年前，就看见刊物上说某诗人到西湖吟诗去了，某文豪在做五十万字的小说了，但直到现在，除了并未预告的一部《子夜》外，别的大作都没有出现。"瞿秋白看到开明书店出版的《子夜》，预言道："1933年在将来的文学史上，没有疑问地要记录《子夜》的出版。"他在另一篇文章中还说："在中国，从文学革命后，就没有产生过表现社会的长篇小说，《子夜》可算第一部。"从时代和文学史的高度给予充分肯定。有一位署名"云"的读者读了《子夜》后，在《大公报》发表文章，高度赞扬《子夜》，认为《子夜》是茅盾著作中"结构最佳之书"，"人物描写之典型性与个性皆极轩豁，而环境之配置亦殊入妙"，称赞茅盾创作《子夜》的笔势"具如火如荼之美，酣恣喷微，不可控博。而其微细处复能委婉多姿，殊为难能而可贵"。这位读者的审美眼光得到作者茅盾的首肯。朱自清看到《子夜》后，也评论说："这几年我们的长篇小说渐渐多起来了，但真能表现时代的只有茅盾的《蚀》和《子夜》。"这里的《蚀》，也是茅盾从日本回来时在开明书店出版的。也有人将《子夜》与《战争与和平》相提并论，认为都是"全景画式的"小说，所以感慨：像茅盾的《子夜》"这样大气魄的作品在我们的新小说史上似乎成了'绝响'"。在好评如潮的同时，《子夜》的销量也出现了可喜的局面。据茅盾回忆，开明书店1933年1月出版《子夜》后，三个月内重版四次，一月份印3000部，此后重版各印5000部。连茅盾自己也感叹："此在当时，实为少见。"另据当时北平《晨报》报道，开明书店出版的《子夜》在"某书店曾于一日内售出至一百余册之多"。报道认为，"以此推测，则《子夜》读者之广大与热烈，不难想象云"。茅盾的老友陈望道当时也在出版界供职，主持大江书铺，他对茅盾《子夜》的销售情况和社会反响也十分了解，他认为："向来不看新文学作品的资本家的少奶奶、大小姐，现在都争着看《子夜》，因为《子夜》描写到她们了。"《子夜》出版后，上海的小报上还登过这样一条八卦娱乐新闻，说青年作家芳信娶曾为舞女的女子为妻，后因家用不给，妻乃重操旧业，聊得微资，补助日用。忽有一男子来跳舞，自称是茅盾，芳信之妻固知有作家曰茅盾，新作曰《子夜》，今忽逢其人，且与跳舞，不胜惊异。归告芳信。芳信疑之，因未尝听说茅盾到舞场也，因嘱妻，如彼再来，可向索《子夜》，并须签名。芳信之妻如教行事。但所得之《子夜》，只签"MD"，而且此人以后也不再来了。可见当时《子夜》在社会上的反响之热烈。值得一提的是，茅盾写《子夜》，是辞去左联行政书记后才完成的。所以，当《子夜》在开明书店出版以后，左联的成员对这部书的出版反应十分热烈，据说在左联的一次会议上，大家都向茅盾表示祝贺。20世纪80年代有人回忆，《子夜》出版以后，立刻传到日本东京，在东京的左联支部曾举行《子夜》的讨论会，正在东京的杜宣以及东欧汉学家普实克等都参加了。后来，东京的留学生林基路、张维冷、杜宣三人还将《子夜》改编为四幕七场话剧，中华留日剧人协会将剧本印出并准备排演，但因战争开始，未能演出。

《子夜》出版后反响如此热烈，社会上就传出《子夜》将有续集出版的消息，不少读者到福州路开明书店门市部去打听《子夜》的续集什么时候出版。甚至还传出《子夜》的续集书名叫"黎明"。唐弢回忆说："《子夜》发行以后，读书界传出消息，说是续集定名'黎明'，不久即可问世，急得很多人前往书店探问。我知道作者尚未动笔，一时不会出版。有一次，到开明书店买书的时候，也情不自禁地问了一声'《黎明》来了没有'？当时这个举动，一方面，固然是急于想读一读第二部，另一方面，也反映了长夜待旦，积愤欲吐的心情。"

《子夜》出版以后的热烈反响和畅销的状况，引起了国民党政府的警觉和不满。在《子夜》出版一年后，《子夜》和其他140余种书籍一起，被国民党政府扣上"共产党及左倾作家之作品""内容鼓吹阶级斗争"等罪名而遭到查禁。当时，开明书店经理章锡琛出面，联合其他25家出版社同业，两次向国民党上海党部请愿，要求解禁这些图书。章锡琛还和夏丏尊等联名写信给蔡元培、邵力子，请他们从中周旋，迫使当局允许部分解禁。经过进步文艺界和出版界的争取，茅盾的《子夜》被列为"应行删改"一类，准予开明书店发行。图书审查官对《子夜》的审查意见是："二十万言长篇小说，描写帝国主义者以重量资本操纵我国金融之情形。P.97 至 P.124 讥刺本党，应删去。十五章描写工潮，应删改。"国民党在内部报告中，也关注到开明书店和茅盾的关系，认为"该局自出版教科书外，其可述者，即为出版茅盾（沈雁冰）之著作也，计有《蚀》（包括《动摇》《幻灭》《追求》三种）、《虹》、《三人行》、《子夜》等，销路甚佳"。

当时，有一个署名"救国出版社"的机构，针对国民党的审查，专门翻印开明书店的初版本《子夜》，并宣称这是翻印未经删改的全本《子夜》。这个所谓的救国出版社究竟是在哪里，什么背景，由哪些人组成，至今没有一点确切信息。据日本松井博光介绍，这个救国出版社，似乎是华侨办的出版社，"开始在巴黎，以后又搬到美国去了"。此外再也没有其他资料介绍了。

《子夜》的出版，是开明书店的光荣，在引起广泛的社会影响的同时，也成为开明书店的畅销书之一，不断再版，为开明书店带来巨大的经济效益。所以，开明书店的老板章锡琛等把《子夜》视为开明书店的经典品种而格外精心呵护。

抗战开始以后，茅盾离开上海，转辗长沙、广州、香港、新疆、延安，后来又去重庆。皖南事变以后，茅盾根据周恩来的安排去了香港。太平洋战争爆发以后，茅盾在中共东江游击队的安排下，长途跋涉，转移到大后方桂林，在桂林创作了长篇小说《霜叶红似二月花》。1942 年 12 月，茅盾应国民政府文化工作委员会的邀请，离开桂林去重庆，在那里度过三年的雾都生活。而抗战开始后的开明书店面临着严峻的考验，开明书店的出版人，有冒着敌人的炮火坚守的，也有转移撤退到后方保存实力的，以出版为阵地，为抗战鼓与呼。尤其在沦陷区的上海，开明书店的许多新文学书籍被禁止出版，包括茅盾的《子夜》。

当时，开明书店的老板章锡琛为了能够及时出版茅盾的《子夜》，开始一项在开明书店出版史上史无前例的秘密运送《子夜》

纸型、铜模的计划——在上海不能出版，就去后方出版。而且，章锡琛发现，茅盾《子夜》的纸型、铜模等留在上海已经非常危险，不知道什么时候会毁在日本人的炮火之中，所以，他经过周密计划，决定将其转移到福建山区后方去，这样既安全，又能够及时出版。但是，有谁能够担当这个重要的任务呢？因为从上海到福建，路途遥远，一路上要经过日寇的好几道封锁线，所以要应对得当才能完成这次秘密任务。章锡琛考虑了很久，最后选中了开明书店的老员工黄幼雄。据说，黄幼雄是个无线电专家，出版过《无线电原理及运用》等著作，是个有文化、有胆识、善交际的人才，所以章锡琛将此任务交给他，选他作为这次行动的领队。为此，章锡琛多次和黄幼雄秘密商量，研究在转移过程中可能出现的各种各样的具体细节问题，设想可能出现的情况和应对的办法。同时，挑选了7个年富力强的人，组成开明书店历史上绝无仅有的秘密转移《子夜》纸型、铜模的小分队。

为了安全起见，运送《子夜》纸型、铜模的小分队严格保密，除了黄幼雄之外，其他人都不知道运送的是《子夜》的纸型和铜模，也不知道要运送到哪里。据参加这次行动的章燕行回忆说，当时安排停当后，章锡琛专门在家里设宴为小分队送行，要求小分队人一个不能少，纸型一张不少，铜模一粒不丢。当一切准备妥当，已经是1945年的春节之后了。出发之前，八开版面的纸型，用衣服、被子包裹，或打成包袱，或打成铺盖，分散由各人携带。对体积小重量大的全套铸字铜模，将其卷在麻袋里，扎在扁担的一头，让一个身强力壮的队员扛在肩上走。1945年的早春，秘密运送《子夜》纸型和铜模的小分队从上海出发，经嘉兴、杭州，巧妙地越过敌人的封锁线，继续在富阳、桐庐、遂安、寿昌等山区辗转前行，有时甚至是昼伏夜行，一直往福建方向走去。在江山县（今江山市）的开明书店分店休息几天后，小分队继续往江西上饶、福建崇安方向进发，一直到暮春时节，运送小分队终于到达目的地——福建崇安赤石村。赤石村就在武夷山下，章锡琛的同乡老友、茶叶专家吴觉农在那里主持茶叶研究所。开明书店崇安分店就设在茶叶研究所内。因为那边事先已经有准备，所以小分队到达的第二天，分店就开始浇版，为开印《子夜》做准备。黄幼雄一行圆满完成了秘密运送任务，为保存传播新文学的经典作品做出了不可磨灭的贡献。后来，经过两个月左右的印制，第一批数万册 32 开本的赤石版《子夜》就开始发行了。而此时茅盾正在重庆写《清明前后》剧本。后来茅盾这个唯一的剧本，也由开明书店出版。

  由此可见，茅盾与开明书店的关系非同一般。就《子夜》而言，从 1933 年 1 月至 1951 年 12 月，开明书店印行了 26 版。从《子夜》在开明书店出版及形成广泛影响，到开明书店员工冒着生命危险秘密运送《子夜》纸型铜模到后方出版的壮举，不仅书写了《子夜》出版史上的一段佳话，而且成就了中国出版史上的一段佳话。

2018 年

生活书店的缘分

茅盾在新中国成立以前的出版编辑生涯中，与三家出版机构关系最密切：一是商务印书馆，二是开明书店，三是生活书店。商务印书馆是他人生和文学起步的地方，开明书店是他出版成名作的出版社，他开始创作的《蚀》三部曲、代表作《子夜》等都是在开明书店出版的。至于生活书店，茅盾不光将自己的一些畅销书如《多角关系》《腐蚀》《清明前后》以及散文名篇《白杨礼赞》等交给生活书店出版，而且在颠沛流离的抗战期间，先后两次为生活书店主编刊物，既在抗日战争中发挥了积极的作用，又在茅盾传奇的一生中留下了至关重要的一笔。

一、因《文学》而与生活书店结缘

生活书店是邹韬奋于1932年7月在上海创办的。它是在《生活》周刊社书报代办部的基础上建立起来的一个出版社。当时，邹韬奋为经理，徐伯昕为副经理，毕云程、王志莘等为理事。

茅盾与生活书店的交集，始于联系办刊物。1933年春节前后，茅盾与郑振铎等人策划创办一本大型的文学刊物《文学》。郑振铎与胡愈之一起去找到生活书店的邹韬奋，邹韬奋一口答应，表示生活书店愿意出版《文学》杂志。茅盾听到这个消息，非常高兴，他晚年还说："我听了很高兴，因为生活书店这块牌子是比较牢靠的。当时的生活书店很有特色，它没有老板，采取合作社的组织形式，每个职员都有一份股金，实行民主的管理方法，所以它没有老牌书店的那些陋规和弊端，是个新兴的朝气蓬勃的目光四射的书店。它又不同于那些随时面临着被国民党查封危险的'红色'小书店，而有个可靠的背景——黄炎培的中华职业教育社。特别是书店总经理邹韬奋，他是办《生活》周刊起家的，很有才干，很有见识，很有魄力，'九一八'以后在政治上日益左倾，活动的能量也大。"①在生活书店答应出版《文学》杂志以后，茅盾和郑振铎商量了编委会的名单，提出由鲁迅、叶圣陶、郁达夫、陈望道、胡愈之、洪深、傅东华、徐调孚、郑振铎、茅盾10人作为《文学》编委会成员，阵容非常强大。1933年4月6日，茅盾和郑振铎还在会宾楼为《文学》的筹备工作请了一次客，包括商量请傅东华、黄源担任《文学》具体编辑等事务。不料，因为编辑委员会的阵容过分强大，所以茅盾他们请客一事传了出去，上海的一些小报就宣传说，鲁迅、郑振铎、沈雁冰等人"正在积极进行团结成某一集团，性质将与以前之'文学研究会'相类"云云。还有一份《社会新闻》在1933年5月6日刊登一文，题目就是《鲁迅、沈雁冰的雄图》，认为这些左翼作家在重新集结，影响很大，等等。这是现代文学史有名的往事，但这是与茅盾他们准备在生活书店创办《文学》杂志有关。1933年7月，《文学》正式创刊。出版后的《文学》一下子就影响很大，立刻受到读者的欢迎。创刊以后的一个半月里，再版四次！一个新杂志在出版以后如此快地一而再再而三地重印，恐怕在中国期刊史上都是一个神话。

茅盾一直是《文学》杂志的编辑委员会成员之一，又是这个杂志的主要策划者和主要作者，所以引起了一些小报的攻击。

---

① 茅盾：《我走过的道路（上）》，人民文学出版社，1997年12月版，第601页。

《文学》出版3期以后,《社会新闻》在9月9日发表一篇《文学之态度》,说:"生活书店出版之《文学》,问世已有3期,表面上虽组织编委会,实则以文学研究会傅东华为主体,关于左翼作家稿件,概由茅盾一手包办,故该杂志所抱之态度,为一期较一期红,以期成为左联唯一之文学刊物。故对于鲁迅万分畏惧如左联小卒崇拜盟主也。"这样的文章,以期引起当局的注意,用心有点险恶。不过,茅盾并不畏惧,他的许多小说和文章依旧都在《文学》上发表,如《多角关系》《大鼻子的故事》《残冬》《赵先生想不通》《无题》等。据不完全统计,从《文学》杂志创刊到1937年抗战全面爆发停刊,茅盾在上面共发表132篇作品,有时一期中发表多篇文章,为《文学》杂志做出了贡献。其间所经历的曲折过程,风风雨雨,茅盾在他的回忆录里有较详细的回忆。这里不再赘述。

生活书店出版的《文学》在20世纪30年代的上海影响很大,一大批左翼作家在《文学》上面发表作品。所以1934年黎烈文辞去《申报·自由谈》的主编职务以后,鲁迅、茅盾又与生活书店商量,在生活书店出版《译文》,专门刊登翻译作品,并且请黎烈文、黄源做编辑。为此,生活书店徐伯昕于8月5日专门在"觉林"餐馆请客,与鲁迅、茅盾和黎烈文商量出版《译文》的具体事宜。1934年9月16日,《译文》由生活书店在上海创刊出版。

一开始,鲁迅等与生活书店的关系还算融洽,不料一年以后,即1935年8月,出国多时的邹韬奋回国,看到徐伯昕的身体不好,得了严重的肺病,非常担心,就硬是让他放下手头的工作,安排他去莫干山养病,同时请毕云程暂时代理经理,负责生活书店的事务。在这之前,鲁迅曾经和徐伯昕说过,为生活书店编一套译文丛书,徐伯昕口头也同意,而新接手的毕云程不接头此事,认为生活书店已经在出版郑振铎编的《世界文库》,鲁迅、茅盾已经有《译文》杂志,现在生活书店再编译文丛书,有点同类项竞争,而且是自己与自己竞争,所以在向邹韬奋汇报后,决定不出版鲁迅策划的译文丛书。为此,《译文》编辑黄源经过鲁迅同意,转向与自己熟悉的文化生活出版社商议,出版译文丛书事宜,并且还在南京饭店一起吃饭。因为文化生活出版社的吴朗西是黄源在日本留学时的朋友。但是,生活书店的毕云程知道以后,认为《译文》既然在生活书店出版,译文丛书就不能去别的出版社出版,认定黄源在背着他们搞小动作。因此,1935年9月17日,生活书店的邹韬奋、毕云程在新亚公司请客,鲁迅、茅盾、郑振铎、胡愈之、傅东华参加。席间,毕云程提出换掉黄源这个《译文》主编,请鲁迅担任主编。为此,鲁迅认为这是"吃讲茶"(旧时发生争执的双方到茶馆里请公众评判是非),拂袖而去。后来茅盾和郑振铎从中周旋,未果。因此,出版一年多的《译文》停刊。其实,毕云程和黄源是同一个县的老乡,都是海盐县人,而且毕云程比黄源大十多岁,是1891年生人,应该是海盐县乡里德高望重的前辈,背后是否还有其他因素,后人不便猜测。

不过,对于这件事,茅盾的看法颇为客观,他说:"邹韬奋和毕云程可说是患难之交,所以邹韬奋尊重毕云程的意见。既然毕云程不要黄源编辑《译文》,邹韬奋是碍难反对的。这都是生活书店过分从经济上打算盘的结果,造成鲁迅后来对生活书店一直有不好的印象。不过,生活书店当时在经济上也的确有困难。《译文》和《太白》都不赚钱,所以在《译文》停刊的前后,生活书店把出版了一年的小品文期刊《太白》也停刊了。"[1]因为这件事,鲁迅和生活书店决裂,对郑振铎也有想法,怀疑郑振铎在这件事上有小动作。所以当时茅盾夹在中间,感到十分为难,但还是为生活书店讲了客观的话。

---

[1] 茅盾:《我走过的道路(上)》,人民文学出版社,1997年12月版,第651页。

二、生活书店是茅盾作品的重要出版阵地

《译文》风波以后,茅盾和生活书店的合作没有受到影响,一直和邹韬奋、徐伯昕他们保持良好的关系。1933年,茅盾的农村三部曲之一《残冬》在《文学》创刊号上发表。1934年,茅盾在生活书店出版了《人与书》《残冬》等;1935年,茅盾为郑振铎主编的《世界文库》供稿,所以这一年成为茅盾的翻译丰收年。茅盾曾经回忆说:"郑振铎编《世界文库》,也要我翻译一篇连载的长篇小说。我答应了。当时我打算翻译英国女作家勃朗特的《简·爱》……才开了一个头,就被杂事打断了。看交稿的日子渐近,我又不愿意边译边载,只好放弃了原计划,改译了一篇比昂逊的散文《我的回忆》。我又向郑振铎保证,虽然不译长篇了,但以后每期《世界文库》都交一篇译稿。后来我如约陆续译了显克微支的《游美杂记》、海涅的《英吉利断片》、易卜生的《集外书简》、梅特灵克的《"蜜蜂的发怒"及其他》、蒲宁的《忆契诃夫》和奥维德的《拟情书》。这些都是很优美的散文。一年后,我将它们结集出版,题名《回忆·书简·杂记》。这是我译的唯一的一本散文集,在我的所有的译作中,这本散文集是比较难译的,也是我比较满意的。"[①]郑振铎负责的《世界文库》停了以后,茅盾对生活书店出版《世界文库》的做法给以高度评价,认为"以后再也没有人,也没有书店,有这样的气魄来继续这一工作"。

1936年,生活书店还出版了茅盾的《创作的准备》,这是一部作家谈创作的书。茅盾自己向来不谈、不写自己的所谓创作经验的,但是生活书店的徐伯昕找到茅盾,请他为生活书店的"青年自学丛书"写一本谈创作的书,匡正社会上小说作法之类的误导言论。茅盾是知道生活书店的正派作风的,所以在徐伯昕的劝说之下,同意写创作经验的书。这就是《创作的准备》。在这

---

① 茅盾:《我走过的道路(下)》,人民文学出版社,1997年12月版,第15页。

部书里，茅盾从青年创作的实际出发，结合自己的创作体会，分"学习与模仿""基本练习""收集材料""关于人物""从人物到环境""写大纲""自己检查自己""几个疑问"八个题目展开，其中告诫学习写作的青年人"诵读宜博，而研究则宜专。广泛地诵读了各派各家的名著，然后从中择取最博大精深最有现代价值的名著来研究，这是有利无害的方法"，强调读书的重要性。茅盾后来说："《创作的准备》是我第一次把自己写小说得来的甘苦比较系统地表之于文字。"言下之意，是意想不到的满意。这本研究茅盾生活与创作的重要著作，就是生活书店的徐伯昕催生的。1936 年，茅盾在邹韬奋的创意下，为生活书店编成一部《中国的一日》，这部作品成为中国出版史上的一个创新案例、一个出版亮点，至今无人企及。茅盾其他的作品如《作家论》《泡沫》以及翻译的《回忆·书简·杂记》等，也在 1936 年由生活书店出版。

  1937 年 5 月，茅盾前一年在乌镇创作的中篇小说《多角关系》作为生活书店"小说文库"出版。茅盾参与翻译的关于普希金研究的书籍在这一年由生活书店出版。抗战中，茅盾在桂林创作的《霜叶红似二月花》也在生活书店的刊物上连载。茅盾当时是畅销书作家，出版社能够拿到茅盾的文章发表、出版，其实是茅盾对出版社的极大支持，也是这个出版社的荣耀。生活书店在抗战前后已经成为茅盾发表作品的重要阵地。据《生活书店史稿》记载，新中国成立前，茅盾在生活书店及其二线、三线出版机构出版的图书有 11 部，与人一起署名的以及翻译的书籍有 8 部。从参与编辑《译文》到主编《文艺阵地》《笔谈》杂志以及《中国的一日》，茅盾在生活书店的历史上做出了重要的贡献。

三、主编《文艺阵地》，为生活书店的抗战添彩

  抗战全面爆发以后，茅盾应邀去香港为生活书店编辑抗战刊物《文艺阵地》，成为 1938 年文艺界抗战的一件大事。

1938年2月，茅盾到武汉与生活书店的邹韬奋、徐伯昕商量出版抗战文艺杂志。茅盾提出杂志名称就叫"文艺阵地"，并且根据抗战的形势，在汉口创刊以后，去广州编辑出版《文艺阵地》。茅盾的建议得到邹韬奋、徐伯昕的支持。邹韬奋认为，《文艺阵地》应该是一面战斗的旗帜，能起到团结进步文艺力量、巩固统一战线的作用。于是，茅盾就在武汉着手稿子的征集工作，向一些朋友、作者约稿。自然，以茅盾的身份，好稿子是不愁的。在武汉的十多天里，茅盾已经得到了老舍、叶以群、楼适夷、张天翼等朋友的稿子。2月24日，茅盾带着稿子，携夫人孩子到广州，住进生活书店安排的广州爱群大酒店。广州生活书店的经理和茅盾商量《文艺阵地》的出版事宜，并告诉茅盾，广州的印刷出版条件很差，与上海差一大截。后来茅盾在萨空了的建议下，去香港编辑《文艺阵地》。此时，来自四面八方的稿子通过广州的生活书店转到香港。茅盾后来回忆说："到香港不久，投到《文艺阵地》的稿件就源源从广州生活书店转来，有远在四川的叶圣陶的杂感《从疏忽转到严谨》和周文的通信《文艺活动在成都》，有武汉的老舍的新京剧《忠烈图》，有广州草明的小说《梁五底烦恼》和林林的短诗，有从临汾寄来的刘白羽的速写《疯人》和萧红的散文《记鹿地夫妇》，有日本作家鹿地亘写于广州的论文《日本军事法西斯主义与文学》(这是夏衍翻译的)，有在津浦前线滇军中的张天虚的报告文学《雪山道中》，有郑振铎从上海寄来的鲁迅的书简，有刚从苏联回国的戈宝权的文章《苏联剧坛近讯》，有在长沙的丰子恺写的歌词《我们四百兆人》，还有董老推荐来的陆定一的报告文学《一件并不轰轰烈烈的故事》，等等。"[1]编辑好第一期的稿子以后，茅盾立刻写了发刊词："我们现阶段的文艺运动，一方面需要在各地多多建立战斗的单位，另一方面也需要一个比

---

[1] 茅盾：《我走过的道路(下)》，人民文学出版社，1997年12月版，第180页。

较集中的研究理论，讨论问题，切磋观摩——而同时也是战斗的刊物。文艺阵地便是企图来适应这需要的。"可见他是站在全国抗战的高度，带着强烈的使命感来从事编辑出版工作的。所以，第1期的《文艺阵地》丰富多彩，一炮打响。尤其是张天翼的《华威先生》，成为轰动整个抗战时期的一篇作品，作为主编的茅盾功不可没。《文艺阵地》从1938年4月创刊至1942年11月，共7卷4期。1943年11月至1944年3月，出版《文阵新辑》三辑。这是抗战期间持续时间较长的一份文艺刊物，楼适夷曾经说过："《文艺阵地》是抗战时期历时最久、普及最广、影响最深远的全国性的文艺刊物之一。"[1]茅盾在编辑《文艺阵地》时，虽然是战乱年代，但是他和过去编辑《小说月报》一样，善于发现新人，李南桌、杜埃、姚雪垠、林焕平等青年作家在《文艺阵地》上发表了大量作品，成为抗战文艺新人。同时，茅盾在《文艺阵地》上刊登了生活书店大量有关抗战的书籍广告，充分展示了生活书店的抗战立场。在《文艺阵地》艰难的出版过程中，茅盾不断克服困难，千方百计让这份抗战文艺杂志能够及时与读者见面。在广州不能保证如期印刷出版的情况下，从第4期开始，茅盾在香港编辑以后，便秘密寄到上海的生活书店出版，而且茅盾请自己的内弟孔另境与生活书店上海分店的陈锡麟联系，负责后期的印制，然后将印制好的杂志运送到香港，再转发到内地和南洋。为此，茅盾常常遥控指挥，指导孔另境处理编辑事务，成为茅盾编辑生涯中的一件让人称道的往事。后来，因为去新疆，茅盾编完第5卷6号以后，移交给楼适夷编辑，但是在杂志的封面上依然写着"茅盾主编"。

---

[1] 楼适夷：《茅公和〈文艺阵地〉》，上海书店1983年10月版影印图书《文艺阵地》。

四、邹韬奋催生茅盾的长篇小说《腐蚀》，轰动东南亚

1940年，茅盾从大西北到延安，从延安到重庆，恰恰碰到1941年1月发生的"皖南事变"，后来在周恩来的安排下，由生活书店的程浩飞陪同再到香港，正好赶上邹韬奋在香港复刊《大众生活》。邹韬奋拉住茅盾，请他写长篇小说并要求在《大众生活》上连载。茅盾记得，当时参加《大众生活》的编委会以后，邹韬奋到他的住所请他写连载小说的情景：

> 隔了一天，大概是"五四"的下一天，韬奋专程过海来看我，他说，那天会上当着你的面，大家不便说，会后都向我建议，《大众生活》上的连载小说应该请你来写，你的名气大，下笔又快，承担这个任务是不成问题的。请你就作为紧急任务赶写一部吧。我为难道："长篇小说哪能说写就写得出来的？"韬奋说："这也是万不得已，你就把平时积累的素材拿出来编个故事吧。你可以一边写一边登，大约每期只占四个页码八千字左右。三八年你在《立报·言林》上不就是边写边登过一个连载小说吗？"我说："所以那个小说写失败了。"韬奋道："我不这样认为，那是第一部写抗战的长篇小说，从帮助当时的青年认清持久抗战的道路来说，是起了很好作用的。"我沉吟片刻，咬咬牙说："好吧，我来写！你什么时候要第一批稿？"韬奋扳了扳手指道："给你一个星期，十三号交稿。我给你留出四个页码，你给我四天印刷的时间。"

这就是茅盾在香港创作长篇小说《腐蚀》的起因。

在写《腐蚀》期间，茅盾夫人孔德沚在生活书店徐伯昕夫人胡耐秋的陪同下，也秘密到了香港，为茅盾的写作提供了日常生活保障。所以，茅盾自己都没有想到，向来写小说列大纲反复推

敲，然后再开始写作的他，这次竟然写得非常顺利，用他自己的话说，是"一气呵成"！而且不光写得非常顺利，发表以后，更受到香港和东南亚的读者的热烈欢迎和追捧！在小说刊登快结束的时候，邹韬奋又找到茅盾，告诉他，结尾已经看过了，希望茅盾再续写几节，给小说的主人公赵惠明一个自新的前途。因为生活书店已经收到大量的读者来信，这些读者关心的就是这个主人公赵惠明的结局如何。邹韬奋的建议，茅盾又认真考虑起来，并且按照邹韬奋的要求，加了一段主人公赵惠明去邮电局当邮检员的故事。在那里，她认识了一个刚刚陷入特务罗网的女学生，并帮助她从火坑里逃了出去。其实，邹韬奋自己在重庆时，就碰到过两个年轻人误入特务泥潭的事，他在《患难余生记》中记叙了这样一件事：当时在重庆，有一天，有两个素不相识的青年人到他办公室，诉说误入特务泥潭后的遭遇。他说："有一天有两个青年偷偷摸摸到我办公处来看我，抽抽咽咽哭得像孩儿似的，原来他们是在中央某机关中被迫做特务，说以前系在上海某高中毕业，在报上看到某机关用某军事机关战时服务队的名义招生，以为是参加抗战的良好机会，踊跃应考，不料从此投入火坑，被迫做特务，现在如不做而脱离，即有被枪毙或被暗杀的危险。我说你们中途只须侦查真正妨碍抗战的汉奸，不做破坏团体的工作，于抗战也是有益的。他们垂泪而道，能这样安有不愿之理？最苦痛处就在被迫残害所谓'异党分子'，摧残无辜青年，苦苦求救于我，要脱离苦海。我说你们目前情形，除乘机远逃之外，想不出别法，远逃也须有相当充分准备，且须万分机密，否则反有生命之危。他们泪如泉涌而别，来时为证明起见，还带了一本千余页的特务讲义。哀者无辜青年，不知何时能离此黑暗牢狱！"[①]可见茅盾写《腐蚀》同样是有生活基础的。后来，这部由邹韬奋催

---

① 邹韬奋：《韬奋文集（3）》，生活·读书·新知三联书店，1955年11月版，第373—374页。

生的长篇小说《腐蚀》，成为茅盾国内版本最多的一部长篇小说。这恐怕是邹韬奋和茅盾都没有想到的。

五、非常时期主编《笔谈》，与生活书店再续前缘

太平洋战争爆发之前，茅盾还应生活书店的邀请，创办了《笔谈》半月刊。茅盾在回忆录里说，刚到香港，"我第一次见到韬奋……他打算办一个《生活》周刊那样的刊物，亲自主编，还建议我来主编一个文艺刊物"。邹韬奋建议茅盾主编的这个刊物，就是后来的《笔谈》。这也是中共希望他们在香港做的事情之一。但是这个半月刊存在的时间不长，一共只出版了7期，因为太平洋战争的爆发而结束。茅盾编辑《笔谈》，倾注了大量心血，也充分展示了其丰富的编辑经验，在创刊号上的"征稿简约"中提出，"半月出版一次，每期约4万字；经常供给的，是一些短小精悍的文字，庄谐并收，辛甘兼备，也谈天说地，也画龙画狗。也有创作，也有翻译。不敢自诩多么富于营养，但敢保证没有麻醉与没有毒"。编辑取稿的态度立场非常明确。从创刊号看，茅盾的这个办刊的设想得到全部实现，不大的篇幅却有30篇各种不同体裁的文章，林林总总，洋溢着正气和爱国情怀。茅盾、柳亚子、胡风、戈宝权等作家在创刊号上发表作品，阵容十分强大。茅盾回忆说："《笔谈》共出了7期……综观7期刊物，虽然只有薄薄的一本，却浸透作家们辛勤的汗水。柳亚子的支持前面已经讲过，郭沫若也远从重庆给刊物寄来了文章。当时在香港的文化界人士和作家，如陈此生、胡绳、于毅夫、张铁生、乔冠华、杨刚、叶以群、戈宝权、胡风、袁水拍、林焕平、骆宾基、凤子、柳无垢、高荒、孙源、胡考、丁聪等人经常写稿、译稿或提供插图，上海的楼适夷也寄来稿件。"有这么强大的作者队伍，作为主编的茅盾依然非常勤奋地为杂志写稿，以丰富杂志内容。茅盾自己统计，"7期《笔谈》共写了43篇"。可见茅盾

在《笔谈》上花的心血。所以《笔谈》存在时间虽然不长，但是它在抗战时期的影响很大，同样是生活书店店史上耀眼的一笔。在《生活书店史稿》中，有专门一条："《笔谈》半月刊。1941年9月1日在香港创刊的小品文半月刊，茅盾主编。1941年12月1日出到第7期，因太平洋战争爆发停刊。共出版7期。"太平洋战争爆发以后，在中共的安排下，茅盾去了桂林，后来国民党派刘百闵到桂林游说，希望茅盾这些文化人回到重庆去，因为茅盾还是文化工作委员会委员，还有这样一个官方身份。茅盾权衡再三，于1942年12月去了重庆。但是到了重庆以后，生活方面的事情国民政府是不管的，所以茅盾一到重庆，先借住在民生路生活书店的楼上。后来也还是由生活书店帮助，在唐家沱找到房子，并在那里度过三年的雾都生活。1944年7月24日，邹韬奋在上海去世以后，重庆在10月1日召开追悼大会，茅盾和曹靖华、孙伏园、叶以群联合送的挽联上写道："失地见机先，未睹北定中原，吐气且期家祭告；埋名隐敌后，共图东北三省，腐心总为国威扬。"茅盾在9月18日专门写了回忆文章《永远年轻的韬奋先生》，从自己对邹韬奋的亲身感受，写出了邹韬奋永远年轻的情怀，认为邹韬奋"对人的亲切、热情，对事的认真、踏实，想到任何应该办的事便马上想办，既办了以后便用全副精神以求办得快，办得好，想到人世间一切的黑暗和罪恶便激愤得坐立不定，看到了卑劣无耻残暴而又惯于说谎的小人，满嘴漂亮话而心事不堪一问的伪善者，便觉得难于共戴一天——这些都是韬奋先生的永远令人敬仰之处，然而，我以为最可爱者仍是他那一点始终保持着的天真"[1]。正因为邹韬奋有这样的"天真"，他的死，是"民族解放战争的阵营里损失了一位伟大的战士，文化界陨落了一颗巨星"[2]，并预言："无数的青年人将永远把他当作自

---

[1] 茅盾：《永远年轻的韬奋先生》，刊于1944年9月30日《新民报》。
[2] 同上。

己的师友和兄长。"①三年以后，茅盾还写了《记香港战争时韬奋的琐事》②，详细回顾了在香港时与邹韬奋交往的点点滴滴，情真意切，生动而形象，认为邹韬奋的一切美德可以概括为"诚与真"，把邹韬奋为人做事的本质特征揭示了出来。

茅盾与生活书店的关系，一开始就建立在相互信任的基础上。生活书店提供出版平台，茅盾则为生活书店提供优质的精神产品，二者相得益彰。生活书店在抗战时期受国民党政府的压迫，步履艰难，而茅盾态度鲜明，支持生活书店，所以不少作品都是在生活书店首先发表或者出版。另一方面，生活书店也会在茅盾生活出现困难时，及时伸出援手，让茅盾在战乱年头有安定的生活和写作环境，所以茅盾与生活书店十多年如一日，始终保持友好的关系。正因如此，研究探讨茅盾和生活书店的关系，对于深度了解茅盾的历史贡献和生活书店对作家的影响，都大有裨益。

2017 年

---

① 茅盾：《永远年轻的韬奋先生》，刊于 1944 年 9 月 30 日《新民报》。
② 茅盾：《记香港战争时韬奋的琐事》，刊于 1947 年 7 月 25 日《时与文》，第 1 卷第 20 期。

第六辑　命运与缘分

　　北京是茅盾求学的地方。从1913年到1916年，茅盾在北京大学读书三年，毕业以后，进了上海商务印书馆工作。茅盾原来以为从此和北京别过，不再回来，然而时代风云际会，他离开北京20多年之后，又回到北京，并担任新中国的文化部部长。此后的岁月里，茅盾与新中国同呼吸、共命运，为新中国文化事业的发展殚精竭虑，直到晚年，依然关心着中国的文艺事业。重温茅盾在北京的几件往事，重温茅盾在北京的故事，能够让我们进一步认识这位伟大的革命作家。2021年是茅盾主编《小说月报》100周年，这是茅盾人生中一件有意义的事情，其中有许多经验可以总结，也有许多往事可以挖掘。这些经验和往事，蕴含着茅盾的命运和缘分，同样，茅盾出版散文集背后的故事也表明，即使在风雨如磐的年代里，他依然坚定地驾驭着命运之舟，迎着时代洪流奋勇向前。

《林家铺子》插图　丰子恺绘

在北京二三事

在文学巨匠茅盾的一生中，北京是他居住时间最长的一个地方，是他读大学和为国家服务并留下深刻印记的地方。在风风雨雨的20世纪，茅盾在北京留下了许许多多可歌可泣的历史往事，北京给茅盾的温暖和尊重，也让一代大师在30多年的定居岁月中贡献了自己的聪明才智。

一、北大求学

茅盾最早到北京是在1913年9月。这时，茅盾是以北京大学预科生的身份到北京大学报到的，从此开始他在北京的三年大学生活。

1913年7月，茅盾从杭州私立安定中学毕业回到乌镇以后，母亲和他商量，希望他继续读书，至于读书的费用，母亲早有准备，因为几年前外祖母给的1000元一直存放在镇上的钱庄里，相当于现在的理财。现在，这钱已经有7000元，母亲将这7000元分成两份，给茅盾和他弟弟沈泽民留着，作为兄弟俩读书之用。现在茅盾中学毕业，继续读书就可以用这笔钱。现在的问题是，去哪里读书？茅盾母亲和茅盾颇费思量，因为那个时候的大学很少，而且因为费用问题，茅盾只能读三年。

后来，茅盾母亲看到《申报》上有北京大学在上海招收三年制预科生的广告，于是决定让儿子去报考北京大学预科。至于为什么考北京大学，除了费用问题，还有一种说法，因为茅盾的父亲生前曾经有考北京大学的前身京师大学堂的夙愿，后来因为情况发生变化，茅盾父亲的愿望未能实现，所以这在茅盾母亲心里始终是个"结"，才想让儿子去考北京大学，也算是替丈夫了却一个夙愿。还有一个因素是，喜欢茅盾的亲戚卢表叔当时在北京财政部工作，茅盾去北京读书，他可以关照。当时茅盾也仔细研究了北京大学的招生广告，发现报名时间是7月21日至31日，而且预科也分一类二类，各招80名，学制三年。考试科目中，第一类与第二类有些区别，开设的科目有历史、地理、国文、英文、数学、理化、博物、图书。而考第一类的，"理化、博物、图书"三门中免试二门[①]；考试时间是8月11日开始，考试地点在虹口唐山路澄衷学校。后来到上海以后，茅盾还知道，预科第一类将来是升文、法、商本科的，而第二类将来是升理工科本科的。茅盾选择了预科第一类，他后来自己说，因为数学不行，"就选择了第一类"。关于这次去上海考北京大学，茅盾晚年有一段回忆，他说："考试分两天，都在上午。第一个上午考国文，不是作一篇论文而是回答几个问题。这些问题是中国文学、学术的源流和发展。第二天上半天考英文，考题是造句、填空（即一句英语，中空数字，看你填的字是否合格，合格了也还有用字更恰当更优美之别）、改错（即一句中故意有错字，看你是否能改正，或改得更好）、中译英、英译中。最后还有简单的口试。"[②]其实当时茅盾参加的考试，不仅仅考国文和英文，还有历史、地理、数学等。因为数学不好而放弃的，估计是理化、博物两门，因为数学是必须考试的。

大概一个月以后，茅盾在《申报》上看到北京大学录取新生

---

① 茅盾：《我走过的道路（上）》，人民文学出版社，1997年12月版，第101页。
② 同上。

的名单，但是没有看到"沈德鸿"的名字，却看到"沈德鸣"。于是家里面猜测大概是报纸印错了。果然，没有多久，茅盾就收到了北京大学的录取通知书。

所以，茅盾是1913年9月开始北京的求学之旅的。

茅盾从乌镇到北京的路程，现在看来也很有意思。他先从乌镇坐船到上海，接着从上海坐海船到天津，再从天津坐火车到北京崇文门火车站。这是100多年前一代文学巨匠年轻时从家乡到北京的路线图。

北京大学预科第一类招生200多人，分4个班上课。学生宿舍分两个地方，一部分住在沙滩新造的宿舍，两个人一间，取暖靠煤球炉，自己生火；一部分住在译学馆。茅盾便住在译学馆，即过去的同文馆，其地址位于北河沿，大体上在今天的景山前街、北池子大街北口和五四大街三岔路口一带，不过当年的建筑早已荡然无存。大概是新鲜环境容易让人印象深刻的缘故，茅盾对译学馆的宿舍到晚年仍然记忆深刻："至于宿舍（译学馆），楼上楼下各两大间，每间约有床位十来个。学生都用蚊帐和书架把自己所居围成一个小房间。楼的四角，是形成小房间的最好地位，我到时已被人抢先占去了。"[①]然而正当茅盾对北京大学的宿舍格局感到十分新鲜时，北京大学的领导正为开学这件事与教育部进行坚决的斗争。原来，这一年北京大学在北京、上海、汉口等地大规模招生，并定于9月25日开学。不料，在9月23日突然接到教育部通知，命令北京大学暂缓开学并约北京大学校长何燏侯到教育部谈话。何校长到教育部才知道，原来北洋政府要停办北京大学！这是何等荒唐的决定，何校长带领北京大学的师生与北洋政府进行坚决斗争，于是教育部不得不暂停裁撤北京大学。所以茅盾这些新生到北京大学报到以后，一直到10月中旬才开学，而何燏侯校长被迫在开学以后辞职，由湖州人胡仁源担

[①] 茅盾：《我走过的道路（上）》，人民文学出版社，1997年12月版，第105页。

任工科学长、代理北京大学校长，沈步洲为预科学长。

与茅盾同为预科同学的，茅盾在回忆录里面只提到江山人毛子水、宁波人胡哲谋和杭州富阳人徐佐。其实与茅盾预科同学的还有如傅斯年、顾颉刚等后来名扬天下的人物，但估计当时木讷内向的茅盾与其他同学并不热络。这里面提到的毛子水，虽然是同学，但是比茅盾大3岁，出生在一个诗礼世家，从小就跟父亲读四书，古文基础非常扎实。他1913年考取北京大学预科，1917年升入理科数学系，后来创办《新潮》杂志，1920年数学系毕业以后，又去预科任国文教师，后又去德国攻读科学史，1930年回国到北京大学史学系任教。毛子水抗战后任西南联大史学教授，1949年应台湾大学傅斯年邀请，任台湾大学中文系教授，同年发起创办《自由中国》杂志，1988年在台湾去世，有《毛子水全集》问世。至于另一个同学胡哲谋，后来则与茅盾在商务印书馆成为同事。

茅盾到北京时，正为北京大学的去留抗争的何燏侯校长的经历很有意思。等到茅盾他们这些新生安顿好以后，何燏侯辞职，所以茅盾在回忆北京大学生活时，没有提起他。何燏侯也是浙江人，1878年出生在诸暨县，1898年作为中国第一批官费留日学生去日本留学，1905年毕业于日本帝国大学冶金系，由当时的日本天皇亲自授文凭，成为第一个在日本帝国大学毕业的中国留学生。他1905年春回国以后，先在浙江省矿务局工作，同年冬去北京出任学部专门司主事，民国以后，出任工商部矿政司司长，1912年任北京大学校长，这一年，何燏侯才34岁。因与教育总长汪大燮意见不合，何燏侯辞去北京大学校长之职，回到南方。在五四运动前后，何燏侯开始接触马克思主义，逐渐信仰马克思主义。抗战开始以后，他在乡间从事抗日民主活动，1939年周恩来到浙江视察工作时，专门与何燏侯见面，肯定他的抗日民主活动。何燏侯还与浙东中共党政领导来往十分密切，一度因为追随共产党而被捕，后经邵力子等人保释出狱。1949年9月，何燏侯应邀参加中国人民政治协商会议，参加开国大典，他历任全国政协一、二、三届委员，中央人民政府监察委员，第一、二届全国人民代表大会代表，浙江省政协副主席，民革浙江省委主任委员等。1961年4月21日，何燮侯因病在杭州去世[①]。当然，这是后话。至于茅盾记得的那个代理校长胡仁源，则是浙江省湖州人，出任代理校长时只有30岁。但是这位胡校长是1902年的举人，后来又留学日本、英国等，是个有文化底蕴的海归派知识分子。茅盾在北京大学读书期间，正是这位胡校长主持北京大学的校务。

刚到北京大学的茅盾，虽然经历这场小小的风波，但对年纪轻轻的茅盾来说，却印象不深，连记忆都没有了。不过，北京大学的几位老师则深深地印在茅盾脑海里，直到晚年依然非常清晰。他说："教授以洋人为多。中国教授陈汉章教本国历史，一个扬州人教本国地理，沈尹默教国文，沈兼士（尹默之弟）教文字学，课本是许慎《说文》。"在北京大学的课堂上，面对陈汉章的历史课，年轻的茅盾提出自己的看法，结果陈汉章专门让茅盾到他家里，和这个年轻的学生做了一番推心置腹的谈话，让茅盾感动的同时，也对这位大师级的老师产生了深深的敬意。茅盾在回忆录中专门有一段回忆："陈汉章是晚清经学大师俞曲园的弟子，是章太炎的同学。陈汉章早就有名，京师大学堂（北京大学前身）时代聘请他为教授，但他因为当时京师大学堂的章程有毕业后钦赐翰林一条，他宁愿做学生，期望得个翰林。但他这愿望被辛亥革命打破了，改为北大后仍请他当教授。他教本国历史，自编讲义，从先秦诸子讲起，把外国的声、光、化、电之学，考证为我先秦诸子书中早已有之，而先秦诸子中引用'墨子'较多。我觉得这是牵强附会，曾于某次下课时说了'发思古之幽

[①] 林吕建：《浙江民国人物大辞典》，浙江大学出版社，2013年1月版，第231页。

情,扬大汉之天声'。陈汉章听到了,晚上他派人到译学馆宿舍找我到他家中谈话。他当时的一席话大意如下:他这样做,意在打破现今普遍全国的崇拜西洋妄自菲薄的颓风。"[1]一席话,让年轻的茅盾肃然起敬!其实,陈汉章是博古通今的大师级人物。陈汉章于1864年出生在浙江省宁波市象山县东陈乡东陈村,幼年就读于丹山书院,后来到杭州攻读,入诂经精舍,师从俞樾,1888年考取乡试第十名,次年会试不第。当时考中举人的陈汉章有过多次出去做官的机会,但是他都放弃了。1909年,陈汉章入京师大学堂任教,到北京后,他一心向学,改做学生,据说当时老师课堂上点名点到陈汉章时,点名的老师立刻起立,向陈汉章致意[2]。1913年5月,陈汉章以甲等第一名的成绩毕业,当时他已经是50岁了[3]。北京大学仍然按照原来的聘约,聘陈汉章为教授,担任国文、哲学、史学三门课的教学工作。茅盾当时就是听他的史学课,才有此深刻印象的。陈汉章曾在民国时期被列为院士,推为全国学术界第一流人才,外国的汉学界称其为"两脚书库"。陈汉章晚年回到故里,专心治学,1938年在故乡逝世。2014年,21卷《陈汉章全集》问世。

当时,北京大学预科那些先生们讲课,大都是自己编写教材,称为"讲义",这是教授自己的看家秘籍,所以学生们都十分看重"讲义"。据说,有一位接替马叙伦的老师因为没有编写讲义,被学生轰了出去。所以茅盾在回忆北大生活时,常常讲到"讲义"。茅盾记得,教地理的扬州籍老师"他也自编讲义",而且"他按照大清一统志,有时还参考各省、府、县的地方志,乃至《水经注》,可谓用力甚勤,然而不切实用"。据说这位先生就是桂蔚丞,同事沈尹默曾经回忆说:"这位先生上课时,有一听差挟一地图,捧一壶茶和一只水烟袋跟随上课堂,置之于讲台

---

[1] 茅盾:《我走过的道路(上)》,人民文学出版社,1997年12月版,第106页。
[2] 《陈汉章全集》,浙江古籍出版社,2014年1版,第一册第7页。
[3] 《陈汉章全集》,浙江古籍出版社,2014年1版,第一册第8页。

上，然后退出，下课时照送如仪。有一次，在教员休息室里，学生来向我借书，借之而去。桂蔚丞大为诧异，对我说：'你怎么可以把书借给学生呢，那你怎么教书呢？'我回答说：'这无从秘密的呀。书是公开的，学生可以买，也可以到图书馆去借。'原来，这些老先生教了几十年的讲义和参考书都是保密的。这个风气一直到蔡元培先生到北大后，才稍稍改变。"[1]而这位教茅盾国文的沈尹默老师恰恰不编讲义，他告诉学生，自己只教学生读书研究的方法，"指示研究学术的门径"，而如何博览，全靠学生自己。也许这位沈老师是湖州人的缘故，茅盾对沈老师的课还是非常适应的，和沈老师说话也比较随便。茅盾说，沈老师"教我们读庄子的《天下》篇，荀子的《非十二子》篇，韩非子的《显学》篇。他说先秦诸子各家学说的概况及其互相攻讦之大要，读了这三篇就够了"[2]。同学见沈尹默随和，又问他："听说太炎先生研究过佛家思想，是不是真的？"沈尹默说："真的。"沈尹默还告诉茅盾他们："你们想懂一点佛家思想，不妨看看《弘明集》和《广弘明集》，然后看《大乘起信论》。"茅盾当时正是读书如饥似渴的时候，所以听了沈老师的话，也去找了这些佛教著作来看。晚年茅盾回忆说："我那时好奇心很强，曾读过这三本书，结果是似懂非懂，现在呢，早已抛到九霄云外，仅记其书名而已。"[3]在北京大学预科读书期间，茅盾最大的乐趣是外国老师教他们读外国文学作品，如司各特的《艾凡赫》、笛福的《鲁滨孙漂流记》以及莎士比亚的作品，这让"书不读秦汉以下"的茅盾大开眼界。

在北京读书的三年，茅盾一心学习，心无旁骛，寒暑假在表叔家里读二十四史，甚至连北京的一些名胜古迹也没有去游玩，

---

[1] 余连祥：《逃墨馆主——茅盾传》，浙江人民出版社，2006年4月版，第47页。
[2] 茅盾：《我走过的道路（上）》，人民文学出版社，1997年12月版，第106页。
[3] 茅盾：《我走过的道路（上）》，人民文学出版社，1997年12月版，第107页。

直到毕业前夕，才和几个年轻亲戚游览了正在开放的颐和园，好像这是茅盾在北京的三年间仅有的一次游览名胜古迹的机会。1916年，茅盾毕业于北京大学预科一部英文甲班，据近年发现的一篇文章介绍，茅盾（沈德鸿）的成绩是74.6分，位第19名。第一名是傅斯年，89.6分。

三年的北京读书生涯，让年轻的茅盾感受到了古都的风气。1916年离开北京的时候，茅盾做梦都没有想到，自己后半生会与北京联系在一起，更没有想到北京是他一生当中居住时间最长的地方，成为自己的第二故乡。

二、两处住所：从文化部的小楼到后圆恩寺胡同13号四合院

茅盾在北京居住的地方，除了临时的北京饭店和1976年的地震棚之外，就两处，即文化部宿舍的小楼和后圆恩寺胡同13号的小四合院。

新中国成立两个月以后，即在1950年1月，茅盾迁往东四头条5号大院1号小楼。这里原来是美国修女华文学校，院内大礼堂西有三座被砖砌矮花墙围起来的小楼，各有两个通向大院和互通的圆洞门，茅盾夫妇住在1号楼，是座假三层的小楼。一楼是一大一小两个厅，还有一个厨房。厨房边上是一个很窄的楼梯。二楼有一个小客厅，老朋友来就在这个二楼小客厅相聚聊天。二楼阳台封好以后，放一张写字台，当作茅盾的写字间。二楼还有两间卧室，茅盾一间通卫生间，夫人孔德沚一间通过道。三楼也有三个房间，一间是秘书住，另外的房间是儿子韦韬一家回来时住。茅盾住进这个小楼时，就这么简单！当时和茅盾一家差不多时间搬进去的，2号楼是阳翰笙夫妇，3号楼是周扬夫妇。然而让人没有想到的是，茅盾在这里一住就是24年，在这里开始了他的文化部部长生涯，在这里和来自全国

各地的作家朋友聊天相聚，在这里经历了20世纪50年代的各式运动，也在这里送走夫人孔德沚。

北京后圆恩寺胡同13号，是茅盾从1974年至1981年逝世前生活工作、读书写作的地方。在茅盾去世以后，中央在1982年将此确定为茅盾故居，并且严格保护。1984年5月24日，北京市将后圆恩寺胡同13号茅盾故居确定为北京市文物保护单位，从法律层面进一步保护了茅盾在北京的故居。

茅盾故居门口的白杨树现在已经高大挺拔，夏天枝繁叶茂，绿荫蔽日，让人感到凉爽；冬天的树叶飘落一地，阳光灿烂，小胡同显得格外安静。白杨树枝干壮硕，春夏秋冬，风风雨雨，数十年如一日，守护着茅盾故居，守护着这座中国现代文学的精神家园。

这是一个500多平方米的四合院，原来是杨明轩的旧居。它不是标准的北京四合院，只有一进半的院子，没有影壁，也没有回廊。进大门右手有一间六七平方米的小屋，左手也有一间，两间屋门相对。站在大门口向院内看，就能把前院一览无余。三间正房，一大二小，坐北朝南，房前有一米宽的廊子，中间堂屋约20平方米，左右耳房有十几平方米。东西厢房和南房各有三间，都不大，大的约有十二三平方米，小的不到10平方米。所有的房间都是花砖地，三间正房是地板。后院院子很小，不过5米见方。东西厢房很小，只能放杂物。经过整修，1974年12月12日茅盾迁居于此。当时这个地方叫"大跃进路七条胡同13号"，后来又叫"交道口南三条13号"，再后来恢复原来的地名，即"后圆恩寺胡同13号"。

茅盾去世后，儿子一家立刻搬出，完整保存了茅盾生前居住时的模样。

院子里的葡萄架以及苍虬的葡萄藤，是茅盾居住时就有的。前院的院子里，现在安放着一座汉白玉的茅盾半身雕像。茅盾生前的书房和卧室在后院，都保持原貌。茅盾当年在卧室外会见老朋友坐过的简易椅子,还是原来的椅子;鹅黄色的布外套,还是老样子。茅盾当年在这里会见过巴金、丁玲等文学界泰斗级的人物,会见过日本的松井博光以及美国、法国、新加坡的学者和朋友。在这把简易的椅子上,茅盾和来访的老朋友回忆过往,向来访的朋友询问多年没有来往的朋友的近况。在这把椅子上,茅盾和来访的朋友留下了不少珍贵的照片,成为人们永远的记忆。

茅盾是我们党最早的党员之一,无论在中国共产党的革命史上,还是中国现代文学史上,都享有崇高威望。守望着这样一个文学巨匠的故居,是中国文学界的责任,也是北京的幸运!

三、扶持文坛新人

作为文化部部长和中国作家协会主席,提携年轻的作家是茅盾在北京时的一个重要的工作。新中国成立以后,茅盾评论过的作家数以百计,扶持过的作家也不在少数,这是茅盾在新中国文化部部长的位置上最值得称道的地方之一。以前的不说,光是在新中国成立前后成长起来的作家当中,就有不少是被茅盾提携评论过的,如王安友、峻青、林斤澜、杜鹏程、李准、王愿坚、丁仁堂、茹志鹃、管桦、王汶石、权宽浮、肖木、申蔚、勤耕、绿岗、乐天、穆寿昌、田军、麦云、张弓、范乃坤、车如平、傅绍棠、吴华夺、李魂、欧琳、刘克、杨旭、邓洪、费礼文、胡万春、万国儒、申跃中、韩文洲、玛拉沁夫、冯骥才等,许多作家或多或少都得到过茅盾的关心和帮助、鼓励和评论,所以在新中国的文坛上,茅盾有"文坛保姆"之称。尽管这些作家当中,不少人只是昙花一现,现在的人们早已忘记他们的名字和作品,但是对当年的文坛来说,依然是无法忽略的。

有一些作家因为茅盾的评论和提携,改变了人生命运,从而为新中国的文学事业做出了很大贡献,比如作家茹志鹃,茅盾在

茅盾夫妇在 1957 年

评论《百合花》之前并不认识她，在茅盾认识的人中，也没有人告诉茅盾茹志鹃是谁，茅盾只是读了 1958 年 3 月《延河》文艺杂志上的小说《百合花》后，才知道有个作家叫茹志鹃。茅盾只是觉得这篇小说风格清新俊逸，才写评论充分肯定这篇小说的。据说，当时茅盾读到《百合花》时，眼睛一亮，有着丰富创作经验和审美经验的他，像在沙漠里突然发现了绿洲，非常欣喜。他十分欣喜地说，《百合花》"是我最近读过的几十个短篇中间最使我满意，也最使我感动的一篇。它是结构谨严，没有闲笔的短篇小说，但同时它又富于抒情诗的风味"[1]。茅盾在《读最近的短篇小说》一文中，用相当的篇幅分析肯定《百合花》，认为《百

---

[1] 茅盾：《读最近的短篇小说》，作家出版社，1958 年 7 月版，第 15 页。

合花》在"结构上最细致严密,同时也最富于节奏感的"①。连用两个"最"字来肯定《百合花》的结构和节奏感!至于人物形象,茅盾也给予高度评价:《百合花》里的"人物形象是由淡而浓,好比一个人迎面而来,越近越看得清,最后,不但让我们看清了他的外形,也看到了他的内心"②。同时,还以他丰富的审美经验,充分肯定《百合花》"清新、俊逸"的创作风格。在创作手法上,茅盾也予以高度肯定,称赞《百合花》中"善于用前后呼应的手法布置作品细节描写,其效果是通篇一气贯串,首尾灵活"③,认为茹志鹃写《百合花》时,"展开故事"和"塑造人物"两个方面结合得非常好,"尽量让读者通过故事发展的细节描写获得人物的印象;这些细节描写,安排得这样的自然和巧妙,初看时不一定感觉到它的分量,可是后来它就嵌在我的脑子里,成为人物形象的有机部分,不但描出了人物风貌,也描出了人物的精神世界"④。1962年五六月间,茅盾集中时间将全国1959年、1960年发表的上百篇小说读了一遍,以札记的形式写下了几万字的《读书杂记》,其中,茹志鹃的《春暖时节》《澄河边上》《如愿》《三走严庄》《阿舒》《同志之间》六篇短篇小说进入文学巨匠茅盾的视野,茅盾对茹志鹃的这六篇小说每篇都有精辟的点评。⑤茅盾读过《春暖时节》,认为她"写静兰(女主角)思想发展的过程很细致","特点在于细腻地刻画了女主角的思想发展而不借助于先使矛盾尖锐化,然后讲道理,说服、打通思想等等通常惯用的手法",肯定茹志鹃突破公式化的写作痼疾,已经有了自己的清新的写作特色。对小说《澄河边上》,茅盾同样充分肯定,"《澄河边上》写自然

---

① 茅盾:《读最近的短篇小说》,作家出版社,1958年7月版,第10页。
② 同上。
③ 同上,第14页。
④ 同上,第11页。
⑤ 以下这些点评引文,均见茅盾《读书杂记》,作家出版社,1963年11月版。

环境、故事发展，都紧密相扣，前后呼应，既写戎马仓皇，也写宜人风物；全篇节奏有起有伏：而这一切只用了七千余字，笔墨之精练即此可知"。对于《如愿》，茅盾认为其中的主人公刻画得非常成功，出场时"有挺胸向前的气概"，所以在写作上有"爽朗凌厉"的感觉。对《三走严庄》，茅盾写了近千字的评论，认为"这篇小说的女主角是作者所写的女性中间最可爱也最可敬的一个"，以她清俊的笔墨"活画出一个娴静温柔但看得清、把得稳，时机到来时会破樊而出的一位青年妇女——收黎子"，而且这篇小说的结构是"整齐而又有变化"。而小说《阿舒》，茅盾认为作者用第一人称写法，显得"文笔轻俏"，但又因注重形象的细节描写，把主人公的"面目和思想写得十分鲜明而活泼"。《同志之间》是茹志鹃 1961 年发表在 3 月号《上海文学》上的一篇小说，茅盾认为，这篇小说的"引人入胜之处在于巧妙地安排了生活小故事，既渲染了战胜行军的气氛，也刻画了这三个人物，并且描写了经常闹意见的这三个人实质上是极其相互爱护的"，所以茅盾说，"从塑造人物这个角度看来"，茹志鹃"取材于解放战争的作品更胜于取材于'大跃进'时期的作品"。因为茅盾的评论，已经蔫倒的"百合花"又焕发青春，处在人生低谷的茹志鹃又振作起来，成为新中国的著名作家。

茅盾在读过各地文艺杂志上发表的大量作品之后，在《读最近的短篇小说》一文中详细分析了丁仁堂的《嫩江风雪》、申蔚的《洼地青春》、王愿坚的《七根火柴》、勤耕的《进山》、绿岗的《忆》、管桦的《暴风雨之夜》等短篇小说，给新中国的作家们以巨大的鼓舞。王愿坚后来回忆说，当时他看到茅盾的评论都惊呆了，"使我惊奇的是，文章分析得那么仔细，连我在构思时曾经打算用第一人称的写法，后来又把'我'改成了另一个人物这样一点最初的意念都看出来了，指出来了。他对那样一篇不满二千字的小说，竟用了四五百字去谈论它，而且给了那么热情的称道和鼓励,我被深深地激动了"。①玛拉沁夫的《花的草原》出版后,茅盾在公务之余认真阅读,并且写了意见。玛拉沁夫读到这篇文章时,"愧不自容地哭了!"这样的感情,在当年的许多作家心里都曾经有过。敖德斯尔是蒙古族作家,在他成长过程中,茅盾同样倾注了极大的心血,当年茅盾在读到他的小说时,同样还不认识他,只是觉得这样的少数民族作家需要国家大力培养,需要精心呵护,所以当时茅盾写评论,肯定敖德斯尔发表在《人民文学》上的小说《欢乐的除夕》,认为"整篇是有风趣的,这是别有风味地描写了新人新事,有地方色彩"。敖德斯尔后来回忆说,茅盾对他小说的评论让他感到:"这对我是个多么大的鼓舞,又是多么大的动力啊!"敖德斯尔还记得:"1962年冬天,先生读了我的中短篇小说集《遥远的戈壁》之后,全面分析了我的创作道路的时候写道:'敖德斯尔于1952年开始业余写作,用蒙文,最近二三年也用汉文写……'当时我读到先生的这些文字,不禁感动得热泪盈眶!"②北京有位很有名的作家林斤澜,但是在1958年还没有出名时,他投的小说稿子一直被《人民文学》杂志社压着,杂志编辑部的编辑对林斤澜的写法吃不准,对是否可以发表林斤澜的作品也有争议。于是他们向茅盾请教,茅盾看过林斤澜的近20篇作品以后,建议人民文学杂志社召开座谈会。后来,根据茅盾的提议,人民文学杂志社召开了座谈会,在会上,茅盾对林斤澜的写法给以充分肯定,认为"林斤澜有他自己的风格。这风格表现在练字、造句上,也表现在篇章的结构上"。从此,一颗文坛新星冉冉升起,林斤澜成为新中国以后成长起来的北京著名作家之一。直到晚年,茅盾对文学新人的培养依然不遗余力,竹林的长篇小说《生活的路》投给出版社后,出版社吃不准,也是由茅盾给以肯定之后才出版

---

① 王原坚:《他,灌溉着……》,刊于1981年4月9日《中国青年报》。
② 敖德斯尔:《关怀——深切悼念茅盾》,刊于1981年第5期《民族团结》。

的。小说出版以后，果然引起社会的广泛好评。总之，茅盾这方面的贡献和成就值得人们去总结。

2016 年

互动：以读者为中心
——茅盾主编《小说月报》百年纪念之一

1921 年，茅盾在商务印书馆主编文学期刊《小说月报》，迄今已经 100 周年。一百年来，中国已经发生了巨大变化，文学思想、观念和创作方法日新月异，以白话文为主要标志的新文学创作早已成为文学创作的主潮，而旧文学的声浪早已偃旗息鼓，与新文学抗衡的时代早已不复存在。但是，一百年前，茅盾主编《小说月报》时设置"通信"栏目的经验和启示，对我们研究期刊如何以读者为中心，坚持期刊立场，以发现人才、推出精品为宗旨，丰富社会主义文艺，仍具有重要意义。

1921 年至 1922 年，茅盾主编我国第一份大型文学期刊《小说月报》两年，坚持五四精神，高扬新文学大旗；以《新青年》为楷模，与旧文学彻底决裂；以读者为中心，培养作者，引导读者，顺应历史潮流，蹚出一条新文学期刊发展道路。

一、茅盾主编《小说月报》的背景和基础

茅盾在接手《小说月报》前，对文学期刊的编辑和发展，已经有一定的尝试和经验积累。

创刊于 1910 年的《小说月报》，在文学革命和五四运动的冲击下，杂志影响日渐式微，严重影响商务印书馆的经营，在浩浩

荡荡的时代大潮中，商务印书馆的张元济等人开始思考《小说月报》的命运，如何顺应时代潮流，跟上五四运动的时代步伐。

商务印书馆高层当时的想法和意见，《小说月报》主编王西神（莼农）是知道的，但是如何革新，跟上时代的步伐，王西神这个才子却没有应对办法。这时，王西神看中了青年茅盾的才华，于是向孙毓修商量借用茅盾，协助自己编辑《小说月报》的"小说新潮"栏目，并且希望茅盾在"小说新潮"栏目里进行革新。

此时的茅盾已经受《新青年》的影响，所以编辑实践中想到的是《新青年》的风格和思想，便开始对"小说新潮"进行《新青年》式的改革，为刊物的革新摸索一条路子。对此，茅盾后来回忆说：

> （当时）身兼《小说月报》与《妇女杂志》主编的王莼农忽然找我，说是《小说月报》明年起将用三分之一的篇幅提倡新文学，拟名为"小说新潮"栏，请我主持这一栏的实际编辑事务。我问他：是看稿子，并决定取去么？回答是：也要出题目。我又问：出什么题目？回答是：例如要翻译什么作家的什么作品。我又问：创作如何？他答：这个小说新潮栏专登翻译的西洋小说或剧本……我摸清了来意，就推托说：手里的事太多，抽不出时间帮忙。王莼农却答道：他和孙毓修商量过了，我可以不管《四部丛刊》的事了。我又说：我在《学生杂志》也还有点事。王却答道：也和朱元善商量过，请你分心照顾我这里一下。我不好再推，只好答应。
>
> ……我同孙毓修、朱元善谈这件事，他们都承认"有过商量"，而且暗示：王是不得已而为之，半革新的决定来自上面。
>
> 为了排印时间关系，我在两星期内写出两篇文章，一篇题名为《小说新潮栏宣言》，署名记者，此文提出亟须翻译

的外国文学名著共二十位作家的作品四十三部,分为第一部与第二部,略表循序渐进之意。这四十三部作品都是长篇。另一篇题名《新旧文学平议之评议》,署名"冰",这篇文章提出了文学应当"表现人生并指导人生","重思想内容,不重形式"等论点。后来又加两篇介绍性质的文章,一是《俄国近代文学杂谈(上)》,一是《安得列夫死耗》。[①]

茅盾革新的"小试牛刀",首先是充满《新青年》味道的"小说新潮"栏目宣言。茅盾在其中写道:"现在新思想一日千里,新思想是欲新文艺去替他宣传鼓吹的,所以一时间便觉得中国翻译的小说实在是都'不合时代'。况且西洋的小说已经由浪漫主义(Romanticism)进而为写实主义(Realism)、表象主义(symbolism)、新浪漫主义(New Romanticism),我国却还是停留在写实以前,这个又显然是步人后尘。所以新派小说的介绍,于今实在是很急切的了。""所以中国现在要介绍新派小说,应该先从写实派、自然派介绍起。本栏的宗旨也就在此。""最新的不就是最美的、最好的。凡是一个新,都是带着时代的色彩,适应于某时代的,在某时代便是新;唯独'美''好'不然。'美''好'是真实(reality)。真实的价值不因时代而改变。"[②]这篇洋溢着五四精神的"宣言",也深得王西神的好评。

在这篇宣言中,茅盾提出值得介绍给中国读者的外国文学作品目录,发表以后,一些读者给《小说月报》来信,发表自己的看法。茅盾也回复读者,在交流互动中体现栏目革新的风采。其中一位名为"黄厚生"的读者来信,其中说:

> 我读本报11卷1号"小说新潮"的《宣言》后,不觉

[①] 茅盾:《我走过的道路(上)》,人民文学出版社,1980年11月版,第154—155页。
[②] 《"小说新潮"栏宣言》,刊1920年1月25日《小说月报》第11卷第1号。

生出了许多感想来……然于《宣言》下，附有12家所著的30篇小说及8家13篇的小说，以为将来翻译介绍的，我于此却不能不有一点疑惑……并非模仿人家是不好的，乃是不能取长去短。人家所是的，不必尽是于我家；人家所非的，不必全非于我家，何况乎写实派、自然派的小说啦。人家所谓写实的自然的，是写的人家的实，说的他家的自然。张冠李戴，恐怕有点不妥。至于谈到写实上、自然上的文字，又何必专取这几家的小说……所以我对于《小说新潮》的意见，就在这里。以为介绍人家小说，不如写自家的实、说自家的事。既介绍人家的小说，不如选人家的最能体贴入细的文字。①

这是茅盾编辑生涯中第一次以编辑身份和读者互动，所以茅盾读过来信，也很认真地回答黄厚生提出的问题。茅盾其中说道：

黄君厚生很注意我们的"小说新潮"栏，特地做了一篇感想寄来，我们是很感激的。他抬高小说地位的议论，我们自然绝对地表同情；他对于《宣言》后面附录我所做的介绍西洋文学的一张表的批评话，我个人也很表欢迎。但黄君所说，有鄙见以为未尽者，也很多，我趁机会写在下面，大家商量。黄君以为应当"写自己之实"，是注重创造的了，我岂有不同意，但中西文学程度相差之远，足有一世纪光景（那是大家的公言，不是我一人的私见），所以现在中国研究文学的人，都先想从介绍入手，取西洋写实自然的往规，做个榜样，然后自己着手创造；与黄君所说"写自己之实"，目的同，不过步骤有异罢了。

……

---

① 刊于1920年4月25日《小说月报》第11卷第4号。

至于黄君所说写实、自然派的文学何必单取此数人云云,那是我的原表的说明中早已提及,理由也说在其中,现在不再多答了(最好请看1月1日之《时事新报·学灯》栏评论拙作原文,新潮栏所载是初稿)。总之,我以为介绍应该普遍的、主要的,但我个人的观察多少要带几分主观在内,不能尽合人人之意,自亦难免。

　　以上答复黄君的话,尚望黄君不吝赐教;读者诸君如也肯赐教,欢迎得很。①

　　茅盾在这封信中,有肯定同意的,也有不同意的,有指出错误的,同时也有解释的。作为一位编辑,这样认真地回复读者,无论是态度还是知识层面,都是值得肯定的。茅盾晚年在回忆录中认为,黄厚生这封《读〈小说新潮栏宣言〉的感想》的来信,"就是空谷足音",但是"黄厚生所提的五点意见,不尽正确,这在我写的《答黄厚生的感想》中已经一一剖析,这里不多说了。但是他反对以小说为消遣品,而认为'小说是改良社会、振兴国家,在教育上所占的位置,在文学上所占的价值,均能算括括叫的第一等',却针对'礼拜六派'而发"②。由此可见,茅盾在《小说新潮宣言》和《新旧文学平议之评议》里提出的文学为人生的观点,既是茅盾文学思想的核心内容,也是茅盾编辑文学杂志的基本思想。

　　因此,茅盾从1920年初开始,就在这个老牌杂志上进行局部改革,寻找期刊自身发展规律。据他回忆,《小说月报》当时的情况显然比1919年有了许多进步,而且在传播思想方面、作者队伍方面,已经有了明显变化。这与受《新青年》影响和茅盾参与编辑有很大的关系。茅盾说:"'小说新潮'栏以外的《小说

---

① 刊于1920年4月25日《小说月报》第11卷第4号。
② 茅盾:《我走过的道路(上)》,人民文学出版社,1980年11月版,第156页。

月报》也在不知不觉发生变化。"①这句话的内容，过去一直为我们研究《小说月报》时所忽视。比如，1920年第6号的《小说月报》登了署名"佩之"的《红楼梦新评》。佩之，不知其为何许人，但他这篇论文的立场和观点，同《小说月报》的基本撰稿人（"礼拜六派"）的立场、观点完全相反。这篇论文提出一部《红楼梦》只是"批评社会"四个大字的论断，并展开讨论，认为《红楼梦》的做法，就是西洋文学上的写实主义。西洋文学的潮流，先是古典主义，然后是浪漫主义，到现在是写实主义；《红楼梦》的写实主义比西洋早了二百年。同时又从《红楼梦》的结构、人物描写、文学语言三方面来分析这部写实主义巨著的文学价值。茅盾认为，这篇论文的立场、观点，在当时可说是空前的。

在改革"小说新潮"的同时，王西神表示整个《小说月报》也要顺应潮流。到了10月号，王西神再次开始调整栏目，"小说新潮"栏和原有"说丛"栏调整掉，而用"短篇小说""长篇小说"分类（创作与翻译混合编排）。但是，这些改良主义做法并没有能够挽救《小说月报》下滑的态势，到10月份，《小说月报》只有2000份的发行量。所以茅盾总结说："王莼农之所以有上述之'应文学之潮流，谋说部之改进'的意图，还不是想增加销路么？然而，冶新旧于一炉，势必两面不讨好。当时新旧思想斗争之剧烈，不容许有两面派。果然像王莼农自己所说，他得罪了'礼拜六派'，然而亦未能取悦于思想觉悟的青年。而况还有不肯亏'血本'的商务当局的压力。"②茅盾在全面改革《小说月报》前的1920年，从一个栏目的操刀改革，到《小说月报》的革新微调，看到了这种改良主义的后果，是内外不讨好，新旧不讨好，社会经济效益同样不会好。王西神的改良主义结果，成为茅盾主编《小说月报》的前车之鉴。

---

① 茅盾：《我走过的道路（上）》，人民文学出版社，1980年11月版，第158页。
② 茅盾：《我走过的道路（上）》，人民文学出版社，1980年11月版，第160页。

二、新文学的力量，茅盾革新的胆量，《小说月报》绝处逢生

《小说月报》到 1920 年 10 月以后，已经面临着生存问题，写得一手好骈文的王西神黔驴技穷，向商务印书馆当局递交辞呈。商务印书馆当局不得不考虑这份老牌杂志的出路问题，为此，他们首先想到去北京寻计问策。张元济、高梦旦亲自出马，在北京盘桓了前后一个月时间，对浩浩荡荡的时代潮流有了切身体会。他们拜访了北京新文学界的主要人物，问计于北京的一些大学教授。结果，他们在北京得到一个意外收获，即商务印书馆编译所的茅盾进入他们的视野。所以，张元济和高梦旦从北京回到上海，由高梦旦出面找茅盾谈话，请茅盾接手王西神的工作，担任《小说月报》《妇女杂志》的主编。在谈话中，茅盾表示在进一步了解情况之后，再决定是否接手《小说月报》主编岗位。

根据了解到的情况，茅盾向商务印书馆提出三个基本条件。茅盾回忆录专门提及这三个条件："一是现存稿子（包括林译）都不能用，二是全部改用五号字（原来的《小说月报》全是四号字），三是馆方应当给我全权办事，不能干涉我的编辑方针。高梦旦与陈慎侯用福建话交谈以后，对我的三条意见全部接受。"[①]

茅盾的三个条件是其办好《小说月报》的基础，因为他在王西神的无奈中看到了问题的症结所在。王西神在某种意义上是被旧文学拖垮的，在旧文学势力的包围中，他无法施展才华，小改小革的改良主义根本改变不了旧文学层层叠叠的势力。而茅盾的三个条件，恰恰是针对《小说月报》的问题提出来的。其中《小说月报》已经购买的旧文学稿子一律不用，表示革新以后与旧文学的决裂，这是彰显"五四"立场；四号字改为五号字，表面看

---

① 茅盾：《我走过的道路（上）》，人民文学出版社，1980 年 11 月版，第 161 页。

是个技术问题，实际上事关新文学的发展，因为这样一改，扩大了新文学的容量，也就是扩大了新文学的地盘。至于茅盾要求赋予全权主编的权力，更是办好《小说月报》的前提。没有明确的权限，无法体现主编的思想和水平，这是茅盾的高明之处，也体现了茅盾革新《小说月报》的胆量。如果当年茅盾只是受命于商务印书馆当局的安排，走马上任担当《小说月报》主编，很可能重蹈王西神的覆辙，无法收场。即使这样，在主编《小说月报》一年以后，内部有形无形的压力也让26岁的茅盾时不时向周作人等朋友诉苦，甚至向直接领导高梦旦递交辞呈，最后被高梦旦真诚挽留。所以，如果没有这三个条件在前，后面的工作茅盾就不知如何处理了。比如将商务印书馆已经买下的鸳鸯蝴蝶派作者的作品，明确表示全部不再刊登，这在茅盾方面，是表明和旧文学彻底决裂，没有任何通融余地。而作为商务印书馆，则已付出的成本无法收回，这本账高梦旦他们心里自然是清楚的。

同时，就外部环境而言，时代已经悄悄地发生裂变，五四运动以后，尽管文化上旧势力还非常强大，但新文学的势力正在年轻人中间悄然生长，而旧文学的队伍正在慢慢地分化。虽然茅盾受到了旧文学势力的冷嘲热讽，甚至人身攻击，但是旧文学势力毕竟是大江东去，气候难成。

当茅盾走马上任主编《小说月报》时，时代给予茅盾的一个大礼包——文学研究会——横空出世。这无疑给茅盾编辑《小说月报》提供了一个隆重推出新文学作品的机会，从而使一大批新文学作家在革新以后的《小说月报》上脱颖而出。冰心、叶圣陶、郑振铎、王统照等后来载入现代文学史的作家，大多在《小说月报》上发表过不少作品。而商务印书馆看重的经济效益，在茅盾主编以后，也很快显现，《小说月报》的发行量，第1期就达到5000册，第2期到7000册，到1921年年底，发行量已经达到1万册。这显然是新文学的力量，商务印书馆高层是看到这种趋势的。

茅盾在具体的编辑过程中，首先摒弃封闭，坚持开放，大量介绍国外的文学作品，甚至用印象派的绘画作为插图，如1921年的第1期中，用法国印象派画家德加的3幅画作为插图，一幅是《浴女》，一幅是《洗衣人》，还有一幅是《跳舞》。另外，还用8篇的规模介绍俄国、日本、波兰、爱尔兰、挪威以及印度作家的作品。以后的各期中，介绍外国文艺的作品占了总篇幅的三分之一。不仅如此，茅盾还充分利用商务印书馆涵芬楼的书报杂志，首创了"海外文坛消息"一栏，提供海外的文坛资讯152则，让国内的读者大开眼界，成为他主编《小说月报》的亮点之一。其次，茅盾大胆革新，提携新人，胡愈之、叶圣陶、郑振铎、耿济之、沈泽民、郭绍虞、庐隐、王统照、冰心、鲁迅、瞿世英、周作人、许地山、朱自清、徐志摩等，这些新文学作家都是《小说月报》的重要作者，也是中国现代文学的中坚力量。再次，茅盾"喜新厌旧"，不留余地，对旧文学采取鲜明的反对态度，在《小说月报》改革宣言中，明确表示旧文学中的诗词赋等"恕不能收"。《小说月报》原来是旧文学的地盘，王西神的半革新已经从旧文学的地盘中分割了一部分，并由此得罪鸳鸯蝴蝶派的旧势力，只能黯然离开。现在茅盾全面革新，对旧文学不留余地，充分显示其胆识和革命精神，而这种不留余地的全面革新，让《小说月报》获得新生，成为中国新文学的重要阵地。

三、以读者为中心，在双向互动中彰显新文学主张，探索期刊新的增长极

茅盾主编《小说月报》初期，对杂志新的增长机制探索力度并不大，重心在于组织好的新文学作品，只要是新文学作品，无论是创作，还是翻译，对他来说是多多益善。当时如日中天的周作人，是茅盾重点关注的对象。据统计，1921年上半年，周作人在《小说月报》上发表4篇作品。还有新文学作家叶圣陶，在茅

盾主编《小说月报》初期，给予茅盾许多支持，仅1921年上半年，就提供了《母》《一个朋友》《低能儿》等6篇小说，《感觉》等3首新诗，集中发表在1至4期的《小说月报》上。所以，革新后的《小说月报》新文学作家云集，成为国内文坛的一道亮丽的风景线。

在《小说月报》的编排结构上，除了"海外文坛消息"之外，茅盾从1921年下半年开始陆续开辟"通信"栏目，搭建一个与读者沟通的平台，在互动中彰显新文学主张，成为刊物鲜活的新文学资源之一，进一步拓展了《小说月报》的增长极。据笔者统计，1921年《小说月报》一共发表来信12封，其中茅盾复信8封；1922年，《小说月报》发表来信83封，茅盾复信69封。发表来信比上年增长70%左右，茅盾公开回复来信增长85%左右。这些来信都是读者在读了《小说月报》以后的感想、怀疑、建议、请教等。有一些是茅盾出题目，读者踊跃参与，谈自己的想法和建议。如"翻译文学书的讨论""语体文欧化讨论""英文译的俄文学书""文学作品有主义与无主义的讨论""为什么中国今日没有好小说出现？""小说月报的名称""自然主义的论战""译名统一与整理旧籍""自然主义的怀疑与解答""怎样提高民众的文学鉴赏力""对于本刊的名称与体例的讨论""创作质疑"等。这些引导来信的做法，拉近了编辑与读者的距离，双方相向而行，越走越近。

茅盾设置"通信"栏目，显然是受《新青年》的影响，《新青年》曾经"特辟通信一门，以为质析疑难、发舒意见之用"。茅盾在编辑《小说月报》过程中，听取周作人的意见而在1922年加大力度。茅盾在1921年10月22日致周作人的信中说："《月报》（即《小说月报》——笔者注）如欲便利初学，设立通讯一门，固是一法。"[1]茅盾在开始革新《小说月报》的改革宣言中，

---

[1] 钟桂松：《茅盾全集》，黄山书社，2014年3月版，第43页。

门类的设计中并没有"通信"这个栏目,而是在第 2 期《小说月报》中才设置"通信"一栏,并且是邀请周作人以来信的方式讨论翻译文学书的问题。在两年时间里,茅盾逐步把"通信"栏目作为杂志编辑的一个重要内容,从被动到主动,显然是受了《新青年》和周作人的意见等的共同影响。

纵观茅盾主编《小说月报》两年间的"通信",从主观认识到具体操作,主要有这样一些特点和经验:

(一)增强了读者参与度。从茅盾发表的这些来信看,当时这些读者对《小说月报》的兴趣还是很大,如 1921 年 8 月号中,"通信"栏里发表多封来信,内容十分丰富,有批评,有声明,有指正,其中第 4 期中《印度短剧》一文的译者许光迪来信,纠正该文的印刷错误,将剧本的名称误印为作者的名字,应该纠正。许光迪还回忆了自己翻译这个短剧的故事,说当时翻译以后,"瞿菊农兄就拿给振铎兄看去,始终未还我,我亦未想到可以付之刊印,此后再研究了几本古印度书,才知道该剧确是唐丁做的。乃日昨访济之去,他拿 4 号报给我看,一看到(印度短剧,印度 M……著,许光迪译)那篇。非凡惊惧,确认系排印之误,若不及早声明,遗笑不小"。就是这样一个编辑印刷错误,茅盾主动刊登译者来信指出错误,让读者看到主编的严谨态度,主动引导读者参与《小说月报》的互动。

有一个读者张维祺给郎损(茅盾)写信,说:"我看到了你的春季创作坛漫评一篇文字,觉得很欢喜,因为这种评论很可以引起现在一般作家底兴趣,也是可以热闹中国文坛的一种方法,使得他可以蓬蓬勃勃地旺兴起来……我以为《小说月报》里的创作也应该在漫评之内。先生并不列入,有别的意思吗?或者是因为'熟面孔'人有所不便吗?我以为批评家并无熟面生面的分别,被批评者也不该以熟面生面发生一种特殊之情感……"[①]郎损

[①] 刊于 1921 年 8 月 10 日《小说月报》第 12 卷第 8 期。

(茅盾)回应称:"……《小说月报》上登的创作所以不评,就因为读《小说月报》者都已看过,不用再去指出来了。并非'熟面孔'不便,来信说'被批评者也不该以熟面生面发生一种特殊之情感',这自然是应当的,不过现在国内人对于批评两字总觉得是'不友意'①的,批评者虽然自身态度公平得很,其如不能使人谅解何?'生面孔'的话,正非得已呵!"②茅盾没有回避来信的问题,让参与的读者觉得自己的想法受到主编的重视。同一期上的其他来信,茅盾也给予了回应。还有,茅盾在《小说月报》上发表关于《小说月报》要不要改名的来信,引起许多人的参与,连作家朱湘也积极来信,成为当时《小说月报》读者群中的一个热门话题。

(二)平等互动,广开言路。茅盾主编《小说月报》时,非常注意编读之间的平等互动,开放读者言路,所以通过开办"通信"栏目,让读者有机会表达自己对《小说月报》的看法。从茅盾发表的大量"通信"来看,不少读者的来信并不全部符合他的新文学观点,茅盾也以平等的态度倾听读者的想法,提出自己的看法,从而达到平等交流的目的。周赞襄来信,对《小说月报》关于自然主义文学的提倡提出异议,认为:"现在中国文学的幼稚的创作坛上,应该取宽泛的态度,不宜拘泥某种主义的狭见,束缚幼稚天才的创作发展,如果将来创作坛上有几位特出的作家的作风,披靡一时,那时自然成了一种共趋的作风,也就自然成了一种主义;再另一方面——批评界方面——觉得现在应该需要何种的作品;或是现代的作品,以何种作品为最美,那时也可以督促创作界有同一的趋向——作风;但是现在的中国幼稚的创作界,作品有几?作家有几?定要拘泥于西洋的作风,标榜某种主义,未免见狭,先生以为何如?"③很明

---

① 不友意,意思是"不友好"。
② 刊于1921年8月10日《小说月报》第12卷第8期。
③ 刊于1922年2月10日《小说月报》第13卷第2期。

显，周赞襄是不支持倡导自然主义文学创作的，而此时茅盾恰恰处于最热心倡导自然主义文学创作的阶段，但是茅盾认为，周赞襄的观点代表了当时不少人的想法，所以将这封明显不符合自己观点的来信予以发表，同时也给来信者以明确的答复。茅盾在答复中说：

> 现在最流行的话就是"不宜拘泥某种主义"；在此刻倡导自然主义写实主义，更受人诟病。这情形，我们也很明白。但是这种冠冕堂皇的流行病的高调，实在无益于中国新文艺的发展，而且有害……历来贱视诗歌小说，都当作陶情消遣之用。历来的描写方法又不尚忠实，但图行文之便。消遣的文学观，不忠实的描写方法，是文学进化路上二大梗。可以说是中国文学不能发展的原因……自然派描写眼前平凡的事物，件件是真实的，如今国内的一般作者也描写眼前平凡的事物，却件件都是虚浮的……自然主义在世界文坛上，似乎是过去的了，但是一向落后的我们中国文学若要上前，则自然主义这一期是跨不过的；而况描写不求忠实，乃中国文人之通病呢！所以我个人的意见，觉得如今我们若再不提倡自然主义，仍是糊里糊涂说"好的就是，做得好就是"，那么，中国新文学的作者或许永远要迷失在镀金的半神秘半理想之境了……
>
> 总之，文学上某种主义一方面是指出一时期的共同趋势，一方面是指出文艺进化上的一个段落；我们如果承认现在的世界文学必要影响到中国将来的新文学——换言之，就是中国的新文学一定要加入世界文学的路上——那么，西洋文学进化途中所已演过的主义，我们也有演一过之必要；特是自然主义尤有演一过之必要，因为他的时期虽短，他的影响于文艺界全体却非常之大。我现在是这样地确信着，所以

根本地反对不提倡什么主义的八面光的主张。[1]

茅盾的态度是非常清晰的，既平等交流，又坦诚表明自己的观点。在与不正确的文艺观点的斗争中，茅盾的新文学主张非常鲜明，他在主编《小说月报》期间，对自然主义创作的推崇一直没有停止过。这也是革新以后的《小说月报》不同于过去《小说月报》的地方之一。

（三）阐明立场，突显新文学张力。在《小说月报》的读者来信中，不少读者对新文学是抱着怀疑的目光来信的，甚至有一些非议。有一个读者谭国棠给茅盾写信：

记者先生：

近来各杂志各报上发表的创作大都是短篇的，长篇很是寥寥……长篇小说近来发表的像《沉沦》等三篇，亦未见佳；虽然篇中加了许多新名词，描写的手法还是脱胎于《红楼》《水浒》《金瓶梅》等几部老"杰作"。《晨报》上连登了四期的《阿Q正传》，作者一支笔真正锋芒得很，但是又似是太锋芒了，稍伤真实。讽刺过分，易流入矫揉造作，令人起不真实之感，则是《阿Q正传》也算不得完善的了。创作坛真贫乏极了！贵报目下隐然是小说界的木铎，介绍西洋文学一方，差可满意，创作一方却未能见胜。至盼你们注意才好呵……

对此来信，茅盾阐明立场，说出自己对这些新文学作品的看法。茅盾说：

（前略）《沉沦》中三篇，我曾看过一遍，除第二篇《银

---

[1] 刊于1922年2月10日《小说月报》第13卷第2期。

《灰色的死》而外，余二篇似皆作者自传（据友人富阳某君说如此），故能言之如是真切。第一篇《沉沦》主人翁的性格，描写得很是真，始终如一，其间也约略表示主人翁心理状态的发展：在这点上，我承认作者是成功的；但是作者自叙中所说的灵肉冲突，却描写得失败了……

至于《晨报附刊》所登巴人先生的《阿Q正传》虽只登到第四章，但以我看来，实是一部杰作。你先生以为是一部讽刺小说，实未为至论。阿Q这人，要在现社会中去实指出来，是办不到的；但是我读这篇小说的时候，总觉得阿Q这人很是面熟，是呵，他是中国人品性的结晶呀！我读了这四章，忍不住想起俄国龚伽洛夫的Oblomov了！而且阿Q所代表的中国人的品性，又是中国上中社会阶级的品性！细心的读者，你们同情我这话么？①

茅盾态度、立场是鲜明的，没有居高临下的样子，却有推崇新文学的张力，对鲁迅作品的见解是极为深刻的，而且富有前瞻性。事实证明，茅盾当时的深刻见解成为后来鲁迅研究的经典。

有一个名为管毅甫的读者来信，攻击新文学，信其下：

主笔先生大鉴：

屡读贵报，见有所谓新诗，聱牙其字句，晦涩其意义，以欺世人，自谓世界最近潮流。鄙人在外国八年，初未尝见此等诗也。今人不能运用声调格律以泽其思想，但感声调格律之拘束，何其陋也。殊不知诗之有格律，实诗之本能。在太古之时，卿云歌等即为四言，诗经具体为四言，不但诗有然，即如老子荀子之散文，皆喜用四言之句而叶韵，岂非整

---

① 刊于1922年2月10日《小说月报》第13卷第2期。

齐纪律，为人类之天性耶。而贵报诸君且以白话作诗，殊不知今日之英德意文固异于乔塞路德但丁时英德意文也。且今日人提倡以日本文作文学。其谁能指其非。以汉文于日本为外国语，恰如希腊拉丁文之于英德法文也。而文言乃中国之文字也，诸君以白话作诗，岂非慎乎？

管毅甫草于南昌

茅盾读到这封攻击白话诗的信，发现并无新意，只是抄一些攻击白话诗的陈词滥调，凑为自己的观点。所以，茅盾旗帜鲜明地在1922年3月号上回复这位读者。茅盾写道：

毅甫先生：

　　细看尊信的议论，都根据《学衡》杂志胡先骕君的《评尝试集》一文。尊信杂采胡文各段，杂凑而成；二月四号的北京《晨报》曾载有式芬君批评胡君该文的一篇杂感，不知你先生曾见过否？兹附录于下：

　　……

　　此外尊信中"在太古之时，卿云歌等即为四言……"亦见胡君原文第三段中，我以为胡君此证，和昔人引《易经》里的《文言》来证明孔子以骈体为文之正宗，同一错误，所谓见偏而不见全也。

记者雁冰
3月10日[1]

茅盾借用别人的评论，回击反对白话诗的旧文人，可谓四两拨千斤，轻松幽默而又态度鲜明，恰到好处。

但是，有时候茅盾回复读者来信，同样也会遭到以前那些

---

[1] 刊于1922年3月10日《小说月报》第13卷第3期。

《小说月报》读者的嘲笑和挖苦。有一次，有一个名为"啸云"的读者给茅盾写信，说看了冰心的《疯人笔记》，不理解其中的意思，请教茅盾。茅盾带点幽默回信说，"啸云先生：我极惭愧，竟不能回答您的问。《疯人笔记》是神秘而且带点象征的作品；这样的作品本来不容易领悟，而且不是人人尽能领悟，我自知我的性情就不是能领悟神秘象征派的。不但读者，即使创作者自身，下笔时有这'灵感'写了出来，究竟何所指，自己也不可明说；因为如果确乎可以指说，便不是神秘，读者只觉得'其中有物'便是了"。[1]但是，就是这样一封信，却被一个署名"西湖人"的作者在上海小报《晶报》上嬉笑怒骂一番，骂茅盾是一个"不领悟的沈雁冰先生"，"沈雁冰主持《小说月报》，发刊作品，是要取'自己不领悟，和人人不易领悟'的主义，换一句说，他自己领悟或人人容易领悟的作品，他绝对排斥"，所以这个署名"西湖人"的作者认为："有十二年感情的老友《小说月报》，怎么会给一个不领悟的人支配了呢？老友啊！我深替你不幸！"[2]可见当时旧势力对新文学的仇恨，到了何等地步！

茅盾一个人主编《小说月报》，在五四时代的风云际会中充分展示了个人的聪明才智，更在现代编辑史上留下了浓墨重彩的一笔，充分显示出他作为中共最早党员之一的理想信念。而开设"通信"一栏，既有对新文学的思考、对旧文学的批判，也能让读者直接参与其中，形成积极有效的互动，茅盾为此做了大量的工作，取得了积极的经验，值得后人借鉴。茅盾晚年在回顾《小说月报》全面革新的过程时说过，彼时《小说月报》的编辑方针是"兼收并蓄，不论观点、风格之各异，只是不收玩世不恭的鸳鸯蝴蝶派的作品"。其中同样有不少经验可以总结。

今天重温茅盾主编《小说月报》时的部分思想和经验，既是

---

[1] 刊于1922年7月10日《小说月报》第13卷第7期。
[2] 刊于1922年7月24日《晶报》。

对一代文学巨匠兼编辑大家的怀念,也是为新时代倡导以读者为中心的编辑理念提供一份参考。

2021 年

新发现有关茅盾作品的一份档案
——关于《茅盾随笔》往事

茅盾生前出版的作品集,一般情况下,绝大多数在茅盾的回忆录中都有记录,即使茅盾自己没有提及,茅盾研究界的一些工具书如《茅盾年谱》,或者茅盾著译目录中也有记载。但是我最近发现,也有例外,茅盾的《茅盾随笔》出版过两种,一种是茅盾和研究者都没有提及,另一种是茅盾没有提及,研究者提及了,其出版背后的故事让人唏嘘不已。

一、被人遗忘的散文集

在茅盾作品的出版传播史上,直接用"茅盾随笔"作为书名的作品集,只有两种,最早是1941年1月,在上海的日本人开办的三通书局出版了茅盾的《茅盾随笔》;后来,1943年7月,桂林文人出版社也出版了《茅盾随笔》。

然而奇怪的是,1941年1月出版的这部《茅盾随笔》,茅盾研究界和作者茅盾自己从来没有提及,似乎被历史湮没,被人遗忘了。

从1940年至1941年初茅盾简略的行迹看,1940年5月茅盾到达延安,10月应周恩来的电召从延安到达重庆,担任国共合作时期的文化工作委员会专任委员。不久,国共两党的形势日趋紧张，1941年1月发生"皖南事变"。茅盾在周恩来的安排下，于2月下旬秘密离开重庆，经桂林到达香港。所以，当时茅盾怎么可能在上海的这个书局选编这样一部散文集呢？据樊东伟、柳和城介绍，三通书局（1936—1946）是当时上海的日本人办的，发行人是中村正明。中村其人情况不详，版权页史料显示，三通书局位于上海北四川路839号，门市部位于四马路中331号。估计孤岛时期三通书局的影响不小，出版过不少书，其中"三通小丛书"出版了1000多种，收入了不少进步作家的作品，《茅盾随笔》是其中一种。

三通书局出版的《茅盾随笔》（三通书局编辑部编），收入了茅盾20世纪20年代在日本时创作的和30年代写的散文，共9篇，即《卖豆腐的哨子》《雾》《虹》《红叶》《樱花》《冥屋》《秋的公园》《在公园里》和《公墓》。前面5篇是茅盾在流亡日本时所创作，后4篇是茅盾从日本回上海后所写。

其中，《卖豆腐的哨子》是茅盾1929年初在日本写的一篇充满象征意味的散文，将自己在日本时的孤独迷茫和听到日本清晨的卖豆腐的呜呜哨子声联想在一起，往日在武汉的峥嵘岁月又浮上脑际："也不是它那类乎军笳然而已颇小规模的悲壮的颤音，使我联想到别一方面的烟云似的过去；也不是呢，过去的，只留下淡淡的一道痕，早已为现实的严肃和未来的闪光所掩煞所销毁。""每次我听到这呜呜的声音，我总抑不住胸间那股回荡起伏的怅惘的滋味。"越是怀念过往，越是孤独，这倒不是卖豆腐哨子声的不是，而是自己的思想情绪的缘故。

其实，日本传统卖豆腐的叫卖声有一个发展变化过程，而且地方不同，情况也不一样，有的地方大多是用哨子吹的呜呜的声音，但是有的地方是叫卖"托——夫"（即豆腐）音调，缓慢、悠长而且有余音，很有味道，丰子恺说它"好像南屏晚钟的音调"。据说当年日本现代化的过程中，豆腐销售改革，改用自行车卖豆腐，直接送到用户家里。这样既方便又可以降低豆腐的价钱，但是却遭到日本不少人的反对，其中反对这项改革的理由，就是以后听不到卖豆腐的叫卖声了。当时日本有个文学家叫上田敏，他就认为，这样一改，除了不少人失业外，"还摧残了日本原有的生活情调，伤害了大和民族性的优美，失去了卖豆腐的叫卖声带给东京市内家庭的美趣"，所以反对这项改革。可见，同样的卖豆腐的哨子声、叫卖声，心情不一样，感觉就完全不同。此时，茅盾的内心是忧愁的。他说："呜呜的声音振破了冻凝的空气，在我窗前过去了。我倾耳静听，我似乎已经从这单调的呜呜中读出了无数文字。我猛然推开樟子，遥望屋后的天空，我看见了些什么呢？我只看见满天白茫茫的愁雾。"可见茅盾的忧愁的心情。

而《雾》这篇散文，同样是用象征手法写的，散文的字里行间弥漫着雾的苦闷和不爽，"像陷在烂泥淖中，满心想挣扎，可是无从着力呢"！茅盾自己说，《雾》是"表示我对时局的看法，和我当时的情绪"。大革命失败以后，《雾》是茅盾亡命日本时思想上的迷茫和追求的真实写照。《虹》也是茅盾在日本写的一篇散文，用象征笔法，虹是美丽的希望的象征，但是空虚、缥缈，而国内那些"新式骑士"站在虹的桥上，"高揭着什么怪好听的旗号，而实在只是出风头，或竟是待价而沽"。而《红叶》《樱花》则是茅盾在日本郊游以后写的游记。

《冥屋》《秋的公园》《在公园里》《公墓》4篇是茅盾在20世纪30年代前期在上海所写。《冥屋》是1932年11月8日写的一篇散文，这篇散文讲述了30年代上海的"时代印记"。茅盾去上海亲戚卢表叔家参加一个"还寿经"的祝寿仪式，其中可以看到时代对这一类活动的影响。散文通过茅盾以前在乌镇看到手工制作"冥屋"到现在团队操作，感到连迷信用品都烙上时代的印痕。《在公园里》是茅盾游过公园以后的感慨，而《公墓》是茅盾观光过"万国公墓"以后写的一篇散文，发表在1933年1月16日《东方杂志》30卷2号，里面提到了日本的殡葬。所以茅盾这些散文，在当时似乎没有什么需要回避的，更没有什么违禁内容。也许是这样的原因，日本人才出版茅盾的这部《茅盾随笔》。

这个"三通书局"虽然出过其他进步作家的作品集，但当时在重庆的茅盾怎么会在孤岛时期日本人在上海办的书局出书呢？估计当时这家书局是没有经过茅盾同意而擅自出版的，而当时在重庆的茅盾根本不知道或者根本没有看到这本书的出版。所以这一本《茅盾随笔》的出版信息，茅盾自己在回忆录里没有提到。20世纪八九十年代的几部《茅盾年谱》也没有记载，连茅盾研究界最权威的孙中田、查国华编辑的《茅盾研究资料》也没有记载。显然，三通书局版的《茅盾随笔》是被作者和研究者所遗忘的一部散文集。

二、一份新发现的茅盾散文集的审查档案

一个偶然的机会，我看到一份国民党图书杂志审查委员会审查桂林版的茅盾散文集《茅盾随笔》的档案记录，从中看到当年即使在国共合作背景下茅盾创作的艰难。

1941年12月太平洋战争爆发以后，茅盾夫妇在中共东江游击队的掩护下，逃出香港，昼伏夜行，于1942年3月9日到达桂林，12月3日离开桂林。在桂林期间，茅盾创作了报告文学《劫后拾遗》、长篇小说《霜叶红似二月花》以及《耶稣之死》《列那和吉地》等7部短篇小说，还写了一些散文评论等文章，这是抗战时期茅盾创作丰收的一个阶段。这与当时桂林集聚大量文化人有关。国民党广西当局表面上对文化人的到来表示欢迎，但是内部对文化人的监控和文化审查还是非常严密。茅盾在回忆录中说到，当时他即将离开桂林时，为了"填补空腰包"，编了几本集子，其中一本是《如是我见我闻》（文光书店），一本是《白杨礼赞》（柔草社），茅盾记得："另外一本集

子叫《茅盾自选短篇集》，是民范出版社请我编的，所选的也都是抗战前的旧作。也许民范出版社的后台不硬，或者他们没有打通图书杂志审查处的关节，这本我以为最不可能'危害抗战'的集子却没有通过，审查处的理由是：'查该集《创造》与《陀螺》两篇查禁有案，应予扣存，其余各篇不适抗战要求，应予免印，原稿姑准发还。'"

其实，当时茅盾还编过一本书，正是《茅盾随笔》，是桂林的文人出版社出版的。这是茅盾1942年11月离开桂林前选编的一本散文集，里面收入十多篇散文。关于这本书，不知道是什么缘故，茅盾在回忆录里没有提及，但是孙中田、查国华的《茅盾研究资料》里有记载。当时茅盾作品出版审查过程也颇坎坷，所以茅盾对当时桂林的林林总总的出版社并无好感，主要是一些"皮包公司"的文化人对作者稿费的克扣和对作者版权的不重视，让茅盾反感。据介绍，从1938年武汉沦陷到1944年9月湘桂大撤退的几年间，桂林竟然曾经有过179家出版机构。茅盾回忆录里忆及当时有60多家出版社，说其中大半是贩卖纸张文具和盗版的皮包公司，可谓鱼龙混杂。

在桂林的这个文人出版社，估计也是一个不大的出版社，但是出版的书倒不少是进步作家的作品。除了茅盾的散文集《茅盾随笔》外，还有田汉的五幕剧《秋声赋》、熊佛西的长篇小说《铁苗》、艾芜的短篇小说集《童年》、绀弩的短篇小说集《在路上》、碧野的长篇小说《湛蓝的海》、柳亚子的《少年时代》等。文人出版社的地点是桂林崇善路16号。老板是谁？现在不清楚。茅盾回忆录讲的"住在我们前楼那位姓王的，就是个'皮包公司'老板"，是不是这个王老板就是文人出版社的老板，现在不好说。笔者曾经请教当时和茅盾他们住在一起的金仲华的女儿金立群老师，她也不记得前楼有一个姓王的人住着。

但是，从国民党图书杂志审查委员会审查《茅盾随笔》的档案中，文人出版社确实有一个姓王的人，叫王小涵。当时王小涵拿到《茅盾随笔》的书稿时，共有 11 篇稿子，即《一九四三年试笔》《关于鲁迅先生》《回忆是辛酸的罢，然而只有激起我们的奋发之心！》《日记及其他》《雨天杂写》《关于报告文学》《关于"差不多"》《读〈北京人〉》《关于〈新水浒〉》《谈所谓可塑性》和《谈人物描写》。王小涵拿到稿子以后，就开始"走程序"，送广西省图书杂志审查委员会审查。其时，茅盾早已在 1942 年 12 月 3 日离开桂林去重庆。据国民党中央图书杂志审查委员会档案记录，王小涵将茅盾的《茅盾随笔》报送到广西省图书杂志审查处，审查处初步审查以后，处长李支在 1943 年 2 月 12 日签发，报送中央图书杂志审查委员会。

广西省图书杂志审查处呈　元发字第 108 号，民国三十二年 2 月 12 日发

中央图书杂志审查委员会

案据桂林市王小涵呈审茅盾著之《茅盾随笔》一稿，核以该稿系以茅盾作品的散文杂感写作集订而成，内容多有暴露我游击队之弱点与强调异党组织进步之处，似不合抗战要求。理合备文连同该稿一并呈请复核，仍候指令祗遵。谨呈。

计呈《茅盾随笔》原稿一束。

广西省图书杂志审查处处长　李支

广西的图书杂志审查处处长李支的情况不明，但是审查报告说明文人出版社的负责人是王小涵。茅盾的《茅盾随笔》经过广西的图书杂志审查处的审查以后，于 2 月 12 日上报中央图书杂志审查委员会继续审查。

国民党中央图书杂志审查委员会第二科在 3 月 6 日写出审查意见：

国民党中央图书杂志审查委员会第二科签呈（3 月 6 日）

  该稿经核，虽多语中带刺之处，但尚不十分显著。准《关于〈新水浒〉》一篇，对谷斯范短篇小说集描写青年徒步往延安求学一篇，备致推许，殊有不妥。至其鼓吹新文字，并在游击队伍中强分所谓进步势力与阶级属性，亦有不合。《谈人物描写》一篇，强调统治阶级利用教育为工具一段，亦有不妥，均应饬令删改，方可出版。此外，如《谈所谓可塑性》一篇，借题发挥，意有所指，有诋毁政府之嫌，应不准采用。拟将原稿发还，并指复桂处遵办。

亦彰兼代　3月6日

  审查意见中提到的《关于〈新水浒〉》，是茅盾在延安时写的一篇评论，发表在1940年6月25日《中国文化》第1卷第4期。《新水浒》就是青年作家谷斯范的长篇小说《太湖游击队》，谷斯范（1916—1999）是浙江上虞人，12岁春晖中学毕业以后就任小学教师，20岁开始创作反映学生爱国运动的报告文学。他抗战开始后任新闻记者和中学教师，"皖南事变"以后任《浙江日报》《福建导报》编辑，抗战胜利后有长篇历史小说《桃花扇底送南朝》。新中国成立后，他先在上海《新闻日报》工作，后调入华东文联任专业作家，不久调杭州浙江省作家协会。茅盾当时对年轻的谷斯范的创作十分关注，其中对写一个青年徒步投奔延安求学的短篇小说印象深刻，所以在《关于〈新水浒〉》里再次肯定这部短篇小说，说："现在我还记得有一篇写青年徒步往延安求学的，虽系'想象之作'，但热情而富有诗意，充分闪烁着才能的光芒，给我很大的感动。"大概就是这一句刺激了国民党的审查官，认为茅盾对此"备致推许，殊有不妥"。其实茅盾在这里连小说的题目都未提及，审查官竟然如此敏感？至于文章中讲到大众化问题，也为审查官所忌。

  关于《谈人物描写》，是茅盾在1942年发表于桂林《青年文艺》（10月10日第1卷第1期）上的一篇谈创作的文章。审查官认为有一段谈教育的文字"强调统治阶级利用教育为工具一段，亦有不妥，均应饬令删改，方可出版"。那么，这一段是怎样写的呢？

  从前的时代，奴隶的经济地位形成了奴隶意识，另一方面贵族的意识也在"教育"奴隶，当奴隶们不能摆脱贵族们的思想意识的时候，奴隶们是服服帖帖的，一旦，奴隶们不再受贵族的思想意识所笼罩了、摆布了，这是奴隶惊醒的时候，于是奴隶反抗了。历史上，凡统治阶级一定要对被统治阶级施行其"教育"，使被统治阶级的所思所信，都合于统治阶级的利益和需要。被压迫阶级受长期"教育"的结果，其思想意识当然有统治阶级思想意识的成分，文艺作品力量大的地方就是在于把统治阶级的意识在被压迫阶级中的影响，逐渐减少下去。

  这段话，被审查官敏感地认为"不妥"，而要求"删改"。

《谈所谓"可塑性"》是茅盾1941年5月发表在《大众生活》上的一篇杂文，这篇杂文很短，但是很犀利。文章抨击国民党当局的愚民政策，"不许他们用脑"，"千方百计，总想把奴隶们的思想纳于'正规'——使得他们不作有利于自己的思想，而以主子们所需要的'思想'为依归"，"即凡已成形者，仍可打碎而照我的意思再塑再捏之"。茅盾认为"这是希特勒心传"。而"集中营""劳动营"，就是这种理论的实施。自然，茅盾的这样一篇杂文随笔，国民党审查官知道茅盾是"借题发挥，意有所指，有诋毁政府之嫌"，所以是"应不准采用"。其实，茅盾这一篇杂文当时在《大众生活》上发表时，最后一句就开了"天窗"的。

  中央图书杂志审查委员会第二科的审查意见出来以后，立即上报给中央图书杂志审查委员会，过了约40天，即4月16日，中央图书杂志审查委员会正式下达指令。

国民党中央图书杂志审查委员会指令（4月16日）：

指令
　　令广西省图书杂志审查处

卅二年2月12日元发字第108号呈一件：为呈送《茅盾随笔》原稿一册请核示由。

呈件均悉。查该稿《关于〈新水浒〉》《谈所谓可塑性》《谈人物描写》等三篇，内容欠妥，应予扣存。余无大碍，准予发还，仰即知照。此令。

附发还《一九四三年试笔》原稿9份。

主任委员　潘××

这三份国民党图书杂志审查委员会的审查文件，现保存在国民党中央图书杂志审查委员会档案里（见中国第二历史档案馆编的《中华民国史档案资料汇编》第5辑）。

经过广西省和"中央"的层层审查，扣存了三篇文章以后，茅盾的《茅盾随笔》于1943年7月由桂林文人出版社出版。

此时茅盾早已到达重庆，其中经过恐怕茅盾也不大清楚，但是从《茅盾随笔》被层层严格审查这件事上看，当年茅盾在桂林对国民党的感觉还是对的。虽然当时国民党派了刘百闵代表国民党中央来邀请茅盾等文化人去重庆，表示中央有所借重，似乎茅盾等进步文化人在抗日的大环境下宽松自由了，但是实际上，国民党对茅盾这些进步文化人的控制没有放松，反而收紧。茅盾当时有所觉察，他回忆说："在这里（桂林）我可以对太平洋战争以来国内政治形势的变化作一番估量，也可以观察重庆方面在我写了《腐蚀》等小说和杂文之后对我的态度，以便审时度势，决定我今后的行动方向。"经过观察和思考，茅盾很快有了自己的主张，他说："到达桂林后，我首先写的是长篇，而不是短文。

这与以往不同，以往每到一地，总是先应酬各报刊的约稿，赶写一些短论或杂文。然而在桂林我都婉辞了。我考虑，写短论和杂文是向敌人掷投枪，但目前的桂林不同于过去，更不同于香港，国民党的图书检查十分严厉，人身自由又无保障，如果我匆匆忙忙上阵，既不能使'投枪'通过图书检查老爷的关口，反倒授人口实。因此，我到桂林后对自己的告诫是：先不要急于发表文章，看清形势再动笔。"尽管如此，当时茅盾创作依然非常勤奋，不过从茅盾选编的《茅盾随笔》被秘密严格审查的情况看，虽然是国共合作时期，国民党对革命作家茅盾还是不放心的，所以茅盾到桂林之后采取谨慎处事的方针无疑是对的。

2020 年

第七辑　生活的真实

在茅盾的一生里，生活与创作的往事构成他丰富多彩的文学人生。"茅盾"并不是凭空出现的，它是茅盾生活创作的必然结果——时代充满矛盾，人生充满矛盾，生活充满矛盾，矛盾无处不在，关键是如何把握历史发展规律，以积极的心态面对矛盾，所以茅盾取名"矛盾"，叶圣陶改为"茅盾"，都是时代的故事。而茅盾在创作中流传的故事同样由时代造成，一本书居然被作家自己所忽略，这在"敝帚自珍"的中国文化里是很少见的。还有，为了说明写序的经过，一篇说明文字瞬间成为茅盾的检讨文字，这样的变化让茅盾瞠目结舌，只能隐忍下来。然而，当一些新中国文学作品在读者中见仁见智时，茅盾依然挺身而出，为《青春之歌》定音，一部优秀的长篇小说就这样问世。自然，茅盾以他丰富的创作经验、深厚的文化素养，对新中国成立以后的文学作品自有评价，而且他的评价是非常有文学味道、非常符合文学创作规律的，因此读茅盾在20世纪五六十年代的大量作品评论，是了解茅盾对中国文学贡献的重要方面。

《林家铺子》插图 丰子恺绘

"茅盾"九十年了

90年前，即1927年的春夏之交，大革命的中心武汉腥风血雨，蒋介石和汪精卫先后叛变革命，一心一意想当革命家的沈雁冰，正在武汉这个革命漩涡的中心，刚刚主编《汉口民国日报》不久的他，目睹了革命的失败和反革命的胜利。湖北各地源源不断的反革命疯狂反扑消息，雪片似的飞到报纸主编沈雁冰的案头。沈雁冰将一些消息编发在自己主编的报纸上，如《宜都县党员之浩劫》《钟祥避难同志为钟祥惨案呼援》《一个悲壮的呼声》《危机四伏的黄安》《又有两起大屠杀》等。蒋介石叛变革命以后白色恐怖的消息，差不多每天都在沈雁冰主编的报纸上刊发。所以，沈雁冰是目睹了大革命兴起和失败的人，也是亲身经历了大革命失败的人。在汪精卫叛变革命的前夕，沈雁冰根据党的指示，辞去《汉口民国日报》主编职务，转入地下。后来，他又根据党的指示，准备去九江，不料南昌去不了，本打算上庐山等待时机，但是在山上一病数日，随后才得知南昌已经发生起义，于是他带着党组织交给自己的支票，潜回上海。

一、足不出户，再现当代风云

岂料，此时的上海早已笼罩在一片白色恐怖之中，蒋介石在"四一二反革命政变"中，屠杀了300多名共产党员和革命群众，500多人被捕，5000多人失踪，中共中央因此无法在上海开展工作而秘密迁往武汉。沈雁冰也已被列入蒋介石政府通缉的黑名单，在秘密回到上海景云里的家中时，一身疲惫。轰轰烈烈的大革命失败了，但曾经的刀光剑影，其中的人和事，这些人的思想和行为，却一直印在他的脑海里，像电影一样，反反复复，挥之不去。大革命失败后，一些人牺牲了，一些革命群众也惨死在反革命的屠刀下，还有一些人往右转了，但是也有一些人依然在高调鼓吹革命的高潮来了。经过大风大浪的沈雁冰，在心痛革命失败的同时，思想上十分迷茫，中国革命的出路在哪里？他要停下来思考，梳理一下自己的情绪和思路。但是，此时没有工作而又不能出去做革命工作的他，却还要养活一家人——夫人、母亲和7岁的女儿沈霞、4岁的儿子沈霜，于是只能隐藏在景云里的家里，开始了他的小说创作之旅。

沈雁冰后来在回忆录中说："我隐藏在我家（景云里11号甲）的三楼上，足不出户，整整十个月。"沈雁冰在景云里的这个家，是他到上海工作生活以后的第四个地方。第一个地方在宝山路，是和商务印书馆同事谢冠生住在一起的，第二个地方是宝山路鸿兴坊，第三个地方是闸北顺泰里11号，然后是景云里。景云里虽然名字很安静，但实际上很嘈杂，前前后后的居民很多很杂，沈雁冰曾经说过："但景云里不是一个写作的好环境。时值暑季，里内住户晚饭后便在门外乘凉，男女老少，笑声哭声，闹成一片。与景云里我的家只有一墙之隔的大兴坊的住户，晚饭后也在户外打牌，忽而大笑，忽而争吵，而不知何故，突然将牌在桌子用力一拍之声，真有使人心惊肉跳之势。"可见写作环境之一般。

就是在这样的环境里，沈雁冰拿起笔，思绪回到了刚刚失败的大革命的场景，革命洪流中的人物形象，血雨腥风里那些小资产阶级知识分子、青年男女，从激情飞扬到颓废消极，从偶像的破碎到心意彷徨，从以身许国到不知路在何方。在这股洪流里，真与伪、善与恶、美与丑、阴谋与幻想、野心与天真、伪装与激情、无耻与献身等纠葛交错在一起，纷纷涌到笔端！没有写过小说的沈雁冰，抱定宗旨，"严格地按照生活的真实来写"，"我相信，只要真实地反映了现实，就能打动读者的心……对于我不熟悉的生活，还没有把握的材料，还认识不清的问题，我都不写。我是经验了人生才来做小说的，而不是为了说明什么才来做小说的"。于是，他10个月足不出户，隐居在家里，以大革命为背景，写了《幻灭》《动摇》《追求》三部中篇小说，把刚刚发生的大革命用小说记录了下来，一批曾经活跃在大革命生活中的时代女性，成为静女士、慧女士、孙舞阳、章秋柳的生活原型，抱素、胡国光、方罗兰等也是在大革命时期司空见惯的人物。小说刚刚写了十多天，住在隔壁的叶圣陶来看望沈雁冰，并且将已经写的《幻灭》部分手稿拿去。因为有通缉令在身，已经是被蒋介石通缉的"政治要犯"，所以沈雁冰以前使用过的笔名都不能用了，于是他顺手在手稿上署了一个笔名："矛盾。"

二、茅盾是谁？

叶圣陶此时正在编辑《小说月报》，拿到沈雁冰的《幻灭》前半部的稿子，一看，立刻被小说所描写的大革命情景所吸引，马上决定刊发在《小说月报》。第二天，叶圣陶去沈雁冰家里，告诉他准备马上发表，后面部分等写出来以后登在下一期。叶圣陶同时建议，如果用笔名"矛盾"，人家容易知道这是假名，在白色恐怖的情况下，国民党方面来查问原作者，不好应付。所以，不如改为"茅盾"，"矛"字上加个草头，姓茅的人很多，不会引起注意。叶圣陶的考虑不无道理，沈雁冰点头同意。于是，1927年9月，《小说月报》第18卷第9期上，一个看似新冒出来的作家"茅盾"，横空出世！

后来,《幻灭》在第 18 卷 9、10 期《小说月报》发表以后,立刻引起轰动,人们纷纷在问:茅盾是谁?诗人徐志摩见到叶圣陶,向叶圣陶打听:"《幻灭》是你的东西吧?"叶圣陶摇摇头,说:"我哪里写得出这样的东西?"叶圣陶没有告诉徐志摩《幻灭》的作者是谁。既然这部《幻灭》不是叶圣陶的,那么是谁呢?聪明的徐志摩一下明白过来,没有参加过大革命,是写不出这样真实的小说的。后来,徐志摩看戏时见到也是从武汉回来的老乡宋云彬,悄悄地对宋云彬说:"绍钧兄不肯告诉我,我已经猜出来了,茅盾不是沈雁冰是谁?"宋云彬一听,与他相视而笑。有一个读者在《文学周报》上发表文章,说:"最近在《小说月报》上,前前后后读过《幻灭》《动摇》《追求》这几个中篇小说,不自觉的一种力量命令我的眼睛一行一行地看下去了,觉得有些地方仿佛是自己曾经亲历其境的,至少限度也应该认识其中的几位。"这位读者还介绍说:"到学校去上课,有一个坐在我前排的同学,天天是抱了四本《小说月报》来上课的。这四本《小说月报》内就登载的有《追求》。这位同学上课的时候,右手拿着铅笔注解他的课本,左手呢,仍然在'追求'!他有一天,很郑重地把那四本《小说月报》介绍给我和同座的 W 女士,他那时的语气颇带一些惊异,好像没看过《追求》便等

《幻灭》书影

《动摇》书影

《追求》书影

于不知道国民党有一个孙总理。"可见当时在读者中的影响之大。

三、真实的力量

茅盾的《蚀》三部曲，以它真实的力量征服读者。从1927年4月开始，到汪精卫叛变革命，在湖北、湖南等地发生的大量的反革命和土豪劣绅反扑的事件，在三部曲里面都有反映，如1927年5月，湖北钟祥县反动组织大刀会勾结夏斗寅叛军，血洗县党部、县农民协会、县妇女协会的暴行，在茅盾笔下得到真实反映。茅盾自己曾经说过："我在《动摇》中只不过反映了当时湖北各县发生的骇人听闻的白色恐怖的一鳞半爪。"至于小说中的人物，同样也写出了当时青年人思想行为的现实，《幻灭》里的强惟力连长，部分就是以顾仲起为原型，所以在茅盾的笔下，这个强连长的思想行为很有时代特点。大革命时期在汉口当妇女部长的黄慕兰读了《蚀》三部曲以后，觉得在小说里的这些女性人物身上看到自己的影子，朋友之间都知道茅盾在写当时这些女性人物，所以十多年以后，她在香港见到茅盾，还"责怪"茅盾为什么要把她写进小说里，害得她改名字。因为茅盾的小说三部曲发表以后，黄慕兰改名黄定慧。在同时代人看来，茅盾是真实地反映了大革命中的时代洪流。当时，茅盾弟弟沈泽民正在苏联莫斯科中山大学读书，他在读到《幻灭》以后，专门给在日本的茅盾写了一封信，其中讲道："我从这篇小说中已经知道你曾生活过当时所有的许多过程，你并且曾经到过庐山。"所以读小说能够知道作者的生活经历，这是真实的力量！美国学者夏志清在《中国现代小说史》中也不得不肯定茅盾的这一部小说，他说："在中国现代的小说中，能真正反映出当代历史，洞察社会实况的，《蚀》可算是第一部。"

1927年在上海景云里诞生的"茅盾"，问世至今，已经90年了。90年来，沧海桑田，中国乃至世界都发生了翻天覆地的变化。茅盾用现实主义创作的反映大革命时代的小说《蚀》三部曲，已经成为现代文学经典，而文学创作中的现实主义光芒，依旧照耀着中国文学的今天和未来。

2017 年

《少年印刷工》：晚了四十多年的单行本

我们知道，茅盾是从翻译儿童文学开始他漫长的文学道路的。如《大槐国》等童话作品，在五四运动之前就很有影响力。而且茅盾撰写了大量有关儿童文学的文章，他一直重视儿童的精神食粮问题，直到去世前两个月的1981年1月26日，还和夏衍、曹禺等著名作家联名在《人民日报》上发表《想想孩子们吧》一文，呼吁大家重视儿童的健康成长，关心儿童戏剧等问题，呼吁"为孩子们做件好事，也是为祖国的未来做好事"。但是，茅盾写的儿童长篇小说《少年印刷工》在1936年发表后，一直没有出版单行本，一直到他去世后的1982年4月，才由上海的少年儿童出版社出版。前后整整相隔了46年！其中的故事也很有意思。

1936年1月，开明书店创办了《新少年》半月刊，当时杂志社社长是夏丏尊，总编辑是叶圣陶，夏丏尊和叶圣陶都是茅盾的老朋友。在筹备过程中，夏丏尊找到茅盾，希望茅盾为这个新创办的刊物写一部适合青少年的连载小说，作为对他们刊物的支持。据茅盾回忆，当时他回答道："我虽然写过一些儿童文学的评论，但是从来没有写过儿童文学，你找错人了。"坚决推辞。可是，夏丏尊不让步，对茅盾说："你提出了理论，何不亲自实践一番？"又说："最好你写这样一个连载小说，通过故事让小读者得到一些科学知识。"茅盾笑道："你的要求太高了。"后来，夏丏尊又给茅盾写信，茅盾终于被说动了，答应写连载小说。其实，茅盾答应为这个杂志写连载小说，估计与当时杂志的主编是叶圣陶也有一定关系，因为茅盾的许多作品都是经叶圣陶的手发表的，比如一鸣惊人的长篇小说《蚀》三部曲。所以，叶圣陶在编辑《新少年》半月刊，茅盾自然要以实际行动支持叶圣陶的工作了。据说，茅盾为写一个什么样的长篇小说颇费思量，最后决定写一个失学少年通过劳动成长为一个印刷工人的故事。因为印刷工人的故事，茅盾是非常熟悉的，茅盾写了20多年的书，对印刷工的生活和工作早已了然于心了。

《少年印刷工》的书名并不华丽，也没有哗众取宠的意思，故事主要写"一·二八"的战争使赵元生一家从小康变为赤贫。赵元生的父亲因为付不起养育费，连在战争中丢失的女儿都不敢认领，所以赵元生从中学退学，到造纸厂当学徒，后来他不满足造纸厂的单调工作，离开了造纸厂，但是他又拒绝去酒吧，最后去了一家小印刷厂当学徒。在那里，赵元生勤奋好学，很快掌握了检字、排版的技术，他得到了老板的青睐，却遭到同伴的白眼。后来，他在印刷厂遇到一位经历过革命洗礼的老工人，从这个老工人身上学到了许多新的知识，对人生有了新的认识和理解，明白了自己应该走的道路。最后，他跟着老工人"老角"离开了印刷厂。茅盾虽然没有写出去哪里，但是读者一看就知道，是走上了革命的道路。

这部小说，茅盾自己不是很满意，因为匆忙写作，他的脑海里常常有着夏丏尊的要求的影子，因此没有放开去写。比如夏丏尊要求茅盾在小说中介绍一些科学的东西，结果茅盾觉得，写是写了，但是不成功。茅盾自己曾经说过："在小说中我又遵照夏丏尊的要求，向小读者介绍了印刷技术的知识。这是一种新尝试，即在儿童文学中把文学和传授科学技术结合起来。然而我的尝试失败了，从而也影响到整篇小说的失败。"也许正因为如此，加上茅盾当时还有其他的事情，小说正常连载了半年之后，便断断续续，最后匆忙结尾，结束了事。正因为这样，茅盾生前对这部长篇小说一直不肯出版单行本，绝大多数读者自然就不能看到这部小说的全貌了。1946年夏天，魏绍昌曾经给茅盾写信，询问为什么匆忙结尾。当时茅盾回信告诉他，"《少年印刷工》硬收束，原因如此：写到后来，我因忙于他事，实在不能再写下去了（他事者，文学以外之社会活动及当时之救亡运动也），但开明老板又苦苦拉我，说倘若搁笔，也得来个结束——因此只好抽工夫写一段，硬为结束。此书我极不满意，故不印单本，亦未收入别的集子里"。至于茅盾讲的文学之外的活动，主要是抗日活动和鲁迅去世之后需要他料理的一些社会活动，这些活动占用了茅盾许多时间，所以他不仅没有写下去，匆忙结尾，而且后来的选集、文集等书里都没有收这部作品。但是，许多读过这部小说的读者并没有忘记这部小说。1953年10月，儿童文学作家张天翼在中国文学工作者第二次代表大会上的发言中，把《少年印刷工》和《稻草人》《寄小读者》等经典作品相提并论，给这部作品以高度评价。20世纪60年代初期，魏绍昌又给茅盾写信，建议他出版《少年印刷工》。茅盾当时回信说，"目前不必浪费人力物力"，"十年以后，或许又当别论"。可惜，当时国家碰到经济困难，日子难过，自然无法去印这些新中国成立前的作品，而且，茅盾这"十年以后"的许诺，也因为"文化大革命"的开展而夭折。粉碎江青反革命集团以后，茅盾已经是耄耋之年，依然无暇顾及这部儿童文学作品。所以直到茅盾1981年3月去世，《少年印刷工》这部曾经倾注茅盾创作新想法的作品也没有能够出版单行本，导致大部分茅盾文学爱好者都无法读到这部作品。

茅盾去世以后，从20世纪40年代就关心茅盾这部作品的魏绍昌经过收集编辑，于1982年4月在上海的少年儿童出版社出版。第一次印刷，就印了33000册。叶圣陶为茅盾这部作品题写了书名，王申生做封面和插图。封面的主题色彩非常突出，一个少年求索的形象镌刻在封面上，让人印象深刻。书前有陈沂的序，说明当时上海出版界和文化界还是很重视茅盾的这部儿童文学作品的。序前的扉页上，有一页茅盾于1946年8月1日写给魏绍昌的信的手迹。可见这一版《少年印刷工》的单行本还是非常丰富的。

据说，1935年是国民政府确定的所谓"儿童年"，之后出现了不少垃圾作品，毒害青少年，而有关儿童健康的精神食粮的东西非常之少，茅盾称当时的情况"是一个大垃圾堆，干净有用的东西竟非常之少"。所以茅盾一方面写儿童文学评论，引导舆论；另一方面自己动手创作长篇小说《少年印刷工》，完成夏丏尊的任务的同时，又为青少年提供健康的精神食粮，让青少年从武侠小说的歧途中走出来，走革命的正道。虽然茅盾认为这部作品写得并不成功，但是当时的社会影响还是非常之大的，有研究者发现，当时"《少年印刷工》成了小读者们争相传诵的优秀作品"。

茅盾是五四运动以来中国儿童文学的先驱者之一，他一生从事新文学创作，不仅创作了《子夜》《林家铺子》等优秀小说，而且年轻时就关心支持儿童文学，创作了不少童话、寓言等作品，也写了儿童文学评论。因此，我们对茅盾多方面的贡献还远远没有认识到位。这里，我介绍茅盾的长篇小说《少年印刷工》的发表和单行本出版过程，除了在出版史上留一点印记外，还期待有志于关心当下青少年成长的专家学者进一步发掘茅盾在这方面的贡献和成就。

2013年

一篇序引发的"检讨"

《战斗到明天》是部队作家白刃于1949年开始创作的长篇小说。白刃原名王寄生,是福建省石狮市人,1918年生,1936年参加革命,同年开始发表作品。20岁那年,他进入延安抗大并加入中国共产党。他曾任《鲁南时报》《战士报》主编,是在部队成长起来的著名作家,作品除《战斗到明天》外,还有《南洋漂流记》《兵临城下》《白刃小说选》《白刃剧作选》等,是一位勤奋高产的作家。

《战斗到明天》是白刃在战争期间酝酿创作的以知识分子为题材的长篇小说,塑造了大学教授女儿林侠、东北流亡学生沙飞、出身地主家庭的少爷孟家驹、大学教师焦思宁、出身富裕家庭的中学生辛为群等一批青年知识分子形象,描写了他们在参加革命队伍后的成长变化,写出了当时知识分子投身革命的心路历程,有的在艰苦环境成长,有的在复杂形势下变化,也有的动摇和向右转,成了被历史淘汰的人物。据白刃自己回忆,当时他将初稿寄给了茅盾。其实,此时的他并不认识茅盾,因为少年时代在南洋谋生时读过茅盾的小说,喜欢茅盾的小说,所以当自己写出一部长篇小说后,就大胆地给茅盾寄去初稿,希望茅盾指点并给他的小说写序。当时新中国刚刚成立,百废待兴,新组建的共和国文化部工作千头万绪,作为文化部部长的茅盾日理万机,对自己的创作早已无暇顾及。但是,作为文化部部长,对战争中成长起来的作家,尤其是部队作家,写以知识分子为主题的长篇小说,茅盾还是以一个老作家的身份和文化部部长的责任,抱着积极的态度,认真审阅起来。

1950年9月,北京召开全国战斗英雄和劳动模范大会。10月2日,中国文联举行茶话会,茅盾等文艺界知名人士与邀请参加会议的战斗英雄和劳动模范欢聚一堂。白刃在这次茶话会上见到了仰慕已久的茅盾,茅盾也非常高兴,约白刃第二天到自己的办公室谈谈。白刃回忆说:"次日,我如约前去,茅盾先生平易近人,没有一点部长和大作家的架子,俨然是一位温和的、对后辈谆谆教导的老师。他问我小说素材的来源,有没有模特儿,我一一如实回答。"当时,茅盾还对白刃说,五四运动后,写知识分子的小说不少,但写敌后游击战争的还不多见,所以茅盾肯定了白刃的写作,认为这样的题材对知识分子有教育意义,表示自己读完小说初稿后再给他意见。茅盾的当面肯定,对这位30余岁的部队作家是莫大的鼓舞。

与茅盾见面后,白刃是带着兴奋回到部队的。

没过多久,白刃就收到茅盾寄回来的《战斗到明天》的小说初稿及修改意见。1950年12月23日,茅盾专门为《战斗到明天》写了序,这是茅盾担任新中国文化部部长以后为作家个人作品写的第一篇序!白刃收到序后十分兴奋,立即按照茅盾的意见稍作修改,后于1951年1月在中南军区政治部以"文艺丛书"名义出版。据说,《战斗到明天》出版后,获得一片好评,政治部就将小说下发到基层部队,受到刚刚参军的知识分子的热烈欢迎,作家白刃每天都收到大量的读者来信。茅盾在序中首先肯定"这部小说对于知识分子,是有一定的教育意义的",表示自己读了"很受感动",接着就扼要介绍这部小说的成功之处:

这部小说描写的范围虽然相当广泛,而且主要的是写抗日战争时期的敌后游击战争,小说的人物不仅有知识分子,而且也有工农出身的军事干部,但是书中的几个主要角色却是知识分子。作者有计划地写他们如何通过各种考验,在战争中改造了自己,其中有一个如何落伍了,甚至变为叛徒;知识分子的小资产阶级意识、优越感、自由主义,都是前进路上的绊脚石,作者是以这一点作为主眼来写这部小说的,他获得了成功,我说这部小说对于知识分子有一定的教育意义,其理由即在于此。

但是在序言中,茅盾也直言不讳地指出了小说的不足,如有的人物形象"比较模糊",有些人物"交代不够清楚",有些人物转变过程的描写"不够具体"。总之,小说的形象性"似嫌不足"。平心而论,当时茅盾写的这篇序言,政治色彩还是浓厚的,这大概是为军队作者写序,作为文化部部长要把握分寸的缘故,因此其中艺术方面的分量并不厚重,在茅盾笔下算不得是精辟的文章。

然而,仿佛注定茅盾会在新中国文学建设上走得艰辛和崎岖一样,一年以后,随着文艺界开展对电影《武训传》《清宫秘史》批判的深入,部队开始出现对白刃的《战斗到明天》的批判。1951年12月2日,《人民日报》在"文化生活简评"专栏里,发表了对白刃在《人民文学》杂志第3卷第5期(1951年3月号)上的《血战天门顶》小说的批评文章。这篇小说是《战斗到明天》中的一章,这篇批评文章文字不多,但调子不低,上纲上线,认为在《血战天门顶》中,"白刃愚蠢地歪曲了人民解放军的无产阶级品质,也严重歪曲了毛主席英明伟大的战略战术思想"。在小说创作中,"也暴露了他缺少鲜明的革命立场"。最后认为,"白刃的创作思想显然是有着严重的错误,应该迅速加以纠正,并对于他所发表的作品进行认真的检讨"。12月31日,人民日报的"文化生活简评"专栏又发表对白刃的另一篇小说《目标正前方》的批评文章。1952年1月1日，白刃在《人民日报》上公开检讨《血战天门顶》，认为"自己的创作思想是错误的"。在发表白刃的检讨的同时，《人民日报》还写了"编者按"，其中披露了一些读者来信的事，说12月2日发表对《血战天门顶》的批评之后，收到不少来信，这些信转给白刃后，白刃写了这份检讨，但"编者按"最后也说："我们相信只要作者善于运用自我批评的武器，彻底检查自己的思想和艺术观，作者是能够纠正错误，改进工作的。"这是最早公开批评白刃的信息，应该说，媒体的调子很高，但希望也还是真诚的。

但是，到1952年2月17日，袁水拍的《一本有严重错误和缺点的小说——〈战斗到明天〉》的批判长文在《人民日报》的发表，对白刃的《战斗到明天》的批判正式拉开大幕。袁水拍的文章分量很重，占了三分之一的版面，调子很高，认为"《战斗到明天》的错误和缺点是严重的，它歪曲了历史的真实，歪曲了人民部队和党的领导，把小资产阶级代替了工人阶级的领导。作者许多地方表现了离开工人阶级立场、人民立场、民族立场，而站到小资产阶级立场、资产阶级反动立场、敌人立场上去的严重错误"，还认为："作者的创作方法的特点，是运用人为的虚构的曲折离奇的情节和庸俗低级的趣味（甚至并不缺少色情和下流的成分）来企图迎合一部分落后读者的心理。"当时，袁水拍等人的批判文章发表后，《人民日报》陆续收到20多位读者来信，这些读者在来信中讲了自己读《战斗到明天》的感受，认为自己以前读《战斗到明天》，觉得这是一本"有价值"的作品，甚至讲到自己在讨论会中、听大课时还"念念不忘地看"。有的读者在来信中说自己曾喜欢这部小说，感到"津津有味"，"特别是一般知识分子出身的新干部，更是抢着阅读"。湖北黄冈军分区宣传队70人当中，"就有65人看过这本小说，有的还反复看了三四遍"。这些读者来信说，自己直到看了报纸对小说的批评后，"才大吃一惊"，"恍然大悟"。其中有唐山张学洞等读者，在来信中对茅盾为这部《战斗到明天》作序也提出了批评。《人民日报》1952年3月6日，以"对白刃《战斗到明天》的批评帮助读者纠正了错误思想"为题，对来信进行综述，披露读者的反映。当时，《人民日报》将批评茅盾的三封读者来信转给茅盾。

茅盾收到《人民日报》转来的信后，不敢怠慢，立即给《人民日报》写了个说明材料，表达接受读者提出的批评意见，认为自己对《战斗到明天》这部小说作了错误介绍，"应该检讨"，同时又把写序的过程做了说明，认为自己"匆匆翻看一遍，就写了一篇序"，并且认为"这篇序，没有指出书中严重的错误，序文本身亦是空空洞洞，敷衍塞责的。这又是不负责，不严肃的表现。再说，当我走马看花似的看了这书以后，我的确也为书中的某些写得比较好的部分所迷惑而忽略了书中的严重的错误。而这，又与我之存在着浓厚的小资产阶级思想意识是不可分离的"，从而将责任揽到自己身上。但是，这个说明的最后的一段文字，又带着倔强的笔调，话里有话、绵里藏针地说道："文艺工作者的思想改造过程是长期的、艰苦的，要勇于改正；我接受这个教训，也希望白刃同志在接受了这次教训后，能以很大的勇气将这本书来个彻底的改写。因为，这本书的主题（知识分子改造的过程）是有意义的，值得写的。"在这样的情况下，依然不忘鼓励白刃，这在当时形势下是要有担当才行。

但是，让茅盾意想不到的是，这个回应《人民日报》却在1952年3月13日以"关于为《战斗到明天》一书作序的检讨"为题刊发了，同时加了"编者按"："最近本报收到张学洞等四位同志来信，对茅盾先生为白刃的小说《战斗到明天》作序提出批评。本报把信转给茅盾先生后，已得到他的回信，刊载如下。"以"茅盾先生的检讨"名义，全文刊登他的来信，这让茅盾瞠目结舌，无言以对。从此，茅盾在文化部部长任内，不再为作者个人作品写序。

1952年3月13日，《人民日报》发表茅盾回应读者来信的

"检讨"之后，连续几个月没有发表批判文章，似乎批判《战斗到明天》已经偃旗息鼓。然而，《人民日报》没有再发表批判文章，《解放军文艺》却在4月号发表一组批判文章，火力很猛。其中署名"张立云"的《论〈战斗到明天〉的错误思想和错误立场》，严厉批评白刃的长篇小说《战斗到明天》"是一篇内容极端错误的、反现实主义的、没有党性的作品"。然后张立云以"谁领导谁""如此'改造'""为了改造，还是为了歌颂"为小标题，批判这部长篇小说，最后的结论是：这部小说"歪曲了抗日根据地的史实，歪曲了党的领导和党的政策，歪曲了人民军队和敌后抗日人民；歌颂、鼓吹原封不动的小资产阶级的自由主义、个人主义、个人英雄主义、动摇性、落后性和反动性，甚至也歌颂了敌人；把资产阶级思想、小资产阶级思想摆在对工人阶级的领导地位，就是这本书的主要症结所在，就是这本书严重错误的思想本质"。实际上，这样的结论是把小说给彻底否定了。同一期《解放军文艺》上，还有陈亚丁的《初评〈战斗到明天〉——兼作自我检讨》的文章，他是审查同意出版这部小说的领导，所以他在文章中先批判，后检讨，分别冠以"《战斗到明天》不是用工人阶级思想去改造小资产阶级，而是以小资产阶级思想冒充工人阶级思想"，"《战斗到明天》否认了党的对小资产阶级思想改造的领导"，"《战斗到明天》鼓吹了小资产阶级思想，污蔑了工农，曲解了知识分子和工农兵结合的真意"，"《战斗到明天》歪曲了伟大的民族解放战争，成为一群小资产阶级的'奋斗史'"，"有的地方，作者不仅是站在小资产阶级立场，而是站在资产阶级反动立场、敌人的立场上去了"，以及"我审查出版《战斗到明天》的检讨"6个小标题，展开批评和检讨。此外，还有冯健男的《作者的首要的任务在于改造思想——评白刃〈战斗到明天〉》。所以，从当时的政治氛围看，茅盾的说明、表态和鼓励，是难能可贵的。

当时白刃虽然被批判，但他后来回忆当时心情时说："我看了茅盾先生的检讨,心里很内疚,悔不该为自己出名,请大作家写序,使他受了连累!"据说,白刃自己也在1952年6月19日的《人民日报》上公开做检讨,检讨书发表后,《人民日报》还给他寄稿费,让他哭笑不得。他立刻将稿费作为党费上交了。后来,提倡"百花齐放"的方针,白刃被批判的长篇小说《战斗到明天》"解放"了,经过作者修改以后,1958年由作家出版社出版,茅盾又为这部长篇小说题写了书名。

2016年

为《青春之歌》定音

1958年1月,杨沫的《青春之歌》出版以后,引起轰动,据说初版竟有94万册!但是,刚刚经历过反右派斗争的评论界对小说褒贬不一,莫衷一是,有的文章说它是"一部闪耀着共产主义思想光辉的小说",有的评论文章以绝对的党性净化和极端的阶级立场质疑了《青春之歌》中的主人公林道静这个人物形象,认为这个人物的阶级意识存在严重问题,还存在知识分子改造的问题,其中以郭开的评论为代表。郭开在1959年第2期《中国青年》、第4期《文艺报》上连续发表文章,对《青春之歌》进行严厉尖锐的批评。这在当时的语境里,是足以置人于死地的。当时的报纸、刊物参与的热情很高,纷纷开辟专栏,针对郭开的观点展开讨论,文章有百篇之多。其中,《中国青年》在1959年第3、4、5期上连续发表文章,展开对《青春之歌》的讨论。茅盾应约撰写的《怎样评价〈青春之歌〉》的评论文章,就发表在《中国青年》1959年第4期上。

茅盾首先肯定这次媒体对《青春之歌》的讨论,认为很有意义,"因为这次讨论不但提出了对于一部作品正确评价的问题,而尤其重要的是提出了评价作品时的思想方法的问题"。同时直接呼应郭开的评论文章,表达自己对《青春之歌》的看法,为《青春之歌》定音。

茅盾从三个方面进行具体而深刻的正面分析。一是"为什么我们肯定《青春之歌》是一部有一定教育意义的优秀作品"。围绕这个问题，从政治角度肯定这本小说，认为这部小说是符合当时历史事实的，"评论一部反映特定历史事件的文学作品的时候，也不能光靠工人阶级的立场和马列主义的观点，还必须熟悉作为作品基础的历史情况；如果不是这样做，那么，立场即使站稳，而观点却不会是马列主义的，因为在思想方法上犯了主观性和片面性的错误，在评价作品时就不可避免地会犯反历史主义的错误"，"而我们之所以肯定《青春之歌》，也因为它没有反历史主义的毛病"。二是"我们怎样评价林道静这个人物"。茅盾认为这个人物形象是真实的，也是典型的。她的成长过程是真实的，符合实际的，"熟悉那时候的社会现实的人，特别是在那时候参加过和领导过学生运动的人，都会觉得林道静这个人好像是见过的。因而，这个人物是有典型性的"。同时，茅盾又辩证地指出，这个人物身上流露出来的"幻想和温情"，是值得我们鉴戒和警惕的。到这里，茅盾有感而发，为作者说公道话了，认为作者对这个人物抱同情态度，因为这个人物是值得同情和爱护的。他说："如果不看到这些主要的方面，而只就林道静是地主家庭的女儿、受到资产阶级教育、曾经有浓厚的小资产阶级思想意识，等等，武断地判定作者对林道静的同情和爱护便是作者自己的小资产阶级立场的流露，那是十分不公平的！这种主观、片面的思想方法也成为正确理解一部作品的最大的阻碍。"今天我们读到茅盾评论《青春之歌》的这段话，仿佛能看到他的思绪回到了自己当年写《蚀》三部曲受到指责、批评的时候，个中况味，有点夫子自道的味道。三是"《青春之歌》有没有缺点"。茅盾认为"不能说这本书没有缺点"，但也不能把没有表现知识分子和工农相结合等当前的要求当作这本书的缺点。那么，这本书的缺点在哪里呢？茅盾认为主要在人物描写、结构、文学语言三个方面。人物描写中除了林道静之外，有些人物仿佛作为"道具"而存在，显然是个缺点。在结构上，茅盾认为"作者的手法有点凌乱"，说明作者"在构思时只着眼于一枝一叶而未能统观全局、大处落墨"。至于这部小说的文学语言方面的不足，茅盾以精深的见解和丰富的经验写出自己的看法，认为《青春之歌》的"词汇不够多"，"句法也缺少变化"，尤其在描写环境方面，"作者的办法不多，她通常是从一个角度写，而不是从几个角度写；还只是循序渐进地写，而不是错综交叉地写；还只能作平视而不能作鸟瞰"，进而认为"全书的文学语言缺乏个性，也就是说，作者还没有形成她个人的风格"。但茅盾同样认为，"这些缺点并不严重到掩盖这本书的优点"。茅盾在评论《青春之歌》的艺术得失时，既充满着艺术智慧，又直截了当地表达了自己的观点。

茅盾的这篇评论文章是经过认真思考后落笔的，观点非常鲜明，针对性也非常强，可谓为《青春之歌》定音。尽管是一家之言，但在当时的时代语境里是很少见的，也是难能可贵的。从现有的史料来看，1959年茅盾有两次阅读《青春之歌》的经历，第一次是在一二月之间，读过之后，写了这篇发表在《中国青年》上的评论文章；第二次是在12月，读过之后随手写了一些札记，这些札记在茅盾生前没有发表，直到1984年才公开发表。

2014年

评《红旗谱》

在读茅盾有关文章时，忽然发现，新中国成立后在政治上十分谨慎的茅盾，文学评论既有理论性，更有文学味，用笔很放开，从而显得十分精彩。尤其是茅盾不想发表，边看边写，随看随写的那些没有连缀起来的评论文字，更加让人感到他学问的博大精深。茅盾去世后发表的《红旗谱》的评论文，就是一篇很精彩的文字。

《红旗谱》是著名作家梁斌于1957年出版的长篇小说。梁斌是从革命斗争中成长起来的革命作家，所以他的小说人物性格鲜明，故事曲折，语言富有乡土气息，充满了那个时代的革命色彩。《红旗谱》第一部在1957年12月一出版，立刻受到广大读者的欢迎和好评。1960年，茅盾在《人民文学》杂志上公开发表的一篇文章中，曾经高度评价《红旗谱》的艺术风格，他说："从《红旗谱》看来，梁斌有浑厚之气而笔势健举，有浓厚的地方色彩而不求助于方言。一般说来，《红旗谱》的笔墨是简练的，但为了创造气氛，在个别场合也放手渲染；渗透在残酷而复杂的阶级斗争场面中的，始终是革命乐观主义的高亢嘹亮的调子，这就使得全书有浑厚而豪放的风格。"这是茅盾对《红旗谱》的充分肯定和高度评价。

不过，1958年5月16日，茅盾第一次读《红旗谱》时，边读边记，随手记下的阅读感受就显得更直接，有好说好，不足的地方，指出也是直截了当。也许正是这个原因，茅盾读《红旗谱》第一部时随手记下的文字，没有及时发表，直到1984年才公之于世。但是，在这些没有连缀起来的文字里，我们更能看到茅盾阅读时的真性情。首先，茅盾对在阅读过程中感到印象深刻的，随手写来，充分肯定，如"朱老巩（老忠的父亲）形象给人相当深刻的印象"，"严志和及其两子——运涛、江涛，在书中所占篇幅较多。但运涛在后半部书中就没有了，代之而起的是江涛。这三个人的形象给人相当深刻的印象"，"严志和的形象很清晰，有个性，在书的前半，他比二子写得好。严妻形象不深刻。"在茅盾看来，形象不深刻印象不深的，都是没有个性引起的。朱老忠的妻子着墨不多，"但给读者印象比严妻深刻"。因为"朱妻有个性"，"春兰写得好，有个性"。同样的问题，对春兰和严萍两个人物，如何体现个性和不同之处，茅盾认为："严萍——为什么会走向革命？她不像'五四'后一些小资青年有婚姻不自由、家庭压迫等问题，似乎只因为她是青年，因为父亲是开明的，因为她爱国。她是个善良的少女，可是，在三角恋爱中她何以决然选择了江涛，没有深刻的心理分析……作者写她，基本上还是用写春兰的笔法。春兰活泼，带点辣；严萍亦然。换言之，作者并没写出两个不同的个性的少女。"人与人的不同，也都是个性的不同。茅盾在这一天的读书笔记里，除了对人物形象的刻画进行臧否外，还对环境描写给予肯定，认为"作者写环境（自然环境），比较还好，能够配合故事的发展；一些细节描写也不是闲笔，而是表现了人物性格的（例如老驴头杀猪等）"。而对《红旗谱》里使用方言，茅盾自有看法，他说："文学语言——用方言，有好处，也有副作用；有新鲜活泼处，但也有词汇不够丰富处；语法大众化，但也有单调，少变化之病。方言语法——也是多变的；我不知冀中是否如此，我家乡（太湖流域三角洲）却是如此。"茅盾的这个感觉，1959年梁斌自己在谈创作体会时也说到这方面问题："有些地方用了过于狭隘的地方方言，使有些地区的读者不大容易读懂。"当时有人称赞《红旗谱》是一部史诗，茅盾则认为，"《红旗谱》场面不够伟大"，还有"不够反映历史的毛病"，所以还没有达到史诗的高度和广度。但是，"和《林海雪原》比较，《红旗谱》较胜"。5月4日茅盾刚刚看完《林海雪原》，然后紧接着读《红旗谱》，所以在5月16日的笔记里这样写道。

2014年

第八辑　细节的考索

　　现代文学中的史料发掘，是研究现代文学的一个非常重要的方面，如果没有坚实的史料做基础，学术研究就会成为空中楼阁，成为无本之木。茅盾研究也一样，史料是不可或缺的。茅盾的一部小说名称，因为编辑搞错了，以至于许多后来的研究者沿着当年编辑的失误以讹传讹下来。所以一个文学巨匠的作品研究，恐怕需要几代人的努力，才能接近作家的创作事实。尤其是生活在20世纪的那些文学巨匠的作品研究，更应该如此。抗战时期，茅盾随手在一篇文章后面写上写作时间，造成"发表在前，写作在后"的问题，发表过的文章，怎么写作时间在发表日期后面？经过仔细梳理，才查到某个环节的差错所在，这样的"发现"，兴奋是可想而知的。茅盾文学上的细节，其实是茅盾文学殿堂不可或缺的组成部分，所以宏大叙事与细节考索，在茅盾研究中可以并行不悖。

《林家铺子》插图 丰子恺绘

"在岗位上"不是茅盾拟的题目

今年6月25日《文汇读书周报》发表王建军的《刘以鬯关注茅盾的〈走上岗位〉》一文，介绍刘以鬯关注茅盾的长篇小说《走上岗位》，并为出版单行本做出积极的努力。文章史料丰富，叙述清楚，我读之很受启发，同时也为刘以鬯推动《走上岗位》单行本出版的努力未能实现而感到遗憾。20世纪80年代初，上海魏绍昌经过努力，在日本和国内分别出版了茅盾的长篇小说《走上岗位》，为读者了解这部长篇小说全貌、研究茅盾创作提供了方便，应该说，魏绍昌一生对茅盾研究的贡献很大，是茅盾研究界的前辈，此举同样功德无量。所以，后人不应该遗忘刘以鬯、魏绍昌这些前辈的贡献。

《走上岗位》是茅盾唯一先在国外日本出版，再在国内出版的长篇小说。魏绍昌在花山文艺出版社出版的《走上岗位》的"跋"中回顾介绍了茅盾创作抗战题材作品的过程以及《走上岗位》的传播情况，十分详细和周到。其中写到在《文艺先锋》杂志发表时，他说："至于第二部《走上岗位》，共12章（起初第一章发表时书名《在岗位上》）发表在重庆出版的《文艺先锋》月刊3卷3期至5卷6期（1943年8月至1944年12月）。"王建军在介绍茅盾这部长篇小说时也说："1943年7月8日，茅盾在重庆唐家沱开始创作《走上岗位》，8月20日在《文艺先锋》第3卷第2期开始连载，至1944年7月20日完稿，12月20日第5

茅盾夫妇（左一、左四）与杨之华（左二）、张琴秋（左三）

卷第6期连载结束。全篇凡12节，第一节发表时题作'在岗位上'，自第二节起改为'走上岗位'。"对《走上岗位》的这个题目的小小变化，过去茅盾研究界大都是这样认为的。有的说，第一章发表时题为"在岗位上"，从第二章起改题"走上岗位"，因为《文艺先锋》杂志上的白纸黑字在那里。

其实，《文艺先锋》杂志开始连载时的"在岗位上"这个题目不是茅盾拟的，茅盾给杂志社提供的稿子题目是"走上岗位"。从茅盾现存的《走上岗位》的手稿看，也是这个题目。那么，第一次连载时的题目是从哪里来的？

我最近在查阅当年连载茅盾这部长篇小说的《文艺先锋》杂志时，发现《文艺先锋》第3卷第3期上有编者的两个"启事"，其中一个就和《走上岗位》的书名有关，文字如下：

> 茅盾先生之长篇创作，题为"走上岗位"，上期误为"在岗位上"，抱歉之至。谨此更正。并希作者谅之，幸甚。

看到这个"启事"才发现，原来连载第一章时的《在岗位上》不是茅盾拟的题目，是杂志编辑的工作失误。至此，我才弄清杂志在连载茅盾这部小说时，题目发生变化的原因。

刊登这个"启事"的《文艺先锋》杂志，是国民党"中央文化运动委员会"主办的，这第3卷第3期是在1943年9月20日出版。版权页上署："发行人张道藩，主编李冬辰，编辑丁伯骝，发行者文艺先锋社（重庆会府街曹家庵16号），总售处华中图书公司（重庆民生路101号）。"这一期的《文艺先锋》上，有短论、小说、词、散文随笔、剧以及论著等栏目。其中小说一栏，有茅盾的《走上岗位》、徐转蓬的《草野间的英灵》、侍桁的《少来一杯》（译文）。作者中，除了茅盾以外，还有马彦祥、梁宗岱、谢冰莹等。

2018 年

茅盾、张仲实是否同机抵达兰州？

茅盾在1939年1月5日从昆明上飞机，张仲实在成都上飞机，然后一同抵达兰州。这在茅盾的回忆录里讲得很清楚了，但是，最近读《张仲实文集》第3卷时，发现茅盾从昆明到兰州时张仲实在成都上了飞机，和茅盾一家一起飞兰州一事，还有一些值得考证的空间。

张仲实是否和茅盾一家同机抵达兰州？

茅盾在回忆录里说："1月5日晨7时，我们登上了直飞兰州的欧亚航空公司班机。到机场送行的有楚图南等文协分会的朋友。萨空了太太金秉英带着女儿苦茶和苦荼与我们同行，萨太太三十左右，中等身材，蟹壳脸，见人自来熟。飞机飞行了九个小时，途中在成都、西安各停留半个小时。在成都，张仲实加入了我们的'队伍'，并且在此后一年半的时间内，成为我们休戚相关的伙伴。"[①] "下午4时50分抵达兰州。一下飞机，扑面而来的就是凛冽的西北风。在昆明，那是个闻名的四季如春的城市，我只在西装里加一件薄毛背心，而兰州却是零下十几度的严寒，一天之内经历如此大幅度的温差变化，在我也是第一次……我回头看看张仲实，他只穿了一套西装，连大衣也没有。德沚关心地问

---

① 茅盾：《我走过的道路（下）》，人民文学出版社，1997年12月版，第233—234页。

他：'张先生没有带大衣？''带了，带了，放在箱子里了。唉呀呀，没有想到兰州这么冷。'仲实回答。"①茅盾回忆录里的这些记述，让人觉得当时张仲实是在成都上飞机，和茅盾一家从成都一起到兰州的。

那么，张仲实又是怎样回忆当时情况的呢？他在《难忘的往事——与茅盾同志辗转新疆的前前后后》里说："先后同去新疆的还有萨空了、赵丹等。我与茅盾一家同行。我们由重庆出发，经成都、西安到兰州。到了兰州后就被困住了。"②这是张仲实晚年的回忆，并没有说是在成都和茅盾一家同时到兰州的。最近出版的《张仲实文集》第3卷里收录了张仲实当年发表在《全民抗战》52号、55号（分别是1939年2月5日、2月20日出版）上的文章，以"记者"的身份，记录了他自己从重庆到兰州的过程。张仲实在《由渝到蓉——赴新途中》中说："记者是2月4日由渝动身的。""由渝到蓉跟记者同机的，有第十八集团军副总指挥兼第八部（路）军副司令彭德怀将军。"③后来在《由蓉到兰——赴新途中》里面，张仲实写道："因飞机改班，记者一行得在成都多住了两天……""9月（日）8时半，记者一行上了机场，预定9时半起飞，本日可到兰州，大家都很高兴。不料本日早晨，成都大雾，飞机由昆明飞来后，不能降落，折回宜宾，只好又等了一上午。下午1时一刻才起飞，3点03分到南郊，下了一个客人，停了10分钟不算，共费时2时50分。因天气已晚，不能再飞，我们便在西安住了夜，彭德怀将军由此下机，转赴山西前线击敌。"④张仲实还写道："10日早7时正，我们又上征程，

---

① 茅盾：《我走过的道路（下）》，人民文学出版社，1997年12月版，第233—234页。
② 《忆茅公》，文化艺术出版社，1982年12月版，第78页。
③ 原载1939年2月5日《全民抗战》第52号。见《张仲实文集》，中央编译出版社，2016年6月版，第3卷，第43—44页。
④ 同上。

9时一刻就到了兰州。"①所以，从张仲实当时写的这些文字里，没有看到他在成都和茅盾一家上飞机的记录。而且张仲实这些记录都是当时所写，如《由蓉到兰——赴新途中》写于1月14日，即刚刚到兰州不久，应该说是真实的记录。但是，既然是真实的记录，为什么没有写到成都上飞机和茅盾一家同行呢？是不是没有和茅盾一家从成都到兰州一路同行呢？如果同行，张仲实作为记者，会没有记录吗？显然，不是张仲实漏写，而是他确实没有同茅盾一家同机从成都到兰州。所以在这两份通讯形式的文章中看不到同行的迹象。还有，到达兰州的时间，张仲实回忆是1月10日的上午，而茅盾的回忆是1月5日的下午，时间并不一致。这又是怎么回事呢？

那么，茅盾回忆录里他和张仲实在成都相遇并且一起到达兰州的回忆是不是误记呢？既然是误记，为什么在日期上还是如此清楚呢？茅盾的"1月5日从昆明出发"的日期是从哪里来的？出处在哪里？从目前见到的材料看，茅盾从昆明出发到兰州的时间，主要来源于他当时到兰州以后给楚图南的一封信。这封信，茅盾写于1939年1月9日，主要内容是对楚图南在昆明款待茅盾一家表示感谢，同时报告自己离开昆明到达兰州的情形，所以信的开头说："5日清晨起飞，下午4时15分遂抵兰州，一日之间，地隔南北数千里，兄等笑貌，似犹在眼前也。"②茅盾还说："在兰城或尚有二三日之逗留，待人待'机'，不得不尔。"③这封信写于1月9日，发表在1939年1月17日《云南日报》副刊《南风》上。其中的具体时间应该不会错。所以现在看来，茅盾写回忆录时，是根据当年这封信上的时间来确定从昆明到兰州的

---

① 张仲实：《由蓉到兰——赴新途中》，原载1939年2月20日《全民抗战》第55号。见《张仲实文集》，中央编译出版社，2016年6月版，第3卷，第43—44页。
② 钟桂松：《茅盾全集》，黄山书社，2014年3月版，第37卷，第211页。
③ 同上。

具体时间的。

  问题是，张仲实到底有没有和茅盾一家在成都上飞机一起飞兰州？还是两个人分头到达兰州的？现在看，应该是两个人分头到达兰州的。因为，张仲实的《由渝到蓉——赴新途中》《由蓉到兰——赴新途中》两篇写于当时的文章中，都没有提到茅盾，也没有提到在成都上飞机见到茅盾。记者身份的张仲实，如果和茅盾在成都相遇并且一起去兰州，肯定会写进文章里；正因为没有能够在成都一起飞兰州，所以张仲实没有写茅盾，是情理之中的。其次，茅盾到达兰州的时间应该是1月5日下午4点15分，而张仲实到达兰州的时间，从他的文章看，应该是1月10日上午9点15分。茅盾应该比张仲实先到兰州，所以他在9日给楚图南信中，有"待人待'机'"的说法。待人，可能就是等待张仲实。待"机"，就是等待飞机。因此从时间上看，茅盾一家和张仲实没有可能乘同一架飞机到兰州。茅盾研究的前辈叶子铭教授曾经说过："张仲实则是从重庆动身到兰州与茅盾会合的。"[1]虽然没有具体说哪一天在兰州会合，但是现在从《张仲实文集》看，叶子铭的说法是对的。不过，同样的意思，张仲实在1962年10月20日接受采访时也说过[2]。

  茅盾在回忆录的序言里曾经说过："所记事物，务求真实。言语对答，或偶添藻饰，但切不因华失真。凡有书刊可查核者，必求得而心安。"看来，茅盾自己一家从昆明到兰州，在时间上算是有书可求，有文可证，而张仲实在成都上他们的飞机以及兰州下飞机时和茅盾夫人孔德沚的对话，恐怕是"偶添藻饰"了。

2018年

---

[1] 叶子铭：《茅盾漫评》，百花文艺出版社，1983年6月版，第236页。
[2] 《新文学史料》，人民文学出版社，2014年第1期，第79页。

茅盾逸信时间考
——茅盾致张仲实逸信写作时间考

拙文《生死与共的日子——从茅盾致张仲实的一封逸信说起》在2018年2月12日《文汇读书周报》发表以后,有读者问我这封茅盾致张仲实的逸信写于何时,希望给以具体考证。为此,我专门请教张仲实的公子张复,因为这封信是张复在编《张仲实文集》时披露的,黄山书社的新版《茅盾全集》没有收入。张复告诉我,这封信应该是新中国成立之初的20世纪50年代所写,大概在1950年至1952年之间,具体写于哪一年,他说有待于进一步考证。

茅盾这封落款为5月16日的信,是告诉张仲实,被盛世才杀害的杜重远的遗孀侯御之女士生活遇到困难,希望通过老朋友让她的大弟侯健存去上海一趟,所以问张仲实"此事能帮忙否"。因为杜重远是茅盾和张仲实在新疆时共同的患难之交,1944年杜重远被害以后,侯御之也遭到盛世才的迫害,后来离开新疆到上海,一家人的生活陷入贫病交加的地步,百般无奈的侯御之只好向丈夫的老朋友写信求助。信中曾"殷殷询及"张仲实,所以茅盾才写信让张仲实一起帮忙。此时,张仲实正在中共中央宣传部工作,具体负责中苏友协总会的日常事务和主编《中苏友好》杂志。在张仲实的年谱史料和他的文章中,没有记录此事,所以从张仲实的文字中无法知道茅盾是什么年份给他写这封信的。

关于杜夫人侯御之,今天的年轻读者估计已经很陌生了,但当年的她是一个真正的大才女。她8岁就小学毕业,18岁大学毕业,22岁获得法学博士学位,懂七国语言,是我国著名的法学家,更是我国历史上第一个法学博士。九一八事变以后,侯御之毅然决然放弃在日本的优厚待遇,回国参加抗日救亡活动。1933年3月25日,侯御之与杜重远结婚。1944年杜重远被杀害后,侯御之及其子女被盛世才关进新疆当地的结核病院,从此侯御之一家人染上肺病,失去了健康。抗战胜利以后,侯御之历尽艰难回到上海,过着贫病交加的生活。所以,新中国刚刚成立不久,侯御之就给担任文化部部长的茅盾写信,诉说自己家庭的生活困难。

茅盾在给张仲实写信之前,已经将侯御之的来信送给沈钧儒和胡愈之两位,因为他们也是杜重远的老朋友,在杜重远被盛世才软禁期间参与过营救,杜重远被害后,还为讨还血债而奔走呼吁。当年,沈钧儒、茅盾和黄炎培等人在重庆联名给盛世才发电报,要求盛世才将杜重远送回重庆,遭到盛世才的拒绝。杜重远在1944年被杀害以后,作为大法官的沈钧儒曾持杜夫人侯御之为控告杀人凶手盛世才致杜月笙的信,与黄炎培商量如何控告盛世才杀人枉法事。沈钧儒还多次主持纪念杜重远的活动,所以他是了解杜重远一家的。现在,既然茅盾将侯御之的来信送给沈钧儒、胡愈之,那么已经担任最高人民法院院长的沈钧儒应该有所动作,有所反应。根据张复提供的线索和茅盾转信的时间,我查阅了沈钧儒在1950年5月、6月两个月的活动,发现此时的他已经日理万机:5月中旬开始,最高人民法院开始清理历史积案,沈钧儒要动员部署,全国政协开始讨论刑法的起草问题,沈钧儒要参加,他还要参加北京市的民盟盟员大会,等等,非常忙碌。从5月25日起,沈钧儒和王明、李六如以及苏联专家赴天津视察司法工作,后来还去唐山等地视察，一直到6月3日才从天津回到北京。6月5日，白天，沈钧儒处理其兄沈保儒去世后发唁电等事务；晚上，与阎宝航、徐寿轩、胡愈之、萨空了一起，并且约了侯御之的大弟侯健存，共同商量侯御之的生活问题，决定成立一个救助基金保管委员会。6月18日，即在全国政协一届二次会议期间，沈钧儒又约了潘汉年、茅盾、张仲实等人，一起谈杜重远遗属基金保管问题。

因此，从沈钧儒的工作安排与茅盾转去侯御之的信的时间来看，茅盾应该是1950年5月16日给张仲实写的信。这也符合张复的判断。

1950年9月24日，沈钧儒率中央慰问团到新疆时，专程到迪化（今乌鲁木齐）郊区烈士陵园凭吊被盛世才杀害的烈士毛泽民、陈潭秋、杜重远，表示怀念和敬意。后来，1952年2月24日、8月14日和15日，沈钧儒先后多次与阎宝航、胡愈之等人商量侯御之及其子女的生活问题。这是后话。

茅盾致张仲实的逸信，是茅盾与张仲实、杜重远在新疆结下的友谊的见证，所以考证其写信的年代，相信对以后增补《茅盾全集·书信集》，不无意义。

最后，附上茅盾致张仲实的信，全文如下：

仲实兄：

多日未晤为念。

昨日接杜重远夫人来信，殷殷询及吾兄，杜夫人自己病了，孩子经常有病（其中一个是肺病），处境甚窘。来信是要我们为她设法。原信已送沈衡老及胡愈之兄，望向他们索阅。

杜夫人极想和她的大弟侯健存大夫（曾住延安，任中央医院小儿科主任，现在北京医院）一见，想请侯大夫到上海去一次。

此事兄能帮忙否？

匆上即颂

日祈

弟沈雁冰
5 月 16 日

先请兄告侯大夫以杜夫人现状，她病了，心境很坏。

2018 年

新发现的茅盾五封逸信

茅盾书信的收集、整理、出版始于20世纪80年代。1984年10月，浙江文艺出版社出版了孙中田、周明编的《茅盾书简》，这是最早出版的茅盾书信集；1987年10月，百花文艺出版社出版了刘麟编的《茅盾书信集》；1988年3月，文化艺术出版社出版了孙中田、周明编的《茅盾书信集》。这三部书信集，都是茅盾去世后较早出版的书信集。三部书信集收录的书信互有重复但编辑各有特色，刘麟按收信人编辑，而孙中田、周明按年份排，所以查阅茅盾书信，各有所便。后来，人民文学出版社编辑《茅盾全集》，1997年出版3卷《茅盾全集》的书信集，共收茅盾书信1354件。之后，茅盾儿子韦韬又从各个方面搜集到不少茅盾逸信，收入人民文学出版社版《茅盾全集》的补遗卷里。后来，我在编黄山书社版《茅盾全集》时，韦韬又将这些逸信补了进来。在编辑过程中，我又将散落在外的茅盾给胡适等人的信，补进书信卷，因此，黄山书社2014年3月版《茅盾全集》的书信集共收录茅盾书信1397件，比人文版《茅盾全集》增加43件。

不过，黄山书社的《茅盾全集》出版后，我从桐乡档案局的茅盾手稿和相关材料中又发现一些新版《茅盾全集》没有收入的书信。茅盾的这些书信和《茅盾全集》所收书信一样，是研究茅盾的珍贵史料，现发表出来，与同好共享。

一、致唐弢

唐弢同志：

久不通讯，甚念。

顷拟找 175 期以前的《文学周报》，查一点材料，此间不可得，不知上海方面能借得否？如果有，敢请费神借寄，用后即当奉赵。

匆此顺颂

健康

沈雁冰

6 月 11 日

茅盾这封信没有署年份，从内容看，当时茅盾正在写回忆录，需要借用《文学周报》参考，所以写信时间估计在 1977 年或者 1978 年间。收信人唐弢（1913—1991），浙江宁波人，现代文学史和鲁迅研究专家，新中国成立后历任复旦大学、上海戏剧专科学校教授，上海市文化局副局长，中国作家协会上海分会书记处书记，《文艺新地》《文艺月报》副主编等，1959 年任中国社会科学院文学研究所研究员，是第二、三、四届全国政协委员，第四、五届全国人大代表，中国作家协会理事。

二、致赵清阁

清谷大姊：

八月十七日信迟复为歉。

近来杂事甚多，不速之客亦多，觉得累了，腰痛已并旬，医谓无碍，则亦听之而已。北京秋老虎厉害，仍潮闷，昨起早晚凉，有秋意，但白天出外，仍穿夏衣。您谓《李自成》小说畅销与我评价有关，其实不然。《光明日报》看到畅销，这才从雪垠处索观我前年和他的通信，并请雪垠摘录一部分发表。这一天的《光明日报》引起注意，至今仍有向报社索此日之报者，认为我对此书评价太高，又认为此书第一卷胜似第二卷者，大有人在，有一定的代表性。当然，"金求足赤"，不合辩证法；书求全美，恐也如此。如果知道雪垠读过明末清初的官书、野史、笔记小说甚至方志之多，及其分析史料、去伪存真之辛勤，而且他学习历史唯物主义与辩证唯物主义之认真而确有所得，便会承认自来用历史题材写小说或剧本者都不及雪垠之认真不苟，何况其文笔也足以济之。如果从这些方面想，则我之评价未必过高也。至谓第二卷不及第一卷，恐亦是皮相之谈，此点说来太长，只好打住。《李》书已决定拍电影，恐系连台（拍）三部，电影剧本正在编写中，预定于建国卅年周年时完成第一部，那时《李》书第三卷也将于此时出版。全书共五卷，四百余万字。第三卷初稿已得，将用一年多时间反复修改。来信谓《李》书据《明史》简略之记载而演为百万字之长篇，盖未知其所据有之（关）史料倍于《明史·李自成传》者盖百千倍也。不是我狂妄，我在《明史》外，读明、清之际私人著作亦不少，但雪垠所读十倍于我。所以我知其写作时的甘苦。至于来信谓文字有堆砌处，诚然有之；至谓情节繁琐，则未必；刘宗敏等有粗话，正是写其性格之一面，凡此等等指责，不独您有之，也有一定的代表性，希望本百家争鸣的精神，讨论一番，亦有益事也。

匆此即颂

健康

沈雁冰

9月7日

新通讯写得不太清楚，姑猜如封面。

赵清阁（1914—1999），笔名清谷、铁公、赵天等，是著名作家、画家，河南信阳人。她1933年考入上海美术专科学校，1936年在《妇女文化》月刊发表第一部电影文学剧本《模特儿》，1938年参加中华全国文艺界抗敌协会，主编《弹花》文艺月刊，创作了《女杰》等一系列话剧作品。抗战胜利后，她担任上海《神州卫报》副刊主编，并在上海戏剧专科学校任教。此后，她创作了短篇小说《落叶》，中篇小说《江上烟》《艺灵魂》以及长篇小说《双宿双飞》《月上柳梢》等文学作品。新中国成立后，她定居上海。赵清阁与茅盾私交甚笃，她从20世纪30年代开始向茅盾约稿，一直到茅盾晚年，始终以老师辈礼相交。

这是1977年茅盾写给赵清阁的一封信，但不知道什么原因，在赵清阁发表的茅盾给她的信中没有这封，新版《茅盾全集》自然也没有收入。当时，即1977年8月17日，赵清阁在回茅盾8月5日来信时，写了一封长长的回信，除了讲一些自己的近况外，还用了相当的篇幅来谈自己和听到别人对《李自成》的评价，同时在信中直言，听到社会上对《李自成》的负面评论，担心"影响"茅盾，"于我公影响不佳"，所以将一些想法直接写信告诉茅盾。赵清阁在这封信里还特别提到，姚雪垠、曹靖华和她自己三个河南人都曾得到茅盾的帮助和提携。而茅盾在这封信中，直接谈了自己对《李自成》这部小说的看法。

三、致刘白羽

白羽同志：

转上《人民文学》送来的原稿三篇，这就是秦兆阳同志选来让我们看了，再在下周会上讨论的。这三篇就是编辑部中有争论的罢？我昨晚仔细看了，并且做了点札记，因此失眠，今晨头晕脑胀。我看这三篇都可以用。不知编辑部中反对方面意见如何？我看还有些清规戒律，为了使下周的会不光是"领导同志",我建议在作协而不在我家召集,并邀请《人民文学》编辑部读过此三篇原稿而有意见的编辑同志一齐参加,亲亲切切又是透透彻彻来谈一次,解决一些看法上的问题,你看如何?我以为尽可能要使参加那个会的人都把这三篇看过,各人根据"第一手"的材料来个判断。我以为这三篇的作者都有好的前途,如果我们引导得很(好),这三篇的作者都有驱使笔墨的必要手段,而且看得(出)来各人有自己的风格。

呵,写得多了,会上再谈罢。

即颂

健康

雁冰

4月4日上午

附原稿三篇:《一瓢水》《姐妹》《爱的成长》。

这封茅盾写给刘白羽的信,是在茅盾之子韦韬捐献给桐乡档案馆的资料中发现的。刘白羽(1916—2005),山东省青州人,生在北京通州,1938年12月加入共产党,新中国成立后曾任中国作家协会党组书记、作家协会副主席,文化部副部长,解放军总政治部文化部部长,《人民文学》主编等,代表作有《长江三日》等。这封信的年份不详,但内容十分清楚。茅盾对作者作品的负责态度和对文艺规律的认识,值得我们学习。

四、致钱君匋

君匋兄:

顷得若君来函,谓《团的儿子》二版拟加用插画,即可付印云云,甚为欣慰。7月以来,开明付版税新法,足下想亦知之。鄙意此法对作者固有利,而对书店亦少了若干麻烦，万叶经济宽裕，对于《团的儿子》新版版税祈能照开明办法一次付清，此款请即交另境可也。结单则仍请寄敝处。

匆上即颂

日祈

雁冰上

9月25日

这封信写于1948年。钱君匋是茅盾的老乡，都是浙江桐乡人，于1907年出生在屠甸镇，自幼酷爱书法，后来去上海求学，得到丰子恺、吴昌硕等名家指点。20世纪20年代进入开明书店，从事封面装帧设计，得到鲁迅、茅盾、徐志摩等新文学作家的鼓励和肯定。抗战期间，钱君匋创办万叶书店，出版进步书籍。茅盾这封信就是和钱君匋谈自己的译文《团的儿子》出版结账问题。新中国成立后，钱君匋到北京参加音乐出版社（今人民音乐出版社）的创建，后回到上海出版界工作。钱君匋一生致力于书法、篆刻、绘画、收藏、音乐、文学创作等，都取得了丰硕成果。他晚年将一生收藏捐献给故乡，赢得世人的赞誉。1998年，钱君匋在上海去世，享年92岁。

五、致力群

力群先生：

在沪曾通函札，至后闻先生赴嘉兴一带战地服务，在立报《言林》见有大文，述及曾至乌镇。乌镇乃弟故乡，今沦陷矣！

弟自上月来湘后，匆匆一月，顷始知先生住址，而弟因办《文阵》，今晚即赴广州（"文阵"在南方印刷，汉口出版），附奉预告一纸，旨趣内容，具见其中。现请先生拨冗写稿，并请最好能于3月5日以前寄出。因《文阵》定于4月

1日出版也。

临行匆促，不及多详，到广州后当再通讯。

即期

日新

茅盾

2月21日

并请转约尊友写稿。

（原载《山西文学》1982年第4期）

力群，原名郝力群，山西省灵石县人，1912年12月生，我国著名的木刻版画家。他1931年入杭州艺专学习，1933年参加"木铃木刻研究会"，参加中国左翼美术家联盟，1940年到延安，次年加入中国共产党并在鲁迅艺术学院任教，1942年参加延安文艺座谈会，1945年任晋绥文联美术部长和晋绥《人民画报》主编，曾为中国版画家协会名誉主席、山西省文联名誉主席、山西省美术家协会名誉主席，获"中国新兴版画杰出贡献奖"，主要作品有《鲁迅先生遗容》等。2012年2月10日，他在北京朝阳医院去世，享年100岁。

这封信是1982年力群在纪念茅盾的文章中披露的。不知道什么缘故，力群在文章中披露了三封信，最近我在编《忆茅盾》时才发现，当时编《茅盾全集》时竟漏收了这一封。因此，这封信就成为茅盾的一封"逸信"。据力群说，当时上海战争发生后，他参加了上海救亡演剧队第六队，到茅盾家乡嘉兴一带做宣传工作，后来就写了一篇文章，介绍自己的见闻，发表在上海的《立报》上。此时正准备去广州、香港筹备编辑《文艺阵地》的茅盾，非常关心已经沦陷的家乡的情况，见到力群的文章后十分高兴，所以写了这封信向他约稿。

2019年

不随时尚，独树一帜

从 1957 年以后，茅盾格外关心和培养业余作者中崭露头角的年轻人，每年都要用大量时间阅读全国各地的杂志，从中发现各地有潜力的作者，然后进行点评和指导。茅盾以自己丰富的创作经验和深厚的文学素养写下的这些长长短短的点评，成为新中国文学事业的一道亮丽风景线。经过茅盾点评的作者，有的将茅盾的点评作为自己一生为文学事业奋斗的动力，有的则将其作为自己在文学道路上战胜艰难险阻的号角。茹志鹃、王汶石、杜鹏程、林斤澜、万国儒、玛拉沁夫、敖德斯尔等在新中国成长起来的作家，都曾经受到过茅盾的点评和鼓励。最近发现一封茅盾致陈白尘的逸信，其中内容也是围绕茅盾点评 1958 年文学杂志上发表的文艺作品的一篇文章展开的。

信如下：

白尘同志：

来信敬悉。

关于反映人民内部矛盾等问题，最初只想略谈几句，后来一写多了，这才分段并加小题，但总题目却是早定的，想想也可以，现在你们认为改一改好，那么便改为《短篇小说的丰收和创作上的几个问题》或者《从短篇小说的丰收看创作上的几个问题》；前者一般些，但如用后者也有些不大完全、切合之处。如何？请决定取去。

《鸭》等估价问题当略改。最初不打算提到《鸭》，后来一想，作者是个农民作家，而且在湖南很有名，所以还是提到了。《普通劳动者》我也很喜欢，而且王愿坚在文中别处尚未谈到，应多说几句。《新结识的伙伴》我看不如作者其他的佳作如《大木匠》《米燕霞》（而且文中谈王汶石的地方已经很多），因此，不拟多谈。

匆复顺颂

健康

雁冰
1月14日

  原信没有署年份。经查，这是茅盾1959年1月14日写给陈白尘的。陈白尘当时担任《人民文学》杂志副主编，是著名剧作家，但在年轻时，同样是写小说走上文学道路的。20世纪30年代，陈白尘的短篇小说《小魏的江山》被茅盾选入《1936年短篇佳作》，让28岁的陈白尘激动不已，从而"坚定了终身从事创作的信念的"。1944年，陈白尘在四川成都编《华西日报》副刊时，茅盾为该副刊写过一篇《祝圣陶五十寿》。这是茅盾为同辈朋友写的一篇非常精彩、优美的散文。在此过程中，也留下半封茅盾给陈白尘的信。新中国成立不久，陈白尘调入北京，从事戏剧研究和创作。1957年11月，陈白尘调任《人民文学》副主编。1958年底，《人民文学》向茅盾约稿，希望茅盾对1958年全国的文学创作谈点看法。1959年1月，茅盾将自己阅读全国各地文艺杂志上的作品的看法，整理成一篇3万多字的长文。这篇长文，就是发表在《人民文学》1959年2月号上的《短篇小说的丰收和创作上的几个问题》。

  这是茅盾在"大跃进"时期的文章，明显留有那个时代的印记。但难能可贵的是，这位文学巨匠在为31位作者的作品进行点评时，不随时尚，独树一帜，其中 20 多位作者是名不见经传的工人、农民。尤其难得的是，在当时工农兵为主流的时代里，茅盾对这些作品，包括在《人民文学》杂志上发表的作品，并不因农民或工人的身份而一味迁就。比如湖南的农民作者刘勇，在 1958 年 11 月号《人民文学》上发表了一篇短篇小说《鸭》，这在当时是很不容易的事。茅盾开始思考点评时，估计不想在文章中说这个短篇小说，但是后来写《短篇小说的丰收和创作上的几个问题》时，还是提及这篇小说了。不过，茅盾并没有因为作者是农民而毫无原则地去表扬这个作品，反而是提出批评，认为这篇小说是有"原则性错误"的，"既然要写成小说，就不能不有所提高，而不能照真事依样描写；照真事直描是自然主义，而产生自然主义的根源也还是立场、观点、方法的问题"。所以这篇回顾 1958 年的短篇小说创作的文章，对这位农民作者的作品，应该说，批评是最重的，也是对该年度《人民文学》杂志所刊发的短篇小说中最不满意的一篇。这在当时的语境下，其实很容易授人以柄。

即使对已经有一定成就的作家，茅盾在这篇回顾、点评的长文中，依然观点鲜明地表达自己的看法。当时王汶石已经是有名的青年作家了，茅盾在点评《大木匠》《新结识的伙伴》《米燕霞》等几篇小说时，同样直截了当地说，《大木匠》和《新结识的伙伴》"两篇之中，我尤其喜欢《大木匠》，它不但出色地塑造了大木匠，并且也恰到好处地描绘了其他几个次要人物。《新结识的伙伴》用两个性格相反但同样具有共产主义风格的人物做对比，可是我觉得对比之下，张腊月的投影太浓了，使得吴淑兰相形见绌。当然，《新结识的伙伴》的结构和文学语言同主人公张腊月的性格取得了很好的配合，这一点是《大木匠》所不及的"。所以，茅盾在给陈白尘的这封信中说："《新结识的伙伴》我看不如作者其他的佳作如《大木匠》《米燕霞》。"可见茅盾不人云亦云的态度十分鲜明。这里茅盾所说的《米燕霞》，是王汶石发表在 1958 年第 4 期《收获》上的，茅盾认为"有它独特的风格"。王汶石后来回忆茅盾的点评，说茅盾"不随时尚，独树一帜"，确实难能可贵。

茅盾在《短篇小说的丰收和创作上的几个问题》中点评了不少农民和工人作者，有鼓励有批评，如农民作者冯金堂、高凤阁、良亚、申跃中、刘勇以及工人作者虞建程等，可惜在特殊时期成长起来的作者，后来大多数沉寂了，没有更多建树，这是当年茅盾没有想到的。当然这是后话。

2019 年

"发表在前,写作在后"的真相

前段时间,为李辉兄主编的《副刊文丛》选编一部茅盾的副刊作品集,其中有茅盾的一篇散文《回忆是心酸的罢,然而只有激起我们的奋发之心》。这是茅盾回忆自己在辛亥革命前后中学生活的一篇文章,因为是茅盾最早回忆自己中学生时代的文章,所以也是我们写茅盾传记研究常常参考的重要史料之一。

在这篇文章中,茅盾回忆自己辛亥革命前在湖州读书时剪辫子的"革命"行为,因为当时就认识到辫子是"做奴隶的标帜"。1911年暑假,茅盾转学到了嘉兴府中学,校长是方青箱,老师有朱希祖、马幼渔等,校风非常开明。茅盾说:"那时的嘉兴府中学校算是民主空气最浓厚的,师生之间,下了课堂便随随便便谈谈笑笑,有时亦上街吃点心、饮茶。那年中秋,我们三年级的几个同学,便买了些水果、月饼、酱鸭、熏鱼,还有酒,打算请三位相熟的教员共同在校中阳台上赏月。不料一位教几何的先生病了,教代数的先生新婚,自然要在家和新师母赏月,只有一位体操教员赏光。然而我们还是玩得很尽兴,差不多每个人都喝半醉。"但是,茅盾记得,辛亥革命以后,大家感觉到学校失去了原有的宽松和自由,于是茅盾他们这些中学生和新来的学监捣乱一番后,"从此我们也被革出这嘉兴府中学"。就这么一篇研究者常用的文章,大家都没有觉得它有什么不对。不料,《副刊文丛》的年轻的编辑忽然问我:"这篇散文究竟是什么时候发表的?为什么发表在前,写作在后?"

原来，这篇文章所有的题注，都是说"本篇最初发表于1942年10月10日桂林《大公报》副刊《文艺》第201期'庆祝双十增刊'，曾收入大地书屋版《时间的记录》"。而在文末，又有"1943年"字样。那么是不是输入时打印错了呢？我赶快寻找手头的茅盾著作，包括两种《茅盾全集》以及新中国成立以后出版的茅盾作品集，发现凡是收入这篇文章的，都是这样标明最早发表的时间和报纸，而且文末都是这样写着"1943年"字样，表明写于1943年。如此矛盾的时间，是不是发表的时间不是1942年10月10日，而是1943年的某个时间呢？否则怎么会出现写作在后发表在前这样的矛盾呢？

这究竟是怎么回事？年轻编辑的认真和负责让我感动，也让我惭愧，因为我过去从来没有发现过这个问题。于是我分头托某大学图书馆和省图书馆的朋友，寻找1942年或者1943年的桂林《大公报》，看看到底发表在1942年还是发表在1943年。结果，查看完当年的报纸，发现1942年10月10日的桂林《大公报》上确有茅盾的这篇《回忆是心酸的罢，然而只有激起我们的奋发之心》的回忆散文！但是再仔细查看，发现《大公报》发表此文时文末没有"1943年"字样。

那么出处查有此文，但文末留下的年份是什么时候、什么人加上去的呢？于是我由近及远地在茅盾著作中查找，发现20世纪80年代以来的茅盾著作中，凡是收入此篇散文的，基本上是既标明最初发表的报纸和日期，文末同样留有"1943年"字样，如"人文版""黄山版"的《茅盾全集》。20世纪五六十年代的《茅盾文集》没有收入这篇文章，但是据孙中田、查国华两位前辈编的《茅盾研究资料》介绍，《回忆是心酸的罢，然而只有激起我们的奋发之心》1942年10月10日在桂林《大公报》发表以后，最初收在《茅盾随笔》里，由1943年7月桂林文人出版社出版。而随后的《时间的记录》有两个版本，一是重庆的良友复兴图书印刷公司的1945年7月版，里面共4辑，在第二辑中收入这篇散文。可惜这个版本因为抗战胜利前后重庆十分混乱，所以印好以后一直没有大规模发行，只有 600 多册流通在社会上。第二个版本，则是大地书屋 1946 年 11 月初版印行的《时间的记录》，这是作者茅盾从良友图书公司收回版权以后让大地印行的。大地版和良友版相比，增加了 7 篇，但是《回忆是心酸的罢，然而只有激起我们的奋发之心》在两个版本里都有收录。我手头正好有 1946 年 11 月大地版的《时间的记录》，这是"大地文学丛书"的一种，该丛书的编辑委员会由洪深、叶圣陶、郭沫若、郑振铎、茅盾五人组成，阵容非常强大。《时间的记录》版权页上，作者是茅盾，发行者是蒋寿同。打开这部《时间的记录》，翻到《回忆是心酸的罢，然而只有激起我们的奋发之心》，文章没有说明最初发表何处，而文末却署了"1943 年"的字样，而收入这本《时间的记录》的其他各篇文章的文末都标示了写作时间，有的文章连写作的月日都标明了。显然，文末"1943 年"这个日期是茅盾自己署上去的，而不是后人加的。

  由此估计，茅盾是从 1943 年 7 月文人出版社出版的《茅盾随笔》里将《回忆是心酸的罢，然而只有激起我们的奋发之心》一文选编进《时间的记录》的，所以他以为是 1943 年的作品。当然，我没有找到《茅盾随笔》，因而只是猜想。这么一来，《回忆是心酸的罢，然而只有激起我们的奋发之心》文末日期是茅盾没有核查最初发表的报纸之误。

  至此，我感激这位年轻编辑的同时，也同意《副刊文丛》的年轻编辑删去文末的日期，这样改动能真实反映此文的本来面目，想来茅盾在天之灵也会颔首同意吧。

2019 年